I0606400

BIBLIOTHÈQUE DU XVIIe SIÈCLE
sous la direction de Delphine Denis et Christian Biet
37

Série *Littérature, libertinage et spiritualité*
dirigée par Sophie Houdard
6

Le Camerone (1598),
La Prison du Cavalier Marin (1612)

Giambattista Marino

Le Camerone (1598), La Prison du Cavalier Marin (1612)

suivi de Le Camerotto (1645)
de Girolamo Brusoni

Traduction et édition critique par Jean-Pierre Cavaillé,
avec la collaboration de Filippo D'Angelo

PARIS
CLASSIQUES GARNIER
2020

Jean-Pierre Cavaillé enseigne l'anthropologie historique à l'EHESS (LISST – CAS – Toulouse). Il a publié entre autres : *Les Déniaisés. Irréligion et libertinage au début de l'époque moderne*.

Filippo D'Angelo est écrivain. Il est l'auteur de *La Fine dell'altro Mondo*, traduit en français sous le titre : *La Fin de l'Autre Monde*.

ISBN 978-2-406-09359-6 (livre broché)
ISBN 978-2-406-09360-2 (livre relié)
ISSN 2105-9527

INTRODUCTION

Rire de la prison : les écritures carcérales de Giambattista Marino et Girolamo Brusoni

Depuis Platon et ses fameux dialogues sur la détention et la mort de Socrate, *Criton* et *Phédon*, et surtout depuis Boèce (VIe siècle) qui, du fond de sa prison de Pavie, composa sa célèbre *Consolation de la philosophie*, l'expérience carcérale possède un statut philosophique privilégié, associé à l'évocation, plus ou moins circonstanciée, développée ou non en narration, souvent associée à des formes lyriques, de la vie enfermée, saisie dans le présent même de la réclusion. À travers d'innombrables réécritures de Boèce et d'autres formes d'expression, en vers surtout, mais aussi en prose, de très nombreux auteurs, dès la fin du Moyen-Âge, ont témoigné un peu partout en Europe de la condition carcérale. Quelques noms fameux s'imposent d'emblée à la mémoire : Charles d'Orléans, Bernart Metge, François Villon, Clément Marot, mais bien d'autres pourraient être cités[1]. Il faut dire d'emblée que le passage par la prison, dans ce jeu de l'oie plein de péripéties qu'est la vie des lettrés

1 Citons au moins les poètes, Bertolome Zorzi, Jean Régnier, Jean de Garencières, Philippe de Vigneulle, l'anonyme prisonnier du château de Loches, François Ier lui-même, et bien avant lui, Richard Cœur de Lion, etc. Pour l'Angleterre, voir Joanna Summers, *Late-medieval prison writing and the politics of autobiography*, Oxford, Clarendon Press, 2004. Cet ouvrage est intéressant qui considère l'écriture carcérale en première personne non comme une élaboration fictionnelle, mais comme l'expression, d'abord d'une situation réellement vécue, sur laquelle les poètes incarcérés tentent d'agir en s'adressant par l'écriture à un public déterminé (Charles d'Orléans est l'un des auteurs étudiés, aux côtés de Jacques d'Écosse, Thomas Usk, George Ashby, William Thorpe et Richard Wyche, avant de se clore par une réflexion sur Thomas Malory). En Espagne, on pense spontanément aux exemples un peu plus tardifs de Fray Luiz de Leon ou Saint Jean de la Croix, enfermés pour soupçon d'hérésie, et bien sûr, Cervantes, qui connut à la fois la captivité barbaresque et la prison commune, proposant la fiction d'une écriture carcérale du *Don Quichotte*. Voir à ce sujet, Maria Luisa Meneghetti, « Il 'mito' dello scrittore imprigionato. Qualche riflessione su scrittori e scritture carerarie dal Medioevo alla fine dell'ancien Régime », in *« Le loro prigioni » : scritture dal carcere*, A. M. Babbi et T. Zanon eds, Verona, Fiorni, 2007, p. 19-34.

(quelle que soit d'ailleurs leur condition), en ces temps troublés, est une épreuve commune : prison de guerre (Bertolome Zorzi, Charles d'Orléans, Jean Régnier), accusations d'hérésie (Marot), questions de droit commun (Villon), infortunes politiques (Metge, Machiavel, etc.), « folie » (voir en particulier le cas fameux de Torquato Tasso[2])... Les bonnes raisons pour se trouver enfermé, parfois très longuement et très durement, ne manquaient pas.

AGIR PAR L'ÉCRITURE

Un lien spécifique unit la prison à l'écriture, un lien impérieux : non pas d'abord celui, bien réel, du désœuvrement, qui conduit à l'adoption des passe-temps accessibles et incline à l'examen de soi, mais le fait d'abord que l'écriture offre bien souvent la seule possibilité d'entrer en contact avec le dehors (parfois aussi, d'ailleurs, avec d'autres détenus), pour solliciter de l'aide, organiser sa défense, justifier ses actes, gérer ses affaires et d'abord, tout simplement, se rappeler à l'existence des « vivants ». Cette métaphore de la prison comme tombeau (d'ailleurs « prison » et « tombeau sont dans la tradition platonicienne des métaphores tout à fait interchangeables pour désigner le corps), et de la société carcérale comme monde des défunts, ombres pâles et gémissantes des enfers virgiliens et dantesques, omniprésente dans les textes, n'est pas un lieu commun quelconque : elle est l'expérience commune de l'enfermement et de la clôture, nourrie ou non de philosophie et de belles lettres. À ceux du dehors aussi, du reste, les missives des prisonniers apparaissent comme des voix d'outre-tombe, ou du moins des signes d'une vie suspendue et d'une vie en danger, d'une vie qui se meurt, car l'on ne hante pas sans danger ces ténèbres malsaines et mortifères. Par l'écriture, le détenu, rappelle, affirme d'abord son existence, et ensuite demande de l'aide, car du dehors, il y a toujours quelque chose à faire

2 Voir, notamment, Françoise Graziani, « Le Tasse dans la prison des fous ou le songe du mélancolique », *La Poétique des passions à la Renaissance*, Champion, 2001 et Tobia Zanon, « Torquato Tasso fra ragione e preghiera : le lettere da Sant' Anna », in *« Le loro prigioni »*, *op. cit.*, p. 239-256.

pour aider, soulager, contribuer à sa délivrance. Privé de mouvement et de toute autre possibilité d'action, l'écriture acquiert, pour le prisonnier, une puissance performative, qu'il trouverait peut-être dérisoire en d'autres situations : par l'écriture seule il peut agir sur sa condition. D'où d'ailleurs, dans une société où la maîtrise de l'écriture reste minoritaire, le statut particulier dont jouissent parmi les prisonniers ceux d'entre eux qui sont capables d'écrire et de rendre ainsi des services de plumes aux autres détenus[3]. C'est du reste aussi pourquoi l'écriture en prison n'a jamais été, et n'est toujours pas aujourd'hui un droit, mais une activité tolérée et contrôlée dans le meilleur des cas, souvent clandestine, toujours risquée, à la merci des censures, interceptions et représailles. Ce qui la rendait possible sous l'Ancien Régime était, en tout cas, non certes un quelconque droit reconnu de s'y consacrer, mais la corruption des gardiens, et les textes sont pleins, comme on le verra, des mille stratagèmes et expédients pour se procurer et pour fabriquer sur place de quoi écrire.

ÉMOUVOIR

Si le prisonnier qui écrit s'adresse en priorité à ceux du dehors, la question se pose, évidemment, des modalités rhétoriques les plus appropriées pour émouvoir et mouvoir ses destinataires, les amener à agir en leur faveur. La plainte et la complainte du prisonnier, associée ou non aux protestations d'innocence et d'injustice, semblerait présenter la forme la plus efficace et la plus adaptée à la situation misérable, déprimante et pitoyable du prisonnier.

La célèbre ballade de Villon « aux amis » (mais destinée aussi et peut-être d'abord à ses juges), écrite dans les prisons de l'évêque d'Orléans à Meung-sur-Loire en 1461, en offre un fort bon exemple[4] :

3 Note sur le personnage de Ser Ciapelletto dans la lettre burlesque finale de Brusoni, et surtout la lettre qu'il écrit au profit d'une détenue.

4 Voir Gert Pinkernell, « l'Épître à ses amis et le Débat du cœur et du corps de Villon : deux ballades de "la dure prison de Meung" (1461) de François Villon », *Romanische Zeitschrift für Literaturgeschichte*, 1987, 11, p. 292-319 et plus récemment, Jean-Jacques Vincensini, « Prisons de Villon. Espaces et pathétique », in *« Le loro prigioni »*, *op. cit.*, p. 149-179.

En fosse giz, non pas soubz houz ne may
. . .
Ou gist, il n'entre escler ne tourbillon ;
De murs espoix on lui a fait bandeaux.
Le lesserez la, le povre Villon ?

Venez le voir en ce piteux arroy,
Nobles hommes, francs de quars et de dix,
Qui ne tenez d'empereur ne de roy,
Mais seulement de Dieu de Paradiz ;
Jeuner lui fault dimenches et merdiz,
Dont les dens a plus longues que ratteaux ;
Aprés pain sec, non pas aprés gasteaux,
En ses boyaulx verse eaue a gros bouillon,
Bas en terre – table n'a ne tresteaux –.
Le lesserez la, le povre Villon ?

Dans cette plainte fameuse, qui est un appel franc et direct à ceux qui ont le pouvoir de tirer le poète de sa « fosse », on remarquera cependant deux choses, qui vont bien au-delà de la posture d'apitoiement et l'appel au secours : une flatterie ambiguë et en fait ironique à l'encontre des « nobles hommes » ecclésiastiques dont son sort dépend, francs d'impôts et libres de sujétions civiles, et une présentation de soi où, par l'évocation des traits les plus réalistes de la détention (la faim, le dénuement), il entre une part importante d'autodérision.

DÉRISION CARCÉRALE

Villon, juste après Burchiello (et sans le connaître), avant Marot, avant Bellaud[5] et Machiavel[6], et avant Marino et Brusoni dont nous donnons ici les textes, comprend que la situation de privation et d'humiliation du

5 Sur le magnifique *Don-don Infernal*, et autres pièces de prison de ce poètes provençal du XVIe siècle, voir au moins Roberta Capelli, « *Obros et rimos* di Bellaud de la Bellaudière : i "passatempi" poetici di un soldato in prigione », in *« Le loro prigioni »*, *op. cit.*, p. 213-238.

6 Voir les deux sonnets justement fameux de Machiavel, grinçants appels au secours adressés à Julien des Médicis, voir récemment, l'article d'Emanuela Scarpa, « Un "poeta" in "getti". I sonetti dal carcere di Machiavelli a Giuliano de' Medici », in *« Le loro prigioni »*, *op. cit.*, p. 181-200.

prisonnier, avec tous les sordides détails concrets qui l'accompagnent, est de celles qui, pour un tiers bien au chaud dans ses pantoufles et dont on ne saurait jamais trop minimiser la charité, mais aussi pour le détenu lui-même se débattant comme une mouche dans sa toile d'araignée[7], ont quelque chose de dérisoire et de comique. Aussi le poète, s'il veut susciter l'attention et la sympathie de son lecteur a-t-il tout intérêt d'exploiter cette veine d'autodérision, irrésistiblement nourrie par la description des misères carcérales : vociférations des codétenus, mauvaise nourriture, hygiène déplorable, insalubrité des cellules, vêtements dégradés, malhonnêteté des gardiens, vermine et rats… qui vont devenir, dans les écrits de prison ou les fictions sur la prison, proprement topiques (et d'autant plus en italien où le rat se dit « *topo*[8] » !).

Le thème, bien présent, de la satire de ceux du dehors, complètement étrangers aux misères de l'enfermement, et en particulier des puissants susceptibles à la fois de faire et de défaire les liens du prisonnier, est plus délicat et rejoint, me semble-t-il, un autre niveau des écritures carcérales, plus profond et plus trouble, celui de la liberté de parole paradoxale dans la société des détenus soustraite, par la contrainte, aux normes de bienséances et aux règles communes, vie reléguée et contre-société où la subversion se manifeste d'abord et essentiellement dans un usage transgressif du langage. Cela, du moins, nous semble une piste qui mérite d'être explorée à la lecture d'une tradition de textes carcéraux, de Villon ou de Burchiello jusqu'à Genet et bien sûr au-delà, où la figure du prisonnier se construit comme figure de la transgression, dans la satire morale et l'adoption d'un langage cru et nu, qui interroge les normes sociales, et renvoie bien sûr aussi, fatalement, le prisonnier à sa marginalité et à sa relégation.

LES SONNETS DE PRISON DE BURCHIELLO

J'ai cité Burchiello (Domenico di Giovanni), dont les fameux sonnets de prison jouent sans aucun doute un rôle décisif dans la genèse des textes carcéraux de Marino et de Brusoni. Alors que Villon n'était encore

---

7 Voir infra Marino.

8 Voir *infra* Marino, *Prison de Turin*, p. 108, 110 et 204.

qu'un morveux de huit ans, le barbier florentin composait en 1439 un série de sonnets admirables dans la prison de Sienne. Il se trouvait là enfermé pour ne pas avoir pu s'acquitter de trois sanctions pécuniaires pour coups et injures, et pour le vol de deux coiffes de femme dans la maison d'un marchand, qu'il nia d'ailleurs farouchement[9]. L'œuvre de Burchiello est caractérisée par une extraordinaire liberté et inventivité verbales, à la frontière de la polysémie et du non sens, qui le rendent souvent difficile à entendre et donc à traduire (il n'existe d'ailleurs pas à ma connaissance de traduction en français des pièces de ce poète majeur). Deux de ses sonnets de prisons sont des suppliques adressées aux autorités siennoises : « *Magnifici e potenti Signor miei* » (« Mes magnifiques et puissants seigneurs »). L'un des deux (CXXVIII) est très remarquable et peut être considéré comme la véritable matrice des textes carcéraux de Marino, qui associe un plaidoyer *pro domo* à un véritable crépitement de termes facétieux, de formules et de traits burlesques : le poète barbier mise clairement sur le rire de ses destinataires pour assurer son élargissement, sans manquer pour autant d'évoquer l'extrême dureté de sa situation. Dans une autre pièce (LXXVI), il se décrit se morfondant dans sa cellule, confiné dans une telle obscurité qu'il doit se déplacer à tâtons « *mi fo lume colle mane* » (littéralement : « je me fais de la lumière avec les mains »). Ses mains, qu'il n'a pu laver depuis le début de sa détention, sont si sales qu'il mange sa pitance directement avec les dents, « comme un chien ». Son ventre crie souvent famine ; tellement qu'un pigeon, un jour le prit pour l'une de ses congénères et s'en vint voleter dans sa tombe : « *S'io avessi una fromba, / …/ i' ti farei col cavolo istasera* » (« si j'avais une fronde […], je te ferais cuire ce soir avec du choux »). Il est à noter que cette pièce débute par deux vers équivoques, exemple typique de ces obscénités à clé que les poètes toscans et leurs imitateurs en Italie ou ailleurs vont cultiver jusqu'au XVIIIe siècle au moins[10] :

---

9 Certaines allusions de l'une de ses propres pièces (sonnet CXXVIII) et de celles de ses amis on pu laisser penser que le commerçant était en fait un mari jaloux. Sur les sonnets de prison, voir surtout Michelangelo Zaccarello, « Burchiello sulla "ferrea graticola" : sonetti e documenti dal carcere (con inediti e rari sulla prigionia senese) », in *« Le loro prigioni »*, *op. cit.*, p. 117-148.

10 Voir en particulier Jean Toscan, *Le Carnaval du langage. Le lexique érotique des poètes de l'équivoque de Burchiello à Marino* (XVe-XVIIe *siècles)*, Lille, Presses Universitaires de Lille, 1981, 4 tomes.

Lievitomi in sull'asse come'l pane, /
ma non posso ire al forno come lui

« Je lève sur la poutre comme le pain,
Mais je ne peux aller au four comme lui »

Ainsi que l'a aperçu Rafaelle Nigro dans son édition, l'allusion sexuelle est plus que probable et peut, à mon avis, se décoder ainsi : « Je bande (ou me masturbe), mais sans pouvoir avoir de rapports sexuels », « *l'asse* » signifiant en effet aussi bien le membre viril, et « *ire al forno* », coïter[11]...

La pièce suivante (LXXVII) contient les instructions très précises destinées à un ami, pour que lui soit envoyé de l'encre dans une bouteille de vin et une plume dissimulée dans une cosse de fève. De la plume, il a absolument besoin pour se disculper... Il y raconte aussi comment il a pu mettre son poème par écrit en aiguisant la pointe d'un bout de lacet sur le mur de sa cellule[12]. Ces vers sont à la fois d'une grande noirceur, pleins d'une rage rentrée, en même temps une série d'éléments (comparaisons et descriptions triviales, etc.) font pencher la lecture du côté de la dérision et du comique.

LIEUX COMMUNS BERNESQUES ET RÉALITÉ CARCÉRALE

C'est un semblable cocktail explosif que l'on retrouve dans le long poème du Marino, le *Camerone*, qui exploite un autre modèle formel, assumé explicitement : le *capitolo* bernesque en tercets hendécasyllabiques[13],

---

11 *Burchiello e burleschi*, a cura di Raffaele Nigro, Roma, Istituto poligrafico e Zecca dello Stato, 2002. L'expression équivoque « ire al forno » est exploité en un sens sodomitique par de nombreux auteurs, le texte le plus fameux étant le *Capitolo del forno* (Chapitre du four), de Della Casa.

12 *Ficcami una pennuccia in un baccello, / Ed empimi d'inchiostro un fiaschettino ; / Mandamel col mangiar, che paia vino, / Ch'i' ho di fantasia pieno il cervello. / Tempra la penna, ch'io non ho coltello, / Ch'or fuss'io, sendo fuor, suto indovino, / Ch'io fui cercato in ogni manichino, / In ogni luogo, fuor che nell'anello. / Ora io son qui, Dio grazia, e 'l caso è scuro, / Ond'io ti prego, com'io ne son netto, / Senza mia pena si ritrovi il furo. / Questo scriss'io con un puntal d'aghetto, / E prima il temperai tre ore al muro, / Ch'io potessi finir questo Sonetto. / Abbi a mente il fiaschetto, / Guarda la vesta, e in modo t'assottiglia, / Ch'io non toccassi della meraviglia.*

13 Selon le schéma de rimes suivant : ABA/BCB/CDC/.../XYX/YZY/Z.

dont d'ailleurs Burchiello est incontestablement l'une des sources majeures d'inspiration, non pour la forme, mais pour le ton, l'esprit et le jeu des équivoques. Berni est en effet convoqué d'entrée de jeu, pour son célèbre *Capitolo du prêtre de Povigliano*, qui conjoint plusieurs thèmes traditionnels de la poésie satirique et tout particulièrement ceux du mauvais logement et de la mauvaise nuit. Berni racontait dans un style burlesque d'une vivacité remarquable, une épouvantable nuit passée dans l'infâme masure d'un prêtre de campagne, personnage pédant et importun au possible. Marino pille littéralement les vers de Berni, qu'il semble avoir parfaitement mémorisés, en les appliquant à sa situation dans la prison de Naples, pleine de désagréments de toutes sortes. La description de nombreux détails – latrines, état de la vaisselle, literie, puces et punaises – est en effet redevable au texte bernesque... Jusqu'au portrait de l'un de ses codétenus, avec lequel il partage sa cellule, invasif, crasseux et pédantesque, « raisonnant avec le cul de tout langage » (expression volée à Burchiello), qui emprunte plus d'un trait au terrible curé de Povigliano. À cela s'ajoute l'influence probable de l'éloge ironique que Berni fait des prisons de Florence, *Le Stinche*, dans son célèbre *Capitolo de la dette*.

Ces emprunts indéniables[14] pourraient laisser penser qu'au fond Marino se contente ici de broder sur un thème archiconnu (ses lecteurs, comme lui, connaissaient pour la plupart par cœur de très nombreux vers de Berni), et produit une pièce plaisante mais artificielle, largement étrangère à son expérience réelle de la détention. À mon sens, rien ne serait plus réducteur qu'une telle lecture.

JUIN 1598, MARINO À LA VICARIA DE NAPLES

Il faut d'abord souligner le fait que ce texte, au moins dans sa première version, a bien été composé par Marino lors de sa première détention à Naples, en 1598 (il est daté du mois de juin dans l'avant-dernier vers), dans la prison du Castel Capuano, dite de la Vicaria. Les raisons de cette

14 Étrangement, aucun des quelques critiques qui se sont penchés sur ce texte ou l'ont annotés n'ont signalé cette dépendance.

détention ne sont pas formellement établies. On a plusieurs fois évoqué la possibilité d'une incarcération pour sodomie, mais les sources les plus anciennes sont suspectes, puisqu'il s'agit d'une accusation de Gasparo Murtola, le poète en guerre contre Marino qui tenta à Turin de l'assassiner d'un coup de pistolet[15] et de notes manuscrites de Tommaso Stigliani, poète lui aussi en conflit avec Marino[16]. Le récit le plus vraisemblable, mais non confirmé, est celui présenté en 1844 par l'historien Minieri-Riccio dans ses *Memorie Storiche degli scrittori nati nel Regno di Napoli*, on ignore à partir de quels documents, aujourd'hui peut-être disparus. L'arrestation de Marino aurait eu comme motif la mort de son amante, Antonella Testa, suite à un accouchement prématuré. Le père, un riche marchand sicilien, aurait accusé le poète d'avoir mis enceinte sa fille dans le but de le contraindre à concéder le mariage qu'il lui refusait, jugeant la situation pécuniaire du poète trop précaire[17]. Marino, dans une lettre de 1612 à Giambattista Manso, qu'il remercie de l'avoir aidé dans ces circonstances, accuse quant à lui, sans plus de précision, son propre père[18].

Marino, alors âgé de 29 ans, n'a pas encore acquis l'immense notoriété dont il jouira plus tard, mais il n'est pas non plus un inconnu dans sa ville de Naples[19]. Il est l'un des proches du marquis de Villa, Giambattista Manso, mécène du Tasse, et il fréquente assidûment la cour de Don Matteo di Capua, prince de Conca, Grand Amiral de Naples, dont il est le secrétaire. C'est à son protecteur que Giambattista adresse le poème, qui apparaît ainsi comme une missive versifiée, après un mois d'incarcération[20], dans le but explicite, exposé dans les derniers vers, d'une intervention salvatrice qui lui permettrait de recouvrer au plus

15 « … *e a la Sodomia / Dato, ond'al fin di Napoli scappare, / mi bisogno con furia, e a Roma andare* », *Marineide*, Risata III, *Rime*, Lanciano, 1916, p. 89.

16 Selon Stigliani, Marino ne serait rendu coupable de sodomie aggravée d'inceste. Voir Emilio Russo, *Marino*, Roma, Salerno editrice, 2008, p. 19-20 ; cité in Clizia Carminati, *Giovan Battista Marino tra inquisizione e censura*, Roma-Padova, editrice Antenor, 2008, p. 7. À noter que ces notes de Stigliani contiennent de précieuses informations, partisanes, mais souvent très précises, sur la vie cachée de Marino.

17 Cité par Angelo Borzelli, *Il Cavalier Giovan Battista Marino (1569-1625)*, Napoli, G. M. Priore, 1898. p. 39.

18 A Giambattista Manso, 1612, *Lettere*, p. 125.

19 La biographie la plus récente et la plus complète de Marino est celle d'Emilio Russo, *Marino*, *op. cit.*

20 Le premier vers parle d'un mois de détention et l'avant-dernier date le poème de juin 1598.

vite la liberté. Il n'est pas sûr pourtant que Marino dût son élargissement sans procès, après de longs mois de détention, à l'intercession du Grand Amiral, puisque, depuis sa prison de Turin, il en remercie en 1612 Giambattista Manso[21].

DIRE LE *CAMERONE* POUR EN SORTIR

L'écriture se présente donc elle-même, dans ces vers, comme motivée par la plus concrète des finalités : sortir de prison. En conférant au texte une dignité et une valeur littéraires, c'est-à-dire en écrivant pour un public au-delà du destinataire formel (qui n'est d'ailleurs bien sûr pas nécessairement le seul ou même le premier destinataire matériel du poème), le prisonnier prend en quelque sorte à témoin de sa requête tous ceux qui la liront, les disposant ainsi à exercer eux-mêmes une pression éventuelle sur celui ou sur ceux qui ont le pouvoir d'en changer la condition. Ce type particulier d'interactions, mettant en jeu la triangulation d'un auteur présentant une requête, d'un destinataire premier et d'un public spectateur et médiateur, telle qu'elle est induite par l'association d'un dispositif rhétorique d'adresse et d'une circulation matérielle du texte, est engagé dans tous les textes ici présentés, et apparaît comme spécifique d'une partie considérable de la littérature carcérale d'Ancien Régime, mais tout aussi bien moderne et contemporaine. C'est dans un tel dispositif, à mon sens, qu'il faut envisager les particularités rhétoriques et esthétiques des textes de prison, sans quoi il serait difficile de comprendre ici comment, par exemple, la prière insistante peut s'accompagner d'une ironie sur le lien de sujétion attachant l'auteur à son maître (voir *infra*), comment la plainte peut s'associer à la dérision et à l'autodérision, comment la prouesse littéraire peut être unie à la requête la plus triviale (et vitale), comment enfin les lieux communs, je dirai presque obligés de la littérature burlesque peuvent s'accorder avec des détails concrets sur le lieu carcéral.

« *Il Camerone* » : le poème porte le nom – générique ou spécifique, on ne sait trop, comme on ignore si le titre est dû ou non à Marino lui-même

21 *Lettere*, p. 125.

– de la cellule dans laquelle il est enfermé au Castel Capuano, réservée, dit-il, à « à tout bandit que l'on va pendre » (v. 47). Si le poète dit vrai, on peut penser que cette cellule se trouvait parmi les « *criminali* », les cellules les plus surveillées et les plus insalubres d'une prison où, par ailleurs, selon les documents contemporains, les règles de vie semblent avoir été plutôt laxistes[22].

Sans jamais se départir du ton et du vocabulaire burlesque, Marino décrit longuement sa cellule et la vie qu'il conduit dans la prison, après un mois de détention, tantôt seul à seul avec lui-même, mais le plus souvent confronté aux autres détenus et occupé à traiter avec les gardiens pour assurer sa pitance quotidienne. Au-delà des lieux communs dantesques sur la prison comme enfer et à travers toute la matière burlesque et bernesque largement exploitée et même, faut-il dire, grâce à cette matière même, le poète exprime dans toute sa brutalité et trivialité les conditions concrète, matérielles, de la détention. Que ce détail si souvent rencontre la citation, parfois littérale, de ses prédécesseurs n'enlève rien à sa force d'évocation et à sa crédibilité foncière. On doit aussi, du reste, tenir compte de l'étroite vraisemblance à laquelle il est tenu, s'adressant à des lecteurs qui pouvaient aisément par eux-mêmes venir constater ce qu'il en était vraiment, et le savaient d'ailleurs souvent par expérience. Le lecteur d'aujourd'hui doit se représenter que la prison d'Ancien Régime, en général, est un lieu beaucoup moins ségrégué et protégé qu'il ne l'est aujourd'hui. La Vicaria, en l'occurrence, était sans nul doute la plus « ouverte » des prisons de Naples (comme on le comprend par exemple à la lecture des requêtes de Campanella qui cherchait à y être transféré), où les visites et toutes sortes d'aides aux

22 « *Si poteva in vero andar di qua e di là e parlar con tutti, anche con quelli che eran nei criminali, purchè si desse qualche mancia ai carcerieri minor : Gli sbarbati che avevan denaro si lasciavan correre per le corsie con gran pericolo dell'offesa di Dio, invece di tenerli separati, come era prescritto. Si fittavan tavole da gioco… e, pare incredibile, si lasciavan andar fuori di notte i chierici che per la loro qualità erano in camere separate* » : « On pouvait en effet aller de ci de là et parler avec tous, même avec ceux qui se trouvaient dans les *criminelles*, à condition de donner quelques pourboire aux gardiens de rang mineur. On laissait les imberbes qui avaient de l'argent courir par les couloirs avec grand danger des derniers outrages, au lieu de les maintenir séparés, comme cela était prescrit. On louait des tables de jeu… et, cela semble incroyable, on laissait sortir de nuit les clercs qui, du fait de leur qualité, occupaient des pièces séparées », Nicola Zannolini, *Il governo della Città e Regno di Napoli*, ms bibl. S. Martino, au chapitre *Carceri della Corte della Vicaria*, cité par Angelo Borzelli, *Il cavalier Giovan Battista Marino*, *op. cit.*, p. 232.

prisonniers semblent avoir été particulièrement aisées. Le lecteur d'un *capitolo* bernesque écrit par un ami emprisonné sait évidemment tout ce qu'implique le genre, en matière de caricature et de citations plus ou moins attendues, mais il apprécie aussi, sans nul doute, l'à propos et la justesse dans l'utilisation des sources connues et du registre burlesque, fertile en hyperboles, ironies et équivoques, en exagérations grotesques et sous-entendus graveleux. Nous ne sommes pas, autrement dit, dans un cadre fictionnel, mais dans un dispositif rhétorique et esthétique, où l'évocation de la réalité basse, triviale, matérielle est première. Cette descente dans le trivial, associée à l'exploitation des registres savants (enfer dantesque, etc.) se donne le rire du lecteur, ou de l'auditeur (le *capitolo* bernesque appelle la récitation vocale) pour objectif premier. La rencontre et le mélange du savant et du vulgaire sont l'âme du comique burlesque. Mais c'est le comique, et lui seul, qui autorise l'évocation de choses qui, sinon, seraient jugées tout à fait indignes d'être consignées par l'écriture. Ainsi Marino nous donne-t-il maints détails concrets, sinon vrais, en tout cas vraisemblables, sur le lieu de sa détention et la population qui s'y rencontre.

GRAFFITIS ET GROSTESQUES

Marino nous dépeint le Camerone, cellule dégradée, moisie et enfumée, toute décorée de graffitis :

Gl'è tutta col carbon istoriata,
La grotta a punto della Sibilla,
Tutta è rotta, mal concia, e affomicata.

(« Elle est toute historiée au charbon, / et ressemble à la grotte de la Sibylle, / tant elle est cassée, mal mise et pleine de fumée »). Son tableau lui-même d'ailleurs semble crayonné au charbon sur le mur de sa cellule. Les diverses pièces du mobilier d'abord, y sont dessinées à la diable, à commencer, si nous lisons bien, par le lieu d'aisance, dont le « couvercle », désormais cloué au mur, sert d'étagère à une mauvaise chandelle (v. 74). Voici une table graisseuse, maculée de tant de couleurs que l'on dirait

le tablier d'un célèbre peintre, ami de Marino (Gian Bernardo Lama) ; voici l'unique pot ébréché pour boire un vin allongé d'eau (« baptisé ») et pourtant épais comme « *una colla / meritevole [...] del bordello* » (« Une colle [...] digne du bordel »), voici la paillasse sans draps, infestée de poux, de puces et de punaises, l'un des tourments majeurs de la vie carcérale... Les prisonniers mangent l'écuelle sur la cuisse, à n'importe quelle heure, selon le bon vouloir des gardiens et surtout l'état de leurs finances, à lentes bouchées, une nourriture chiche et de piètre qualité, à base de salade et de pain[23]. La nuit, les rats et les souris se déchaînent en une fantasmagorie démoniaque, proprement dantesque (nombreuses allusions aux démons bouffons de l'*Enfer*), renversant les marmites et brisant les pots (v. 292-300), se livrant à des danses endiablées (v. 307-315). Les puces et les punaises participent de cette démonologie profane, qui s'acharnent sur la peau des pauvres damnés (v. 304-306).

Mais ce ne sont là que quelques uns des innombrables maux de la prison. L'une des plus graves misères du prisonnier est celle du manque d'argent, sans lequel le détenu n'obtient pas même le strict nécessaire de ses gardiens, maudits pour leur malhonnêteté et leur lésine. « *Se contanti non hai, ti poi morire* » (« Si tu n'as du comptant tu peux bien mourir » v. 113). Aucune autre dignité que pécuniaire n'est reconnue ; lorsqu'il s'avise de vouloir payer en vers, comme il le fait à la cour, le poète ne peut espérer autre chose que des sarcasmes.

[...] io son poeta
Poi ti fare un sonetto una canzone ;
Il ver Sonetto è il suon de la moneta.

« "Je suis poète
et peux te faire un sonnet, une chanson" ;
le vrai sonnet ici est le son de la monnaie. » v. 142-144

De sorte que même Salomon, le roi poète auteur présumé de l'*Ecclésiaste* et du *Cantique des cantiques*, même Bembo, « *gran poeta et cardinale* », pourraient ici mourir de faim. Tout se paye chèrement : nourriture, boisson, les moyens d'écrire, de transmettre des messages et d'en recevoir... et quand le comptant fait défaut, le gardien prévenant est toujours prompt à vendre le manteau du prisonnier, évidemment pour une somme ridicule.

23 *Infra*, p. 84-87.

« *O gente senza legge, senza fede* » (« Oh gens sans foi ni loi »). Le poète s'arrête longuement sur le personnel de la prison, sbires armés et gardiens. La courte biographie de l'un d'eux, répondant au doux nom de Giovan-Maria, est fort édifiante :

Un ser cotal ch'ha nome Gioan Maria,
Nacque Giudeo, fu molettier, fu frate,
Fu hoste, fu zenzale, e poi fu spia.
Quivi, per darsi ad arti più lodate
Sbirro si fe' ; al fin diverrà boia,
Per fare andare l'anime dannate.

« Un certain monsieur, nommé Jean-Marie,
il naquit Juif, fut ânier, fut moine,
hôtelier, entremetteur, espion.
Enfin, pour prendre plus honorable fonction,
il se fit sbire, et finira bourreau,
pour expédier toutes les âmes damnées, » v. 85-90

Qui plus est, cet individu peu recommandable, pour ouvrir la prison, attend certaine faveur du jeune poète que celui-ci n'est certes pas disposé à lui accorder[24].

Pour appeler son gardien, le prisonnier doit crier et frapper sur les grilles :

Al fin pur se ne vien come Dio vuole
E fa tremar quell'antri oscuri e cavi,
Latrando come Cerbero a tre gole.
[...]
Che diavol è chi batte alla mal'hora,
Gente indiscreta, chiurma di mandraccio
Non posso per voi dormir un'hora.

« Il finit tout de même par venir quand Dieu veut
et fait trembler ces antres obscurs et caves,
hurlant comme Cerbère à trois gueules.
/.../
"Qui diable fait ce raffut de malheur ?
Gens sans discrétion, bande de galériens,
par votre faute, je ne peux jamais dormir une heure" » v. 97-99, 103-105

24 « *Costui per farmi giù tirar la coia / Della chiave del carcere ha pensiero / Onde convien, ch'io disperato muoia.* » (« Celui-là pour me faire baisser la garde / aux clefs de la prison nourrit une intention / telle qu'il faut donc que je meure désespéré »), *Ibid.*

S'il veut le radoucir et lui commander un semblant de dîner, il lui faut s'humilier et lui donner du *signor dentro il mostaccio* (« du Monsieur par la moustache »)[25].

L'appréciation des codétenus dans cette prison surpeuplée où la promiscuité est la règle, n'est guère empreinte de compassion ou d'un grand sens de solidarité :

Gli è di briccanti e di bricconi un choro.
Chi vuol contarmi a forza i suoi mall'anni,
Chi dice quando io venni io feci io fei
Chi va, chi vinne e chi si cerca i panni.

« c'est un chœur de brigands et de bandits. »
Celui-ci veut me raconter à toute force ses malheurs,
celui-là dit : « Je suis venu, j'ai fait, je fis »,
cet autre va et vient et se cherche des ennuis. v. 168-171

Un groupe fait office de très intéressé comité d'accueil, coutume carcérale maintes fois relatée et déplorée :

Evvi un branco di ladri, farisei,
Che tosto che ciascun entra la soglia
Gli son d'intorno, e son di cinque o sei.
Non val che preghi, o pianga, o che si doglia,
L'oglio alla lampa si convien pagare

« Il s'y trouve une bande de ladres pharisiens,
qui, dès qu'un nouveau passe le seuil,
à cinq ou six lui viennent autour.
Rien ne te sert de prier, de pleurer ou de te plaindre :
l'huile à la lampe, il te faut payer. » v. 172-176

Surtout Marino dessine à grands traits l'irrésistible caricature d'un compagnon de cellule : « *pedante* » crasseux, repoussant et un tantinet ivrogne, discoureur intarissable à la piété douteuse[26], poursuivi pour pédérastie selon ce que laisse entendre le manuscrit de Florence[27], car

25 Même motif du Cerbère assoiffé d'argent dans la lettre à D'Aglie, *ibid.*, p. 533.

26 Il est désigné par le terme de « *baccalare* », qui signifie pédant mais aussi incrédule selon deux étymologies intéressantes : « bachelier » (les étudiants seraient donc réputés incrédules) et « *baccala* », la morue, car l'eau du baptême ferait à cet individu le même effet que la saumure sur le poisson.

27 « *Ed un di quei che noi chiamiam pedanti, / Tirate il suo delitto in consequenza.* » : « l'un de ceux-là que nous appelons pédants, / déduisez son délit en conséquence », v. 203-204.

de pédant à pédéraste la voie de la satire est toute tracée. Ce Calabrais – autre allusion aux pratiques sodomites[28] – qui écorche le toscan, semble féru de politique, s'il est vrai qu'il redistribue volontiers les frontières des nations : « *Vuol tagliar a traverso il Mappamondo* » (« il veut tailler à travers la mappemonde »). Mais là encore l'expression est équivoque et signifie de façon assez transparente (du moins pour les contemporains) ses visées sodomites, de sorte que tout ce portrait n'est qu'une longue équivoque filée à la mode bernesque. Selon l'un de ses biographes, Marino aurait d'ailleurs composé lors de cette incarcération d'autres compositions de ce type, comme *Il Melone* (Le Melon) et *Lo Stivale* (La Botte), deux *capitoli* reposant entièrement sur le motif de la sodomie[29]. Il s'agit sans aucun doute, là encore, de répondre aux exigence du genre, tant il est vrai, que l'allusion filée aux relations *a tergo* est le sujet majeur des *capitoli* bernesques. Mais l'on sait aussi par la documentation combien la vertu des jeunes hommes, en particulier les jeunes garçons incarcérés avec les adultes, était menacée dans la prison de la Vicaria[30], sans compter que Marino lui-même, en partie du reste à travers de telles compositions, sera fréquemment mis en cause pour le même « *vizio nefando* » (voir *supra*), autour duquel il ne cesse de tourner avec bien de la complaisance dans l'*Adone* et en d'autres de ses compositions, tout en le condamnant dans une chanson, intitulée justement *Contro il vizio nefando*[31].

Il semble d'ailleurs qu'il n'est point de transgression que le genre burlesque n'autorise, ne serait-ce que par prétérition. Le lecteur est saisi

---

Voir notes sur texte.

28 Voir les annotations sur le texte *infra*. Il est à remarquer que Marino lui-même semble avoir été d'origine calabraise par son père.

29 Francesco Ferrari, *Vita del cavalier Giambattista Marino*, in Marino, *La Strage degl'innocenti*, Macerata, 1637. Dans le manuscrit de Florence (voir notes sur texte), le *Camerone* est d'ailleurs associé à une série des pièces consacrées de bout en bout à l'évocation équivoque des pratiques sodomites : outre *Lo Stivale*, on y trouve, *L'Archibuggia* (*L'Arquebuse*), *Lo Scherma* (*L'Escrime*) et *La Chittara* (*La Guitare*). Ces autres titres ne correspondent pas à la liste donnée par Marino lui-même, sous le nom d'Onorato Claretti, qui évoque les *capitoli* intitulés « *La coda, Il cavalcare, Il Cesto, Il cristere, Il catenaccio, Il saltamartino* e simili altre baie bernesche », dont la plupart semblent aussi orientés vers la sodomie, *Lettere, op. cit.*, p. 611.

30 Voir *supra*, n. 22.

31 *Il settimo canto della Gerusalemme distrutta Poema eroico del sign. cavalier gio. battista marino. Aggiuntovi alcune altre composizioni del medesimo...*, Venezia, Girolamo Piuti, 1626. Voir l'article de Jean-François Lattarico, « L'*Invettiva contro il vitio nefando.* Marino et la question de la transgression », Actes du colloque international : *L'Invective. Histoire, formes, stratégies*, Saint-Étienne, 24-25 novembre 2005, Saint-Étienne, Publications de l'Université de Saint-Étienne, 2006, p. 157-178.

par exemple, au début du poème, par la liste de tous les crimes monstrueux que le poète n'a pas commis : renier sa foi, se faire circoncire (et donc apostasier), massacrer des chrétiens, se rebeller contre le roi d'Espagne (n'oublions pas que Naples est sous domination espagnole et que nous sommes à la veille du soulèvement de Calabre fomenté par Campanella), espionner pour le compte des luthériens, faire boire le sang d'un petit enfant à ses propres parents, prendre son plaisir à se faire fesser par un muletier, violer une abbesse, incendier des lieux consacrés, assassiner un capucin en tenue d'officiant, vicier le sens des Écriture, tourner Dieu et le pape lui-même en dérision, etc. etc. (v. 13-33). Hé bien, eût-il commis toutes ces atrocités granguignolesques, où l'on remarquera la prédominance des motifs blasphématoires et sexuels, que les peines souffertes dans sa prison resteraient quand même excessives ! La transgression consiste évidemment dans l'évocation de ces horreurs pour ne faire qu'en rire… La version de Florence contient d'ailleurs des pointes blasphématoires, comme on en trouve dans les vers de Berni, et qui sont absentes de la copie imprimée : les embrouilles des gardiens seraient capables de le conduire à « *rinegar la chiesa e il campanile* » (« renier l'église et le clocher ») et son Calabrais sodomite l'exaspère tant qu'il lui ferait traiter « *di becco ai santi* » (les « saints de cocus »).

Au-delà de l'assomption des audaces bernesques, ou plutôt à travers elles, Marino brosse une sorte d'autoportrait moral chargé de toute la négativité de la situation carcérale ; le rire du prisonnier, ou plutôt l'énergie déployée par le prisonnier pour faire rire de lui – mais à son profit – (il y a là sans aucun doute une forme d'auto-humiliation intéressée) est pleine d'amertume : rage, malédiction, quasi-blasphème, dérision insolente sont les composantes ordinaires des états d'âme et des discours d'un homme qui cherche à montrer à ses lecteurs combien il est altéré par la détention. Il est ici flagrant que nous sommes aux antipodes de la figure morale du prisonnier chrétien, toute tissue de patience, prière et pénitence.

L'altération, du reste, est d'abord physique, selon la description qu'il donne de lui-même, autoportrait en pied, ou plutôt auto-caricature :

Son fatto rauco, lungo, smilzo e secco,
E la barba e la chioma incirconcisa
E rabbuffata sì, che paio un becco.

« J'ai la voix rauque, suis devenu maigre, long et sec,
la barbe, et le cheveux incirconcis,
tellement ébouriffé, que je semble un bouc », v. 37-39

Le but étant, explicitement, de proposer au lecteur un autoportrait ridicule, un « grotesque », au sens propre, charbonné sur les murs de la caverne infernale (voir *supra*) :

Signor, se mi vedessi in cotal guisa
Star solo solo, e col pensier far guerra,
Vi farei certo pianger da le risa.

« Seigneur, si vous me voyiez en cette guise,
être tout seul et par la pensée faire la guerre,
je vous ferais pour sûr pleurer de rire » v. 40-42[32]

S'adressant à son seigneur et maître, le prisonnier amaigri et hirsute est l'inversion grotesque du poète courtisan. C'est du reste au nom de celui qu'il « fut » que Marino demande à Don Matteo di Capua d'intervenir, dans les derniers vers de louange, pour son élargissement. Ces dernières lignes sont assez remarquables, parce que le poète ne se départit pas du ton burlesque et fait du même coup apparaître la relation de patronage dans toute sa trivialité.

Ricorda Signor di quel ch'io fui
Che sempre resi del vostro biscotto,
Non havendo giamai servito altrui.
Perche m'haveggio havervi il capo rotto,
Finisco che finisce anco l'inchiostro,

« Que sa Seigneurie se souvienne de celui que je fus
car j'ai toujours rendu la monnaie de vos biscuits,
n'ayant jamais servi autrui.
Comme je vous ai suffisamment cassé la tête,
j'achève là, car l'encre aussi s'achève. » v. 337-341

Le burlesque, mobilisé dans la situation carcérale et pour en sortir, permet de rappeler de la manière la plus crue les termes du contrat tacite,

32 *Cf.* Brusoni, Camerotto : « *Vi verrebbe certamente l'umor di ridere, benché foste un Eraclito, in vedermi ora scrivere con una mano fuori del letto tenendo l'altra su 'l capezzale, col petto su la sponda, e con le gambe in aria semivestito, e mezo coperto alla barbaresca* » (« Il vous viendrait sans doute l'envie de rire, fussiez-vous un Héraclite, si vous me voyiez en ce moment écrire une main hors du lit et l'autre sur le chevet, la poitrine sur le bord et les jambes en l'air, à moitié nu et parti couvert à la barbaresque »).

derrière l'allégeance chevaleresque : les vers de louange, dispensés ici même, et surtout l'exclusivité du « service », ont pour prix l'assurance du vivre (les « biscuits ») et une protection efficace.

D'UNE PRISON L'AUTRE

Le fait est que, malgré sa requête versifiée, Marino dût attendre de longs mois à la Vicaria avant de recouvrer la liberté. Ce fut pour peu de temps, car il retourna dans la même prison l'année suivante, cette fois, pour avoir falsifié des documents ecclésiastiques en faveur d'un jeune aristocrate de ses amis, Marco Antonio d'Alessandro, condamné à mort pour homicide, afin de tenter de le sauver en le faisant passer pour prêtre. L'affaire était sérieuse ; son ami fut exécuté et on ne le laissa sortir, toujours par l'intercession probable du prince et de Giambattista Manso, au bout de quelques mois, qu'en déclarant une évasion, comme cela semble-t-il se faisait parfois pour régler des situations délicates[33]. C'est peut-être durant cette seconde incarcération que le poète composa un sonnet, publié dans les *Rimes héroïques*, dont trois vers, d'une remarquable intensité dramatique, font penser aux pièces que le grand Campanella composera quelques années plus tard, dans la fosse du Castel Sant-Elmo en la même ville de Naples :

Me fra l'ombre, e gli orrori, e il pianto eterno
Sommerso alberga in un profondo oblio
Questo d'afflitti vivi oscuro Inferno.

« Moi, parmi les ombres et les horreurs et les pleurs éternels
enseveli en un profond oubli hôte
de cet enfer obscur de vivants affligés[34] ».

---

33 A Giambattista Manso, 1612, *Lettere*, p. 125.

34 *Lira*, Première partie, éd. de Venise, 1614, p. 127. Voir Tommaso Campanella, *Poesie*, edizione completa a. c. di F. Giancotti, Torino, Einaudi, 1998. Sur les prisons de Campanella, voir surtout Luigi Amabile, *Fra' Tommaso Campanella ne' castelli di Napoli, in Roma e in Parigi*, 2 vol., Naples, A. Morano, 1887, mais aussi Germana Ernst, *Il carcere, il politico, il profeta. Saggi su Tommaso Campanella*, Pisa-Roma, Istituti Editoriali e Poligrafici Internazionali, 2002.

LE PRIX DE LA SATIRE

Ce furent cette seconde réclusion et feinte évasion qui décidèrent Marino à quitter Naples pour s'en aller chercher fortune à Rome, puis à Turin, auprès du duc Charles-Emmanuel de Savoie. C'est en cette ville que, déjà parvenu à une très grande notoriété poétique, notamment avec la publication des *Rimes* (1602), peu après la tentative d'assassinat perpétrée contre lui par son concurrent Gaspare Murtola, il fut lui-même mis aux arrêts domiciliaires puis incarcéré début avril 1611 par la volonté de son maître le duc Charles-Emmanuel de Savoie. Les raisons précises de cette incarcération ne sont pas connues. Il est sûr en tout cas, comme le montre l'ouvrage essentiel de Clizia Carminati[35], qu'elle intervient au moment où Marino était informé qu'un procès inquisitorial se préparait à Rome pour examiner certains de ses écrits, en particuliers des pièces manuscrites qui lui étaient attribués circulant sous le manteau, contenant des « obscénités » mais aussi des « impiétés », selon ses propres termes[36] ; des pièces burlesques donc, comme le *Camerone.* L'incarcération de Marino fut d'ailleurs instamment demandée par l'inquisition « *sopra diversi capi che concernono l'offesa della Maestà del Signore Iddio e della nostra religione spettanti al Santo Officio* » (« au sujet de divers chefs d'inculpation qui concernent l'offense de la Majesté du Seigneur Dieu et de notre religion regardant le Saint Office »)[37]. Or Charles-Emmanuel refusa de collaborer

35 Clizia Carminati, *Giovan Battista Marino tra inquisizione e censura*, Roma-Padova, editrice Antenor, 2008.

36 Lettre à Charles-Emmanuel du 15 février 1609, *Lettere*, p. 83, n° 48. Voir les précieuses pages de C. Carminati dédiées aux pièces burlesques et obscènes attribuées par les contemporains à Marino. Selon Carminati, ce ne sont pas tant la licence extrêmement poussée de ces vers qui pouvait lui valoir les foudres inquisitoriales, mais la présence, dans l'obscénité du vocabulaire et de motifs religieux, ainsi que de vives attaques contre les Jésuites. Elle évoque, pour les pièces attestées, la « *disinvoltura del Marino nell'affiancare il Cielo e il chiasso, la prigionia sua e la passione di Cristo, il tempio di Venere e i riti cattolici. È disinvoltura spesso impercettibile, ma che non sfuggí all'autorità deputata ad agire* contra haereticam pravitatem » (« désinvolture de Marino dans sa manière d'associer le Ciel et le tapage, sa prison [dans le *Camerone*] et la passion du Christ, le temple de Vénus et les rites catholiques. C'est une désinvolture souvent imperceptible, mais qui n'échappa pas à l'autorité mandatée pour agir contre le vice hérétique », *op. cit.* p. 91.

37 Lettre du cardinal Millino du 2 janvier 1610, cité in C. Carminati, *op. cit.*, p. 68. De plus Marino était impliqué dans un procès inquisitorial à Parme. Comme il le rapporte dans

et s'engagea bien plutôt à défendre l'honneur de sa cour ; Marino semblait pouvoir compter sur la protection du Duc. Son arrestation cependant n'eut apparemment aucun rapport avec cette menace inquisitoriale, mais fut plutôt due à ce qu'on l'accusait d'avoir dit et écrit contre le duc son maître.

Gian Francesco Loredano, l'aristocrate vénitien ami de Brusoni (voir *infra*), qui écrit une *Vie* du poète quelques années après sa mort, présente un récit assez peu crédible, dérivé sans doute d'une lettre que Marino écrivit durant sa détention à Giambattista Manso : selon lui, des courtisans malintentionnés auraient fait passé aux yeux du duc un poème de sa jeunesse, la *Cuccagna* (texte que Loredano considère déjà comme perdu), où Marino reprenait les vices de l'aristocratie napolitaine, pour une violente satire du duc et de sa cour. Dans sa lettre, le poète enfermé demandait à Manso d'écrire une missive attestant que le poème était ancien et visait quelqu'un d'autre, et Marino insistait bien auprès de son correspondant sur le fait que ce n'était pas lui, qu'il avait voulu brocarder à l'époque[38] ! Selon une autre source, celle de Traiano Boccalini dans sa *Bilancia politica* (*Balance politique*), Marino aurait été incriminé pour une satire intitulée *Gobbeide* (*gobbo* signifie bossu), qui aurait pu viser le duc, aux épaules voûtées[39]…

Comme le rappelle Loredano, non seulement Victor Emmanuel avait alors ordonné son arrestation, mais il lui avait confisqué tous ses écrits, lui interdisant de surcroît toute visite. Sa colère fut telle, ajoute le vénitien que, pendant de longs mois, aucuns des amis de Marino n'osa intervenir en sa faveur, puis les requêtes de grands personnages se multiplièrent jusqu'à ce qu'enfin, après quatorze mois d'enfermement, il fut libéré[40]. Une lettre du comte de Vische, rapportant les propos du cardinal Aldobrandini protecteur de Marino, évoque même de dures conditions de détention : Marino serait « lié comme un chien », mais il peut s'agir d'une exagération du poète[41].

l'une de ses lettres de 1609, un jeune homme avait été arrêté à Parme « *perchè andava recitando delle poesie oscene ed empie* » (« parce qu'il récitait des poésies obscènes et impies ») et celui-ci lui attribuait ces pièces compromettantes. À Fortunio Sanvitale, *Lettere*, n° 54, p. 104-105.

38 Lettre à Giambattista Manso, 1612, *Lettere*, éd. M. Guglielminetti, *op. cit.*, p. 126.

39 Voir E. Russo, *Marino*, *op. cit.*, p. 29 et surtout Idem, *Studi su Tasso e Marino*, Padova, Antenore, 2005, p. 176-177.

40 Gian Francesco Loredano, *Vita del cavalier Marino…*, in Giambattista Marino, *La Lira, Rime…*, Francesco Babba, Venetia, 1653, n. p.

41 Voir C. Carminati, *op. cit.*, p. 106.

Giovan Battista Baiacca, dans sa propre biographie, évoque de manière plus évasive des « *imputationi dategli appresso il Duca d'havere contro la sua persona con poco rispetto, e troppo liberamente in certa compositione parlato* », (« imputations faites à son encontre auprès du duc pour avoir parlé de lui en une certaine composition trop librement et avec peu de respect »)[42]. Ce texte ajoute que ce fut grâce aux intercessions insistantes et répétées du cardinal Ferdinand de Gonzague et de l'ambassadeur du roi d'Angleterre, Henry Wotton, qu'il finit par être libéré, après quatorze mois d'enfermement. En réalité Marino, dès les début de sa détention, multiplia les efforts, à travers des missives dont la plupart sont perdues, pour obtenir sa libération, et il prévaut dans ses lettres de bien d'autres intercessions[43]. Ce fut d'abord le cardinal Pietro Aldobrandini, qu'il avait servi à Rome, qui intercéda à de nombreuse reprises pour lui auprès du duc[44], mais en vain, puis le duc de Mantoue, François de Gonzague, gendre de Victor Emmanuel, le vice roi de Naples lui-même, Pedro Fernández de Castro, des membres de la maison des capucins de Turin, le cardinal Ferdinand de Gonzague, frère du précédent, le cardinal Maurice de Savoie… jusqu'à l'intercession décisive de Wotton[45]. Le nombre et la qualité des intercesseurs est en vérité impressionnante et montre sans doute l'activisme de Marino depuis sa prison, mais aussi à quel degré de notoriété il était parvenu le poète, et bien sûr l'importance du ressentiment du duc à son égard.

Dès le 27 avril Marino écrivait une lettre à François de Gonzague, l'enjoignant instamment, sur un ton d'ailleurs plutôt déplacé, d'écrire en sa faveur : « *L'ufficio ha da esser fervido ed il favore efficace, sí che non paia*

42 Giovan Battista Baiacca, *Vita del cavalier Marino*, descritta dal sig., … (pubblicata da Gasparo Bonifaccio), Milano, appresso G. B. Bidelli, 1626, p. 28.

43 Dans la lettre à N. N. de janvier 1612, il évoque le vice-roi de Naples, le cardinal Aldobrandini, le cardinal d'Este, etc. *Lettere*, éd. M. Guglielminetti, p. 118.

44 Aldobrandini, selon les propos rapportés par l'ambassadeur des Savoie à Rome, le comte de Viche, reconnaît que Marino a pu « *leggiermente caduto in qualche licenza poetica, per non dire da matto* » (« tombé avec trop de légèreté en quelque licence poétique, pour ne pas dire de fou »), tout en ajoutant qu'il pourrait bien s'agir de manœuvres des partisans de Murtola. Lettre du 14 mai 1611. Le lendemain, le nonce apostolique à Turin, Pier Francesco Costa informait le cardinal Borghese que l'on rapporte que Marino a été incarcéré « *per aver parlato troppo liberamente del Principe* » (« pour avoir parlé trop librement du prince ») Voir G. Rua, « La intercessione del card. Aldobrandini presso Carlo Emanuele I per la scarcerazione del Cav. Marino (1611) », *Giornale storico della letteratura italiana*, XXII, 1893, p. 422-426 ; matériel repris et analysé par C. Carminati, *Giovan Battista Marino*, *op. cit.*, p. 95 *sq.*

45 Voir C. Carminati, *op. cit.*, p. 95 *sq.*

ordinario né procurato, nel modo appunto ch'ella sa e suol fare quando abbraccia la protezione di un servitore divoto » (« L'office doit être fervent et la faveur empressée, de sorte qu'elle ne paraisse pas ordinaire ni commandée, comme justement vous savez faire et avez coutume de le faire quand vous embrassez la protection d'un serviteur zélé »)[46].

Dans la même lettre, Marino explique que c'est au moment même où il attendait quelque récompense digne de ses bons et loyaux services à la cour, qu'il fut au contraire jeté en prison « sous prétexte [d'avoir] plaisanté avec peu de modestie (*scherzato poco modestamente*) sur la personne du sérénissime *padrone*[47] ». Dans une autre lettre très proche dans le temps (et par le contenu) de celle que nous publions, alors qu'il est donc encore incarcéré, il se défend en ces termes : « *la mia penna fu sempre innocente dalle punture satiriche, e massime di quelle che trafiggono i Grandi* » (« ma plume toujours fut innocente des pointes satiriques, et surtout de celles qui transpercent les grands »)[48], ce qui bien sûr contredit la version de Loredano qui, si elle contient quelque chose de vrai, laisse penser qu'en effet Marino n'avait pas épargné ses maîtres napolitains.

Tous ces textes attestent qu'il fut bien expédié en prison parce qu'on lui attribua, à tort ou (plus probablement) à raison, des vers satiriques contre la personne même de son souverain et maître. Les prisons de Naples et de Turin, à travers les écrits de Marino lui-même, symbolisent ainsi le poids et l'ambivalence des relations de patronage sous l'Ancien Régime et montrent l'extrême précarité de la condition du poète courtisan, car si le « patron » est celui qui peut vous tirer de prison sans autre forme de procès, il est aussi celui qui peut vous y envoyer de la manière la plus expéditive, hors de toute forme légale. On comprend bien dès lors pourquoi cette relation est au cœur des textes écrits en prison ; flagornerie et crainte du poète emprisonné, mais aussi, entre les lignes ou sous couvert du burlesque, manifestation du plus grand cynisme social.

46 *Lettere*, nº 62, p. 115.

47 « *Quando io aspettava qualche ricompensa della mia servitù in questa corte, eccomi in prigione sotto pretesto che io abbia nelle mie poesie scherzato poco modestamente intorno alla persona del serenissimo padrone* », lettre à François de Gonzague, du 27 avril 1611, in *Lettere*, éd. Guglielminetti, let. 62, p. 114. Dans la lettre que nous publions, il déclare sur le ton de la plaisanterie amère qu'il s'attendait à une « bonne commanderie » en échange de ses services de plume, au lieu de quoi, on lui donna celle des prisons (voir *infra*).

48 « *Io non ebbi mai denti da mordere, né, se avuti gli avessi, gli avrei rivolti contro chi mi ha onorato e beneficato* » : « Je n'ai jamais eu de dents pour mordre, et, les eussé-je eu, je les aurais retournées contre qui m'a honoré et gratifié », à Gaspare Salviani, *ibid.*, p. 124.

BURLESQUE ÉPISTOLAIRE : OBSCÉNITÉ ET AUTODÉRISION

Depuis sa prison de Turin, Marino multiplia les missives et requêtes à l'adresse de tous ses appuis et amis, et sans doute à l'attention du duc lui-même. Certaines de ses lettres nous sont restées[49] ; pour la plupart d'ailleurs il s'agit manifestement de textes conçus non pour un unique destinataire mais pour une certaine diffusion à la cour de Savoie. Nous publions ici la plus fameuse d'entre elles, destinée au comte Ludovico D'Aglie poète et ami de Marino, « description » de sa vie carcérale après neuf mois de réclusion, étincelant exercice de style, qui outrepasse le modèle des correspondances *giocose* du siècle précédent (d'Annibal Caro en particulier)[50]. Hormis le passage à la prose, le choix esthétique et rhétorique de Marino est, dans ce texte, foncièrement le même que dans le *Camerone*, auquel il est d'ailleurs associé dans l'édition parisienne de 1626[51] : il s'agit, une fois encore, de faire rire de sa misérable condition, en mettant pourtant en avant tout ce qu'elle peut avoir de sordide, de dépressive et d'exaspérante. On peut même parler d'une réécriture du *Camerone*, car il ne cesse d'emprunter, tout au long de son écrit, les mêmes motifs, images, métaphores et formules reprises plus d'une fois à la lettre. Pourtant les différences ne manquent pas, jusque dans la reprise des mêmes thèmes obligés, qui vont plutôt dans le sens d'une radicalisation des contenus transgressifs.

L'obscénité en particulier, est ici partout présente. Dès l'évocation des scènes historiées « de hiéroglyphes et de grotesques », laissées par ces prédécesseurs sur le mur de la cellule, Marino s'extasie devant les « *belle figure ! uccelli e sparavieri con sonagliere !* » (« belles figures,

49 Outre la Lettre au Comte D'Aglie, que nous publions ici, voir la lettre à François de Gonzague du 27 avril 1611, *Lettres*, éd. Gulielminetti, *op. cit.* p. 115-116 ; à N. N (sans doute Andrea Barbazza) de janvier 1612, *ibid.*, p. 117-124 ; à Gaspare Salviani, 1612, *ibid.*, p. 123-124 ; à Giambattista Manso, 1612, *ibid.* ; p. 125-126 ; à Charles-Emmanuel de Savoie, 1612, *ibid.*, p. 128 ; à Ferdinand de Gonzague, 14 avril 1612, *ibid.*, p ; 129.

50 Annibal Caro, *Lettere familiari*, ed. critica con introduzione e note d'Aulo Greco, Istituto nazionale di studi sul Rinascimento, Firenze, Le Monnier, 1961.

51 *Il Padre Naso, del cavalier Marino... – Il Camerone, prigione horridissima in Napoli, ove fu carcerato il cavalier Marino. – Prigionia del cavalier Marino in Torino...*, In Parigi, appresso gli eredi di A. Pacardo, 1626.

oiseaux et éperviers avec leurs grelots ! »), c'est-à-dire de phalliques volatiles dignes des priapées romaines. Les rats, plus agressifs encore, s'en prennent aux testicules du dormeur, réduits pourtant à de bien maigres attributs[52]. Comme dans le *Camerone*, le poète évoque longuement la question du lieu d'aisance, dont il est à Turin dépourvu, ce qui l'oblige à uriner dans une carafe... Il insiste, ici aussi, sur la mauvaise qualité de la pitance et de la literie... Cette fois, le poète a des draps (il semble en cela mieux loti qu'à Naples), changés une fois le mois par les soins d'une diligente « *patrona* », mais ils sont recuits dans la graisse et tâchés de menstrues[53].

Il y parle aussi, avec une étonnante liberté, des frustrations sexuelles du détenu : les « putains » ne pouvant pénétrer dans la prison, le prisonnier est contraint de s'adonner à la « contemplative » plutôt qu'à l'« active » dans un entretien tout spéculatif avec « *Menalca, Menandro, Menelao e Menalippo* » (Ménalque, Ménandre, Ménélas et Ménalippe)[54]. Quand on sait que se masturber se dit en toscan *menarsi*, on comprend le sens de l'évocation de tous ces grands personnages grecs !

Dans la description qu'il fait de lui-même, il ajoute une particularité fort extravagante, qui rajoute encore à la caricature et au grotesque de son personnage, racontant qu'il s'est fait attacher quatre tabourets sur le dos qui lui permettent de faire un somme quand l'envie lui en prend[55]... Peut-être ce détail fantasque renvoie-t-il à quelque référence littéraire qui nous échappe, mais l'effet de réel, dans les détails concrets dont le texte est émaillé, joue ici plus fortement encore que dans le *Camerone*.

Ainsi le poète n'hésite-t-il pas à se peindre sous les traits d'un gueux grotesque portant son lit sur le dos, adonné à la masturbation et surtout affligé d'une profonde dépression morale. Car, c'est l'autoportrait psychologique qui est ici prégnant, beaucoup plus que dans le poème de Naples. La mise en scène du moi dans un jeu continué d'autodérision renvoie à une exaspération et une rage inépuisables. Ainsi le poète dit-il que son esprit est hanté, obsédé par des centaines de Furies brandissant non des faisceaux mais de grandes torches de théâtre, non des serpents communs, mais des « crocodiles, sphinges, chimères et pythons[56] ».

52 *Infra*, p. 108-111.
53 *Infra*, p. 108-109.
54 *Infra*, p. 110-111 et note sur texte.
55 *Infra*, p. 108-109.
56 *Infra*, p. 102-103.

L'exagération hyperbolique est délibérément comique, mais à la fois le but est bien de rendre compte du degré de fureur et de rancœur auquel le reclus, au bout de neuf mois de prison, est parvenu.

L'ENFER CARCÉRAL

L'usage outrancier et comique des Furies est typique du traitement burlesque des références mythologiques, et plus généralement de l'ensemble de la culture savante dégradée et exaltée à la fois par le ridicule. La *Lettre*, plus encore que le *Camerone*, regorge de lieux communs sur la prison, empruntés à la fois à la culture religieuse et à la culture classique. La plupart font l'objet de détournements comiques et parodiques, mais plus d'un motif emprunté au registre du sacré est aussi exploité pour sa gravité, de sorte que le lecteur est toujours maintenu en équilibre instable entre dérision et déploration. Si le ton dominant est bien celui de la *burla*, le discours est toujours prêt à basculer dans le pathétique. Le motif dominant, le *topos* qui sert de cadre ou de fond est celui, que l'on peut dire obligé, de l'enfer carcéral.

L'identification de la prison au lieu infernal est omniprésente dans le texte en prose plus encore peut-être que dans le poème, à travers une confrontation serrée de la situation du prisonnier avec celle des damnés et des démons, qui conduit à d'inquiétants aperçus sur l'état d'âme et d'esprit du poète incarcéré et, tout à la fois, aux allusions licencieuses et obscènes les plus débridées.

La culture mobilisée pour exprimer l'enfer carcéral est considérable : bien sûr toute la mythographie infernale du paganisme grec et latin, mêlée à l'imaginaire chrétien avec de nombreux renvois à des épisodes bibliques, une insistance parodique sur le démonisme, déjà présent dans le *Camerone*, mais aussi l'exploitation peu orthodoxe de la théologie de la punition infernale, des références constantes, explicites ou non, au voyage dantesque, et encore à l'« *impresa* » d'Astolphe chassant les Harpies dans le *Roland Furieux* de l'Arioste, à « l'enfer » bien peu catholique d'une célèbre nouvelle de Boccace, aux satires « infernales » d'Anton Francesco Doni, etc. Toute une culture proliférante de l'enfer,

foncièrement désacralisée, est ainsi mobilisée pour rendre compte de la vie carcérale, de façon « burlesque » et « grotesque », c'est-à-dire dans l'étroite application des références savantes aux *realia* de l'enfermement.

Le motif de l'enfer carcéral n'est certes pas original en lui-même, inlassablement repris par tous les auteurs de l'époque qui ont à évoquer la prison appréhendée de l'intérieur, du point de vue du prisonnier. Il s'agit d'ailleurs d'une intéressante inversion et exténuation métaphorique : si l'enfer est souvent décrit et représenté comme une prison éternelle, la littérature carcérale explore tout ce en quoi le lieu d'enfermement (enfer-mé : l'homophonie en français a bien sûr son importance) peut à juste titre être appelé « enfer » et en quoi elle en est littéralement un, au point que ceux qui séjournent en prison en viennent parfois à ne plus véritablement craindre les peines d'outre-tombe. C'est en effet une idée qui ne cesse d'affleurer dans les deux textes de Marino, mais aussi dans les pièces d'autres auteurs de l'époque[57], selon laquelle l'horreur de la prison affranchit des craintes de l'enfer, parce qu'elle est une actualisation, en cette vie même, des peines infernales. Il s'agit bien sûr, en régime d'écriture dominé, ou plutôt contraint par la morale et la théologie chrétiennes, d'un passage à la limite, qui mérite cependant d'être signalé pour montrer que la réappropriation carcérale de la métaphore infernale n'est pas sans conséquences sur la manière même d'appréhender les souffrances, les persécutions subies, le désespoir et la terreur de la prison et, ainsi, les relations entre la vie et la mort, telles que le discours chrétien tente de leur donner sens à travers les notions de péché, d'épreuve, de conversion, de récompense et de châtiment dans l'au-delà.

La métaphore, ou plutôt l'identification infernale, implique, dans le contexte chrétien, que la prison soit toujours aussi perçue comme une peine, alors même que sa vocation, sous l'Ancien Régime, n'est pas *d'abord* pénale. La prison est une peine toujours méritée, non pas du tout du point de vue des raisons factuelles qui y conduisent – il est un fait entendu que souvent l'innocent est emprisonné – mais parce que l'homme est pécheur ; l'incarcération est une épreuve voulue par la providence divine et l'occasion, davantage même, la sollicitation d'une conversion spirituelle. Or Marino, qui à Turin est justement mis en prison

57 Voir en particulier Cyrano de Bergerac, *États et empires du soleil.*

par punition (il n'y a pas eu de procès instruit contre lui, sa prison est une peine sans condamnation formelle, comme cela était si fréquent sous l'Ancien Régime, voir aussi pour Brusoni, *infra*), conteste cette tradition réfutant longuement, dans son texte en prose, avec une audace inouïe que la « *burla* » ne couvre guère, les arguments de la consolation chrétienne[58].

UN DIALOGUE ÉDIFIANT

Marino simule en effet une conversation avec un hypothétique Frère visiteur, qui viendrait lui faire « des exhortations morales » et lui « prêcher la patience[59] ». Le moine cite, bien entendu, les passages bibliques obligés – « la vertu s'affermit dans les adversités », « je corrige et châtie ceux que j'aime[60] », etc. – et enfile les lieux communs sur la purge des péchés et le repentir favorisés par la prison, l'insigne honneur et privilège de partager par les souffrances et les privations la passion du Christ[61]… « *Belle parole !* ». Le prisonnier préfèrerait certes que le Seigneur l'attire à lui par de plus agréables incitations et qu'il aille plutôt faire ce genre de visite aux « Turcs » et aux renégats ; non à lui, qui l'aime et le craint, car pour sa part, il est plutôt de ces « *spiriti delicati e sensitivi* » qui « *si convertono più facilmente con le amorevolezze e con le carezze* » (« ces esprits délicats et sensibles qui se convertissent plus facilement par les mignardises et les caresses »)[62]. Évidemment ces paroles infirment sa prétendue crainte et vénération de Dieu, et son interlocuteur fictif a beau jeu de l'accuser : « *tu sei un marcio peccatore : meriti questo e peggio* » (« tu es un pécheur fini, et mérites ce qui t'arrive et pire encore »)[63]. Soit, mais, clame-t-il, je suis innocent de la faute dont on m'accuse. Il faut alors qu'il convienne avoir commis bien d'autres fautes. Oui, mais Dieu manque-t-il de

58 Comme l'écrit C. Carminati, la lettre à D'Aglie révèle « *una sfrontatezza temeraria o una natura incoercibile, immune ad ogni ragionevolezza* » (« une effronterie téméraire ou une nature incoercible, impossible à raisonner »), *op. cit.*, p. 124.

59 *Infra*, p. 94-95.

60 « *Virtus in infirmitate perficitur* », Paul, 2 Corinthiens, 12, 9 ; « *Quos amo corrigo et castigo* » (*Apocalypse*, 3, 19), *ibid.*, p. 527 et 528.

61 *Infra*, p. 94-97.

62 *Infra*, p. 96-97.

63 *Ibidem.*

pécheurs autrement plus scélérats que lui-même pour exercer sa justice, à commencer par ceux qui ont le pouvoir de le châtier injustement ? Son contradicteur imaginaire lui fait remarquer qu'il n'a pas son mot à dire dans l'administration divine de la justice. Du reste les pécheurs dont il parle seront punis quand leur heure viendra. Le prisonnier tient cependant tête au bon Frère avec une effronterie remarquable : pendant que ces pécheurs épargnés se prélassent dans l'abondance, d'autres, comme lui, doivent « *inghiottir la pillola e cacar la nespola* » (« avaler la pilule et chier la nèfle »)[64]. Qui plus est, ces scélérats pourraient bien entre temps se repentir et gagner sur les deux tableaux. Oui, mais alors leur degré de « vision béatifique » dans l'au-delà restera inférieur à celui dont leur pieuse victime jouira. Celui-ci s'en déclare fort aise, mais avoue ne pas faire une grande différence entre la possession au paradis d'un palais ou d'une cabane[65]. Veut-il donc donner son avis au Ciel, rétorque son censeur, faire le majordome chez le bon Dieu, en revoir les comptes et en réviser la justice incompréhensible ? Il s'en remet cette fois à la volonté divine, mais « *l'impazienza, quando è disperata, suole entrare in simili digressioni* » (« L'impatience, quand elle en arrive au désespoir, ne peut s'empêcher d'entrer en pareilles digressions »)[66].

Évidemment, le lecteur peut constater qu'au cours de cet échange fictif, qui se poursuit un moment encore, chacun des arguments de la consolation chrétienne – qui engagent les principes de la théodicée – est tout à tour tourné en dérision, anéanti en quelque sorte, non du point de vue de sa vérité proprement dite, mais des conditions psychologiques du prisonnier condamné à connaître dès cette vie le sort des damnés, dans son « petit enfer privé », alors que s'accumulent sur ses épaules « *una sarcina di quanti infortuni, suplíci, sciagure, martiri, pesi, cancheri, crepacuori e cacasangue siano mai stati e siano nel mondo* » (« une telle collection d'infortunes, de supplices, de catastrophes, de martyres, de fardeaux, de chancres, de crève-cœur et de dysenteries comme il n'y en a et n'y en eut jamais au monde »)[67] Aussi, s'il est une sentence de l'Écriture qui s'applique bien à ce qu'il vit, c'est celle du Psaume 54 : « Qu'ils descendent vivants dans l'enfer[68] ».

64 *Infra*, p. 96-97.
65 *Infra*, p. 98-99.
66 *Ibidem*.
67 *Ibidem*.
68 *Infra*, p. 100-101.

Marino ne craint pas alors d'appliquer audacieusement à son propre cas la distinction théologique usuelle à propos des damnés souffrant à la fois « la peine du dam », qui est la privation de la vision de Dieu, et « la peine des sens » : « *qui la perdita della grazia del prencipe da una banda, e dall'altra tutti i malanni* » (« Ici la perte de la grâce du prince d'une part, et de l'autre toutes les misères »)[69]. Comparer la grâce du prince à la vision de Dieu, pour dénoncer la double peine qu'il lui faut purger, est pour le moins osé. Une fois encore, l'auteur prévient le scandale, et à la fois persiste et signe, en disant que s'il mérite l'enfer, c'est pour avoir été « *troppo superstizioso idolatra* » (« trop superstitieux idolâtre ») de son Altesse sérénissime[70]. En effet, l'idolâtrie politique peut être considérée comme un péché mortel ; les courtisans obsédés par la seule grâce du prince manifestent une indifférence foncière à toute autre grâce : de ce point de vue, la prison apparaît comme le double inversé de la cour profane, bien éloignée de la vie chrétienne, s'il est vrai que la souffrance provoquée par l'ingratitude du prince atteste d'une damnation mondaine qui obère, chez le prisonnier qui écrit un tel texte où la religion est traitée avec une telle légèreté, la voie du salut, ou plutôt qui rend celle-ci dérisoire.

Faute d'être une peine divine, la prison est bien envisagée comme une peine humaine, où un pouvoir arbitraire se substitue à la justice du très haut. Maintenu en prison par la suprême volonté du duc, Marino sait qu'on a voulu le châtier. De toute façon, la prison, comme privation de liberté et au regard des sordides, parfois terribles conditions d'enfermement, est en soi une « peine », un « châtiment » tout à fait comparable, voire assimilable à la souffrance morale (peine du dam) et physique (peine du sens) des damnés. La seule différence, mais essentielle, entre la situation du damné puni par Dieu et celle du poète châtié par son maître est que la punition de celui-ci est imméritée[71].

Cette peine de l'injustice de la réclusion s'ajoute à toutes les autres : « *Lascio la compagnia diabolica de' malfattori, gli orrori oscuri di una caligine perpetua, l'impressione nell'anima d'una passione continua, il ghiaccio di paura ed il fuoco di rabbia : questi flagelli (per mio aviso) sono altro che sassi, ruote, avoltoi* » (« la compagnie diabolique des malfaiteurs, les horreurs

69 *Infra*, p. 100-101. *Cf. Lettre à N. N.* (Comte Andrea Barbazza ?), *Lettere*, ed. Guglielminetti, *op. cit.*, p. 117.

70 *Ibidem.*

71 *Ibidem.*

obscures d'une ténèbre perpétuelle, de l'impression en l'âme d'une peine continuelle, la glace de la peur et le feu de la rage ; ces fléaux sont bien autre chose que les rochers, les roues et les vautours »)[72].

L'ENFER À LA MODE DE BOCCACE

Ainsi Marino peut-il filer jusqu'à épuisement la comparaison avec l'enfer, un enfer mythique où se confondent exactement les peines infligées dans la mythologie païenne aux Sisyphe, Ixion et Prométhée, et les peines promises au mauvais chrétien dans l'au-delà car, en cet enfer, les « litanies » et les « messes » ne valent rien, ni ne servent en rien « intercessions » et « faveurs[73] ». De sorte que, comme il est écrit à l'entrée de l'enfer dantesque, il faut abandonner toute espérance de n'être jamais absout[74].

Comme Lucifer fut précipité dans les abysses par excès d'orgueil, le courtisan poète l'a été pour avoir servi avec trop d'humilité. Ainsi est-il devenu en cet enfer un diable en même temps qu'un Christ abandonné de tous portant lamentablement sa croix ; un diable protégé par la croix et qui ne craint donc pas les exorcismes ! Autrement dit, tout est matière à multiplier les *concetti*, parfois graves, le plus souvent plaisants… quand ils ne sont pas carrément obscènes. La même assimilation du poète en enfer au démon, le conduit à quelques lignes de l'évocation du Christ, à décréter qu'il est, oui, un démon, mais de ces « *incubi che fanno spiritar le belle zitelle ed insegnano loro a porre il diavolo nell'inferno alla boccaccesca* » (« incubes qui jettent en extase les belles filles et leur enseigne à mettre le diable en enfer à la mode de Boccace »), allusion à l'une des nouvelles les plus graveleuses du *Décaméron*[75]. Il va jusqu'à conseiller son noble interlocuteur de tremper ses fesses dans le bénitier pour se préserver des intrusions nocturnes de cet incube libidineux[76].

72 *Ibidem.* On trouve exactement le même texte, au mot près, dans la lettre à un ami (Comte Andrea Barbazza ?), *Lettere*, ed. Guglielminetti, *op. cit.*, p. 117.

73 *Ibidem.*

74 *Ibidem. Décaméron*, Troisième journée, Neuvième nouvelle.

75 *Ibidem.*

76 *Infra*, p. 102-103.

HUMEUR ET HUMOUR NOIRS

La comparaison/assimilation soutenue entre la prison et l'enfer, les raisonnements impies du prisonnier exaspéré, ses brusques accès de désespoir quasi blasphématoires, ses élucubrations obscènes, sont inséparables de la dérision qui court d'un bout à l'autre et qui se nourrit aussi bien de la fiction d'une rencontre entre le prisonnier et un moine consolateur, que de la parole biblique ou de l'évocation des plus saints personnages et du Christ lui-même. La pratique de la dérision est la preuve par les actes que la prison infernale est un lieu non de salut, mais de damnation pour l'innocent, condamné autrement dit à ne pas le rester. C'est donner peut-être un poids excessif à un discours qui vise en premier lieu et par tous les moyens à divertir et faire rire ses lecteurs, et dont on pourrait estimer qu'il recherche une dérision légère et sans conséquence… Mais l'indicateur décisif est l'impossibilité de stabiliser l'humeur et de demeurer jusqu'au bout dans un registre de la plaisanterie enjouée, en ne cessant de glisser dans l'obscène et le grotesque et de côtoyer l'injure et le blasphème, comme si, en effet, le prisonnier, exaspéré, travaillé par la rage et le désespoir, ne pouvait s'empêcher de céder à l'amertume, à la malveillance et à l'impiété. Le texte en prose débute ainsi par la citation d'un verset biblique fort grave – *De profundis clamavi ad te, Domine* – et par l'évocation de l'ange libérant saint Pierre de ses liens, mais sur un registre burlesque qui donne d'entrée le ton à l'ensemble[77].

Le traitement burlesque de thématiques, notions, personnages, citations relevant du sacré chrétien est bien sûr en soi problématique et rares sont les auteurs qui s'y risquent. Marino passe en revue, d'entrée de jeu, avec fort peu de respect – burlesque oblige – une série de grands personnages bibliques ayant connu l'enfermement, mais en des conditions déclarées bien meilleures que les siennes et pour une durée moindre : Noé dans la cale de son arche, Joseph abandonné dans une citerne par ses frères, Daniel dans la fosse au lions, Jonas dans le ventre de la baleine… et le Dieu incarné lui-même enseveli *pour quelques heures seulement !* Si leur détention se fût prolongé ils se seraient tous damnés,

77 *Infra*, p. 92-93.

car on ne peut rester bien longtemps un saint en prison ; l'enfer carcéral damne les plus innocents et les transforme en démons[78].

Marino sait bien qu'il dépasse ici les limites et cherche, d'ailleurs de manière récurrente tout au long du texte, à rassurer le lecteur sur sa piété suspecte en disant que, puni par le Dieu vivant, il se prosterne aux pieds du Dieu mort, mais c'est pour aussitôt relancer à la fois la protestation et l'ironie, s'il est vrai que le crucifix est, dit-il, couramment appelé « *il refrigerio degl'impiccati* » (« la consolation des pendus »)[79].

Cet humour noir sent à plein nez la société des détenus, dans laquelle, comme on en possède d'autres exemples, les religieux qui brandissent le crucifix pour consoler ceux qu'ils accompagnent au supplice, ne semblent pas avoir été toujours très appréciés. Aussi, lorsqu'il écrit : « *sono dato nella ragna ; e mena rimena, quanto più dibatto, ritrovo meno la via di spacciarmi senza lasciarci le penne maestre* » (« Je suis tombé dans la toile d'araignée, et je peux tourner et me retourner, plus je me débats, moins je trouve la voie pour m'en sortir sans y laisser mes plumes maîtresses »)[80], il ne fait pas qu'exprimer le sentiment de ressassement et d'impuissance induit par des mois de vaines tentatives pour obtenir un élargissement, mais aussi ce que ce sentiment induit dans cette pratique d'écriture qui, pour dire l'enfer, participe elle-même de ce que la vie, les pensées et les discours en prison ont de proprement infernaux. C'est dans cet ordre d'idée que l'on peut lire l'évocation, comme dans le *Camerone*, des crimes que le poète, en quelque sorte, aurait dû commettre pour mériter une telle punition : eût-il fait « comme Masetto de Lamporecchio », le faux muet déguisé en jardinier qui dans le *Décaméron*, débauche tout un monastère de religieuses[81], ou eût-il « *rotto il reliquiario di un venerando abbate* » (« rompu le reliquaire d'un vénérable abbé »), qui évoque une profanation certes, mais d'abord, selon les codes de l'équivoque burlesque[82], du corps vénérable d'un abbé… Le rire est ici encore au rendez-vous, mais le prisonnier, agité de pensées aussi peu convenables, en les couchant par écrit, entre dans l'élément des crimes qu'il évoque : parole obscène, profanatoire et blasphématoire. L'absence de sérieux manifeste,

78 *Infra*, p. 94-95. Il fait un usage similaire de la figure de Job, 84-85 et *ibidem*.

79 *Ibidem*.

80 *Ibidem*.

81 *Décaméron*, Troisième journée, Première nouvelle.

82 Voir Alain Mothu, « Des cloches et des reliques : la religion de Cyrano », *La Lettre Clandestine*, n° 15, 2007, p. 245-268.

ou du moins manifestée bruyamment, l'autodérision burlesque a pour charge de neutraliser ou du moins de relativiser la charge transgressive : ainsi la lettre se termine-t-elle par une belle chute autodépréciative, suggérant au destinataire un usage tout hygiénique des feuillets qui lui sont envoyés…

Que Marino avait une certaine conscience de ses audaces burlesques, on peut le déduire d'une lettre à Lorenzo Scotto, où il s'inquiète d'une éventuelle publication sans les corrections nécessaires des pièces de correspondance confiées à l'éditeur Onorato Claretti. Mais surtout, c'est bien ainsi qu'elles furent reçues, s'il est vrai que le même Claretti, fort peu pressé de publier cette correspondance, conseillait au poète en 1624, avant toute impression, de la faire corriger et viser par le maître du Sacré Palais au Vatican afin de pouvoir s'en couvrir, car il déclare redouter que, parmi ces lettres, « les burlesques » ne lui déplaisent[83]. De fait, Marino ne publia pas cette correspondance de son vivant et l'édition posthume de 1626, contenant la seule lettre sur la prison de Turin et le *Camerone*, associé au texte passablement obscène du *Padre naso*, sort à Paris, hors de portée des foudres inquisitoriales, et du reste sans les autorisations de rigueur. On n'est donc pas étonné de la voir figurer à l'Index dès 1628. Elle s'y trouvait encore en 1917[84].

« LE PATRON EST DEVENU CRUEL »

La lettre de la prison de Turin n'est pas seulement remarquable par son rejet violent du discours de consolation chrétienne au profit des sarcasmes blasphématoires du détenu impénitent, elle est aussi par son irrévérence – et cela est plus étonnant encore – à l'égard de qui l'a mis en prison et dont dépend évidemment son salut. Le poète en effet

83 Lettre de Marino à Lorenzo Scotto, 1621, *Lettere* éd. Guglielminetti, *op. cit.*, p. 302 ; lettre de Onorato Claretti à Marino, 15 juillet 1624, in Marino, Giambattista Marino, *Epistolario, seguito da lettere di altri scrittori del seicento.* A cura di Angelo Borzelli e Fausto Nicolini, Bari, G. Laterza e figli, 1911-1912. 2 vol., II, p. 99.

84 Voir Marziano Guglielminetti, *Tecnica e invenzione nell' opera di Giambattista Marino*, Messina-Firenze, G. D'Anna, 1964, p. 157 et surtout, plus récemment, Clizia Carminati, *Giovan Battista Marino*, *op. cit.*, p. 273 *sq.*

se plaint amèrement de la cruauté et de l'ingratitude de son maître, n'hésitant pas une fois encore à détourner les Écritures : « Herus mutatus est mihi in crudelem. *L'ho onorato con la penna, servito con la persona, ed in vece di una buona commenda m'ha dato la podestaria delle carceri* » (« *Le patron est devenu cruel à mon égard*[85]. Je l'ai honoré par l'écriture, servi de ma personne, et au lieu d'une bonne commanderie il m'a donné le gouvernement des prisons[86] »).

Il est significatif que le poète fasse du « service », l'office de la personne et de l'« honneur » celui de l'écriture : ce dernier terme dénote la très haute valeur symbolique (et marchande !) accordée à la composition de pièces encomiastiques, au sens où ces écrits répondent à un besoin, une nécessité pour le prince et les grands de se voir publiquement célébrés. Ce qui, dans la vision pragmatique dominée par la logique des intérêts réciproques, mérite évidemment salaire… Or, c'est ce salaire qui fait défaut – « *dove sono gli onori, i favori, le promesse ?* » (« Où sont donc les honneurs, les faveurs, les promesses ? »)[87], ou plutôt le salaire s'est changé, par une imprudence finalement reconnue par le poète[88], en châtiment. Le compte n'y est pas, d'autant plus qu'il lui a été rapporté par Don Emanuele, au nom si proche de celui du duc (peut-être s'agit-il du grand Emanuele Tesauro), que le duc l'avait récemment loué en public[89]. Or le poète, maintenu en prison depuis plus de neuf mois par son maître, met directement en cause la sincérité de ces louanges princières en s'appropriant les paroles du Christ : « *Populus hic me labiis honorat, cor autem longe est a me* » : « ce peuple m'honore des lèvres, mais son cœur est loin de moi » (*Mathieu*, 15, 8). Et surtout, il n'hésite pas à ironiser : « *volle pagare il mio panegirico della medesima moneta* » (« Il veut payer mon panégyrique de la même monnaie »), faisant allusion au *Portrait*[90]. Un panégyrique n'est certes pas composé pour recevoir en salaire de simples louanges ! On le voit, le poète ne manque pas d'effronterie, sinon d'arrogance, et

85 *Job*, 30, 21, mais le terme *herus* n'est pas dans le texte biblique.

86 *Infra*, p. 110-111.

87 *Infra*, p. 112-113.

88 C'est bien ce qui apparaît dans la phrase suivante « *Ora da tutte le circostanze considero la vera sfondolatissima prudenza, e posso ben dire col re d'Israele* : Veni in altitudinem maris, et tempestas de coelo demersit me » (« Maintenant toutes les circonstances me font considérer la vraie prudence inépuisable, et je peux bien dire comme le roi d'Israël : "Je suis allé en haute mer et la tempête du ciel m'a englouti" [Psaume, 68] »), *Infra*, p. 110-111.

89 *Ibidem*.

90 *Ibidem*.

il est étonnant de le voir au même endroit regretter d'avoir par le passé manqué de prudence, alors même qu'il est justement en train de récidiver. Là encore, les modalités de l'échange entre le poète et son patron sont exposées dans toute la trivialité que permet, ou qu'impose même, le choix du burlesque.

Or cette insolente trivialité, nourrie de dépit et de colère, a son lieu et son temps – la longue épreuve de la prison, où l'on ne saurait rester un courtisan fidèle – et elle est inséparable de la nouvelle identité sociale du locuteur, dès lors que celui-ci ne s'exprime plus en courtisan comblé de faveurs, mais en serviteur floué par un maître ingrat et hypocrite, qui l'a arraché à la table de son palais pour le précipiter à tort dans les abîmes de l'abjection carcérale. Dans sa manière même d'écrire, par sa trivialité, ses obscénités, son dépit, ses blasphèmes, le poète de cour est devenu l'un de ces prisonniers qui charbonnent leur cellule de caricatures et d'oiseaux à sonnailles (voir *supra*).

LE POÈTE DÉPOÉTISÉ

Aussi fait-il savoir que dans la situation sociale, matérielle et psychologique où il se trouve, on ne saurait attendre de lui qu'il accomplisse de nobles fonctions poétiques et qu'il demeure le laudateur professionnel du prince. D'abord, dans les conditions où il se trouve, assure-t-il, il est entièrement « *spoetato* » (dépoétisé), abhorre « les livres comme le chien le bâton » et fuit « la plume comme un bandit le commissaire[91] ». L'étude et l'inspiration requises pour les panégyriques et les grands poèmes savants, tel l'*Adone* auquel le poète fait directement référence en se présentant comme « Fileno » (le nom qu'il se donne dans le poème), n'ont pas leur place en prison et la comparaison de l'amour du prisonnier pour l'étude et l'écriture (savante) avec l'amour du chien pour le bâton et celle du bandit pour le gendarme sont assez parlantes. D'ailleurs, n'a-t-il pas dit et répété qu'il se trouvait en enfer, et qu'en ces lieux infernaux la musique, les chants et les vers ne comptaient pour rien[92] ?

91 *Infra*, p. 106-107.
92 *Ibidem*.

Dans une autre de ses lettres de prison à un destinataire incertain, tout aussi élaborée que la présente – et qui d'ailleurs en pille à plusieurs reprises littéralement le contenu –, mais composée en un style autrement grave et plaintif, Marino développe longuement ce thème de la prison comme un lieu où la poésie s'étiole et se meurt. La période mérite d'être largement citée :

> *Tutta quella vena che fuor di qua pareva fertile e corrente, qua dentro si è secca e impigrita. Le muse abitano le delizie e non gli orrori. Apollo ama la sommità dei monti e non entra a rischiarar le profondità delle carceri. Le buone poesie nascono dagli intelletti sereni, sollevati dall'aure della prosperità e non dagli engegni torbidi, agitati dalle procelle degli accidenti fortunevoli. Mai si può cantare allo strepito delle chiavi e allo stridore dei catenacci ; e questi cancelli hanno cancellato dall'anima mia gran parte di quella inclinazione che la solea tirare al comporre.*
>
> « Toute cette veine qui dehors paraissait fertile et fluante, ici dedans s'est desséchée et endormie. Les muses habitent les délices et non les horreurs. Apollon aime les sommets des monts et ne vient pas éclairer les abîmes des prisons. Les bonnes poésies naissent des intellects sereins, soulevés par les souffles de la prospérité et non des esprits troublés, agités par les tempêtes des accidents de la fortune. Comment peut-on chanter au cliquetis des clés et au fracas des chaînes ? Et ces grilles ont grillé [paronomase sur "*cancelli*" et "*cancellato*" : portails et "effacé"] en mon âme une grande partie de cette inclination qu'elle avait à composer[93] »

De sorte que les rares vers qu'il parvient à composer sont des enfants de la douleur et de maigres fleurs hivernales :

> *Se pur tavolta per la violenza di qualche caro amico mi cade alcun componimento di mano, è parto di sconciatura per esser prodotto fra le angustie, onde potrebbe drittamente chiamarsi Filius doloris. Sono come quelle merci che si sogliono gettar per l'onda nel tempo della tempesta, o come quei fiori che nascono di mezzo inverno fra le pietre sterili delle montagne alpestri, li quali vogliono spuntare in ogni modo a dispetto del ghiaccio e del vento.*
>
> « Si pourtant il arrive parfois que par la violence de quelque cher ami il me tombe quelque composition de la main, il s'agit d'une naissance avortée, pour être produite parmi les angoisses. Elles sont comme ces marchandises que l'on jette à la mer dans les temps de tempête, ou comme ces fleurs qui naissent en plein hiver entre les rochers stériles des montagnes alpestres, et qui veulent pousser à toute force au mépris de la glace et du vent[94] »

---

93 Lettre à N. N. (Andrea Barbazza ?), *Epistolario*, éd. Borzelli, *op. cit.*, t. I, p. 104. Ce passage est manifestement inspiré par la première élégie des *Tristes* d'Ovide.

94 *Ibidem.*

Un homme en effet persécuté, trahi, précipité dans les ténèbres ne saurait rien faire de bon et de louable :

> *Perseguitato dai nemici, tradito dagli amici, depresso dai padroni che posso io fare di buono o di lodevole ? Come si può aspettare altezza di concetti da un uomo abbassato ? Vivezza d'arguzie da uno spirito mortificato ? Dolcezza di stile da chi non sente se non amaritudine ? Chiarezza di lumi poetici da chi languisce fra le tenebre delle prigioni ?*
>
> « Persécuté par mes ennemis, trahi par les amis, opprimé par mes maîtres, que puis-je faire de bon et de louable ? Comment peut-on attendre des concepts élevés de la part d'un homme abaissé ? Vivacité d'esprit en une âme mortifiée ? Douceur de style de qui ne sent rien d'autre que l'amertume ? Clarté des lumières poétiques de qui languit parmi les ténèbres des prisons[95] ? »

Une poétique se dessine *a contrario*, résolument « concettiste », qui recherche la douceur et l'éclat. *A contrario* n'est d'ailleurs pas la locution qui convient, car cette poétique est plus que jamais active dans l'expression de son propre déni.

NÉGOCIER UN NOUVEAU CONTRAT

L'argumentation tranchante, prise dans l'ironie et l'auto-ironie burlesques de la lettre à D'Aglie, est plus convaincante, parce que plus directe, qui fait clairement entendre que le contrat est rompu et que le poète refusera désormais de versifier pour l'honneur de son altesse ducale, si on ne lui donne la « voix argentine et les cordes d'or », et d'abord s'il ne le libère, car « jamais Filène ne voulut chanter tant qu'il restera attaché[96] ». Son Altesse n'aura plus rien de lui ; ou plutôt lui faut-il d'abord des espèces sonnantes et trébuchantes et surtout la liberté, préalable à tout nouveau service d'écriture. Ainsi, Marino, qui à vrai dire ne manque pas de présomption, fait-il savoir à son auguste patron qu'il écrira encore volontiers ce que sa majesté aimerait entendre, mais libre et payé.

Quoi qu'il dise, il écrit cependant en prison et même beaucoup, mais surtout, en effet, comme on l'a dit, des lettres de demande d'aide. Car

95 *Ibidem.*
96 *Infra*, p. 106-107. Filène (voir *infra*, p. 204, n. aw).

Marino a une conscience aiguë de l'importance qu'il y a pour lui de multiplier les démarches, mais aussi des effets contre performants de ses manœuvres d'écriture. S'il se tait, personne ne se rappelle de lui, s'il intrigue, il passe pour importun, s'il prie, on ne l'exauce pas, s'il écrit des suppliques, elles sont jetées à la poubelle[97]...

Aussi, Marino feint-il de demander conseil à son correspondant, sinon pour qu'il lui enseigne comment sortir de ce labyrinthe inextricable, du moins pour trouver le moyen de se pendre[98]. L'évocation d'un suicide possible, dans un passage où la plaisanterie verse tout à coup dans les considérations les plus sombres, produit aussi, en elle-même, au terme des digressions ironiques sur la patience chrétienne, un effet voulu de transgression. Mais cela fait partie du jeu, forcément ambivalent, imposé par le choix du bernesque : en choisissant ce genre d'expression, plutôt que la déploration ou la lamentation (comme le fait Campanella dans les mêmes années mais en donnant à ses vers un contenu prophétique et philosophique auquel ne Marino ne prétend pas), il se veut par-dessus tout attractif pour ses lecteurs, et il sait bien qu'il ne peut plaire par ce choix qu'en risquant l'irrespect et l'irrévérence, laissant forcément à l'appréciation de son public choisi (mais incontrôlable concernant la circulation du texte, ce dernier n'étant certainement pas destiné au prince) la mesure exacte de cette insolence.

Ces propos finalement passablement accusatoires à l'égard de son patron, alors même que sa marge de « liberté » de parole, sous la menace constante d'une prolongation de sa peine, est des plus réduites, laissent penser que le poète châtié serait bien capable, une fois libéré, de redoubler de virulence satirique contre le prince. En se fondant sur la correspondance de Marino, tel semble avoir en effet été le raisonnement du duc de Savoie : le poète déclare, dans la lettre déjà citée, sous le sceau de la plus expresse confidence, que le duc lui a fait savoir que non seulement il serait prêt à le libérer mais aussi à le couvrir de grâces s'il pouvait être assuré que son poète ne ferait pas aussitôt « *quel che sogliono talora i poeti irritati* » (« ce que font d'habitude les poètes irrités »), c'est-à-dire « *convertire i Panegirici in Satire* » (« convertir les panégyriques en satires ») ; allant jusqu'à exiger de lui la caution d'un homme qui accepterait de

97 *Infra*, p. 104-105.

98 « *Siatemi voi un novo Teseo, porgetemi la funicella del vostro consiglio, se non per insegnarmi come io ho da fare, almeno per impiccarmi ad una forca* », p. 104.

répondre pour lui au cas où[99]… Marino prétend qu'étant étranger en cette ville, il n'y a pas d'ami assez sûr et assez proche de lui pour accepter un tel service, mais en revanche, il affirme avoir rédigé un véritable contrat en bonne et due forme, par lequel il s'engage « *a pena di perpetua infamia* » (« sous peine d'une perpétuelle infamie ») à ne jamais rien écrire de dommageable contre son maître mais au contraire de lui consacrer entièrement ses forces et son esprit[100]…

Il faut dire que le maître a plus d'un moyen de pression et d'abord la confiscation de tous ses travaux en cours, qui paraît en effet avoir terriblement abattu le poète : ses « enfants » lui ont été retirés, si bien que, dans la situation pénible qui est la sienne, il ne peut même pas recevoir la consolation de leur visite et il n'hésite pas alors à rappeler qu'Alphonse d'Este, quand il fit enfermer le Tasse, n'usa jamais d'une pareille cruauté. Son esprit court sans cesse, dit-il, à ses œuvres séquestrées, proches de la

99 *Lettere*, n° 63, p. 118. Une lettre du comte de Vische, ambassadeur des Savoie à Rome, nous apprend que le Duc avait déjà auparavant exigé une caution de mille écus pour élargir le poète, afin de s'assurer de sa personne ; mais Marino ne disposait pas d'une telle somme et manifestement les protecteurs et intercesseurs de Marino refusèrent de la payer. Voir C. Carminati, *op. cit.*, p. 107 *sq.*

100 *Ibid.* « *Finalmente mi ha fatto con destrezza intendere (ma lo dico a V. S. in confidenza) che egli mi farebbe non solo liberare, ma mi confonderebbe di grazie, quanto fosse sicuro che io non facessi poi quel che sogliono talora i poeti irritati, cioè convertire i Panegirici in Satire ; e di ciò mi ha fatto espressamente chiedere sicurtà, cioè personaggio qualificato, suo suddito, il quale prometta di costituirsi per me in ogni evento di novità. Questa sicurtà non so trovare io modo di dargli, poichè qui son forastiere, e in questa Città, e in questa corte non ho amico di tanta confidenza, ch'io ardissi di richiedere di sì fatto servigio, nè che volesse fidarsi del mio cervello, ponendo a tal rischio la vita e la roba* » (« Finalement il m'a fait comprendre avec adresse (je le dis à V. S. en toute confidence) que non seulement il me ferait libérer, mais qu'il me comblerait de grâces, si au moins il pouvait être sûr que je ne ferai pas ce que les poètes irrités ont parfois l'habitude de faire, c'est-à-dire de convertir les Panégyriques en Satires ; et il m'a fait expressément demander assurance de cela, à savoir un personnage de qualité, son sujet, qui promette de se porter garant pour moi au cas où il se produirait quelque nouveauté. Cette assurance, je ne sais comment la lui donner, puisque je suis ici un étranger, et en cette ville et en cette cour je n'ai point d'ami suffisamment proche auquel je puisse oser demander un tel service, ni qui se veuille fier à ma cervelle, et exposer sa vie et ses biens à un tel risque »). Enfin, il affirme avoir écrit de sa main une lettre « *in forma di manifesto e con virtù di contratto solenne e autentico, promettendo in essa sotto pena di perpetua infamia non solo di non commetter mai cosa che possa punto risultare in sua offesa e turbamento ; ma impiegare tutta la debolezza del mio ingeno e delle mie forze a servirlo sempre* » (« en forme de manifeste et avec force de contrat solennel et authentique, promettant, sous peine de perpétuelle infamie, non seulement de ne jamais commettre quoi que ce fût qui puisse d'une quelconque façon l'offenser ou le troubler, mais encore d'employer toute la faiblesse de mon esprit et de mes forces à le servir toujours »), *Epistolario*, éd. Borzelli, *op. cit.*, t. 103.

publication, auxquelles il a consacré de si nombreuses années et ce souci constant obère toute disponibilité intellectuelle pour créer de nouvelles pièces[101]. La correspondance et la biographie nous apprennent que cette lutte pour la récupération de ses papiers durera un certain temps encore après sa libération, ce prolongement de la confiscation ayant sans doute pour but de forcer le poète à ne pas verser dans la satire, mais aussi à demeurer à Turin, d'où il ne songera plus qu'à partir pour Paris, vers la cour d'un souverain autrement absolu où il pourra enfin publier l'*Adone*.

Toutes ces péripéties montrent que Marino est l'un des tous derniers représentant de ces intellectuels qui, comme l'Arétin, négociaient leurs panégyriques et leurs satires et cherchaient à se vendre au plus offrant ; du moins croyait-il que de tels marchés étaient encore possibles, ce que l'épisode turinois tend plutôt à infirmer, car sa correspondance montre comment il reste pendant des mois complètement démuni devant l'arbitraire ducal, rongeant son frein derrière les barreaux, malgré le nombre et le poids de ses appuis. Le fait est que celui qui était sans doute déjà le plus célèbre poète italien vivant était bel et bien mis en prison pour une affaire d'écriture satirique. De sorte que le poète dut, par la force des choses, renouer avec une expérience qu'il avait déjà connue avant son départ de Naples, mais aussi avec les modes d'écriture bernesque qu'il y avait cultivés.

Cette étroite liaison entre cette forme d'expression et l'expérience carcérale a ses raisons d'être, que nous avons essayé d'éclairer de plusieurs façons. Il nous semble en tout cas que l'on n'explique rien si l'on se contente d'y voir une forme convenant à la situation sociale spécifique de la prison, qui induit à associer un registre bas d'écriture à l'érudition lettrée. Il s'agit là d'un constat qui demande lui-même une élucidation :

---

101 « *La perdita delle mie fatiche mi fa sentir mille morti l'ora, e mi recarei a somma consolazione il ricuperarle. A Torquato Tasso non fu usato mai simil rigore da Alfonso da Este duca di Ferrara, mentre lo tenne prigione* » (« La perte de mes travaux me fait sentir mille morts à chaque heure, et leur récupération m'apporterait la plus grande consolation. Jamais Alphonse d'Este duc de Ferrare, alors qu'il tenait le Tasse prison, n'usa de pareille rigueur envers lui »), *Lettere* éd. Guglielminetti, p. 536. Voir surtout la lettre à Gasparo Salviani composée après sa libération : « *La maggior disgrazia che io abbia sentita in questo mio infortunio è stata la perdita delle scritture ; poichè tutte quelle misere fatiche, che io aveva in molti anni accumulate e che io tenevo già in procinto di pubblicare in breve alle stampe per corrispondere a quella aspettazione, che si potesse aver di me, mi sono state occupate* » (« La plus grande disgrâce que j'ai éprouvée en mon infortune présente fut la perte de mes écrits ; parce que tous ces malheureux travaux, que j'avais accumulés en tant d'années et que je m'apprêtais à publier en les donnant rapidement à imprimer pour satisfaire à l'attente qu'on pouvait avoir de ma part, m'ont été confisquées »), *Epistolario*, éd. Borzelli, *op. cit.*, t. I, p. 107.

celle de la relation intrinsèque entre les registres de langage spécifiques à cette forme – la parodie des registres nobles, l'équivoque obscène, le portrait satirique, la trivialité descriptive, l'irrespect voire l'irréligiosité – et la spécificité, tout à la fois sociale, psychologique et culturelle de la relégation carcérale, à la fois pour celui qui en fait l'expérience et pour ses lecteurs, à travers la représentation que le prisonnier/auteur propose à son public, en répondant sans aucun doute à ce qu'il perçoit comme une attente et donc une contrainte, mais qui lui donne une liberté expressive effectivement congruente avec le substrat de l'écriture, qui est bien, quoi qu'il en soit de son caractère éminemment topique, la vie même d'un détenu sous l'Ancien Régime.

LE *CAMEROTTO*, LIVRE DE PRISON DE GIROLAMO BRUSONI

En donnant pour titre *Il Camerotto* à un ouvrage entièrement constitué de textes écrits en prison (du moins donnés pour tels), lors d'un séjour d'au moins une année et demie dans les geôles de la Sérénissime en 1643 et 1644, Girolamo Brusoni ne pouvait pas ne pas se référer au *Camerone*, d'autant plus que le livre contient des textes relevant de la littérature *giocosa*, où l'on peut déceler quelques clins d'œil au poème de Marino. Cet ouvrage, parut en 1645 (si la date figurant sur l'ouvrage est fiable), en tout cas après la libération de son auteur, est aujourd'hui injustement méconnu (il n'a à ce jour fait l'objet d'aucune étude), alors que Brusoni rencontre un regain d'intérêt parmi les chercheurs, en particulier pour ses romans[102]. Ce livre est en soi un objet étonnant, qui contient des formes d'écriture fort différentes dont le seul lien est établi par le fait que tous les textes ont été produits derrière des barreaux : une première partie rassemble des proses (nouvelles, un panégyrique de la République de Venise, un éloge des « cornes », etc.), la seconde – que nous publions ici

102 Albert N. Mancini, *Romanzi e romanzieri del Seicento*, Napoli, Società editrice napoletana, 1981, p. 139-178 ; Maria Antonietta Cortini, *Girolamo Brusoni e il romanzo della retorica*, Roma, Bulzoni, 1988 ; Maria Di Giovanna, *La trilogia mondana di Girolamo Brusoni*, Palermo, Palumbo, 1996.

intégralement – contient une série de lettres, et la troisième est constituée de pièces versifiées. Alors âgé de trente ans, comme il le dit dans l'une de ses missives, Brusoni est un auteur talentueux à la mode, qui a déjà fait paraître un bel ensemble d'ouvrages, plutôt en des genres légers, où s'imposent la fiction, l'échange épistolaire et les divertissements académiques (nouvelles, lettres et compliments amoureux, avis du Parnasse sur le modèle de Trajano Boccalini, discours académiques, etc.)[103]. *Le Camerotto*, de ce point de vue, s'inscrit parfaitement dans leur sillage : l'auteur s'y présente en prisonnier (plus exactement, dans la dédicace, comme fraîchement sorti de prison), à la fois produisant des échantillons de tous les types d'écriture qu'il a pratiqués au cours de son enfermement et s'exhibant lui-même au long de sa vie carcérale dans les relations épistolaires et à travers les divers services de plume qu'il entretient avec des lettrés et des aristocrates à l'extérieur de la prison, mais aussi avec d'autres prisonniers. Ainsi s'impose-t-il, d'abord, comme un auteur, d'emblée d'ailleurs en publiant plusieurs listes des titres de ses ouvrages, selon un usage assez fréquent à l'époque : listes de livres déjà publiés, en voie de publication, en chantier et surtout égarés sinon perdus du fait de la détention. Ce thème de la perte des manuscrits (voir Marino *supra*) associé à la crainte du plagiat, très prégnant dans la correspondance que nous publions, n'est pas original, mais il n'est certes pas purement topique : le sort de ses papiers est en effet un souci majeur pour le lettré emprisonné. Là où Brusoni fait œuvre d'originalité, c'est en affectant (il s'agit bien en effet d'affectation), contrairement à Marino, de ne guère se soucier de cette perte, affirmant posséder, comme Catherine Riara dont on menaçait de tuer les enfants, la « *stampa* » (le « moule ») pour en produire d'autres. Tout à la fois, comme Marino et tant d'autres, il insiste sur la difficulté matérielle et psychologique d'écrire en prison, décrivant par le menu la fabrication d'encre à partir de résidus de vin, mais montrant fièrement l'éventail de ses talents et les usages qu'il en fait : tantôt écrivant des poésies pour le service de co-détenus, tantôt dédiant au doge un panégyrique de Venise[104], tantôt écrivant à son amante, la mystérieuse D… B…, à ses amis, et

103 Soit, selon la liste qu'il donne lui-même au début du livre : *La Fuggitiva* [*La Fugitive*] ; *Lo Scherzo di Fortuna* [*La Plaisanterie de la Fortune*] ; *L'Ambizione calpestata* [*L'Ambition piétinée*] ; *I Ragguagli di Parnaso* [*Les Nouvelles du Parnasse*] ; *Gli Aborti delle'Occasione* [*Les Avortons de l'Occasion*] ; *Le Lettere Amorose* [*Les Lettres amoureuses*] ; *I Complimenti Amorosi* [*Les Compliments amoureux*].

104 *Le Glorie maritime*, textes figurant dans la première partie du livre.

aussi aux puissants Contarini pour les prier de le soustraire à la prison ou du moins d'intervenir pour bénéficier d'un transfert de son *camerotto* situé sous les fameux toits de plomb, intenable à la saison chaude, vers une cellule moins inconfortable, et encore pour conforter un prisonnier, conseiller un nouveau détenu, ou intercéder à l'extérieur en faveur d'une certaine Laura, enfermée elle aussi dans la même prison.

LA PUBLICATION D'UN RÉSEAU

C'est ainsi toute une partie de son activité épistolaire qui est exhibée (moyennant une probable réécriture[105]) par le prisonnier lui-même, présentée comme nécessairement clandestine (avec ce que cela implique de billets perdus, dans l'un et l'autre sens), gagnée sur la vigilance des gardiens (il évoque une interdiction formelle de lire et d'écrire). Il est remarquable que ces lettres soient aussi bien destinées à d'autres prisonniers (par où l'on voit bien qu'il n'y était pas possible au prisonnier de se déplacer dans la prison, comme c'était le cas à la Vicaria de Naples) qu'aux amis et relations du dehors. Le spectre des correspondants, désignés le plus souvent par des initiales dont beaucoup restent difficiles à déchiffrer, parfois par leurs noms entiers, si l'on associe ceux auxquels il s'adresse directement et ceux qu'il mentionne dans les lettres qu'il choisit de publier, est constitué au premier chef par les « vrais » ou « faux » amis lettrés, comme Agostino Fusconi, Aurelio Boccalini (fils de Trajano) ou Giovan Battista Di Settimo, soit encore les plus connus et plus aristocratiques Gian Francesco Loredano et Pietro Michiele, évoqués dans une lettre liminaire de l'ouvrage, presque tous, comme Brusoni lui-même, membres de l'académie des *Incogniti*[106], le livre étant dédicacé

105 À notre avis cependant, les lettres sont sinon toutes du moins pour la plupart authentiques et n'ont été que partiellement amendées et remaniées. Ceci pour une raison fort simple : la publication advenant peu de temps après les événements et les identités des correspondants étant soit indiquées, soit transparentes pour le public vénitien, l'auteur était tenu à un minimum de vérité sous peine d'être lourdement désavoué par les correspondants eux-mêmes, fort capables de faire entendre leur voix.

106 Sur cette académie qui a joué un très grand rôle dans les activités intellectuelles et éditoriales à Venise, dont le principal promoteur (Gian Francesco Loredano) et une partie des

à Vettor Contarini, qui venait d'être nommé prince de l'académie, mais aussi deux autres membres de la grande famille patricienne des Contarini, Carlo et Gian-Battista, occupants des charges éminentes dans les institutions de la République (c'est à eux, dit-il dans la dédicace, qu'il doit d'avoir retrouvé la liberté) et le doge Erizzo lui-même. On y trouve quelques femmes aussi, en particulier son amante D… B…, destinataire privilégiée, dont il avait déjà mis en avant les initiales dans son recueil de lettres amoureuses, puis une certaine L… L…, qui semble s'être substituée à la première, mais aussi l'amie de cloître d'Arcangela Tarabotti, Regina Donà, à laquelle il fait dire qu'il ne veut plus écrire. Enfin il adresse quelques lettres à d'autres prisonniers de conditions apparemment variées. Ce faisant, Brusoni publie au grand jour un large et puissant réseau social vénitien, mobilisé pour regagner, non sans peine, la liberté, perpétuer les échanges de service (au-dehors et au-dedans de la prison), agrémenter sa détention et régler ses comptes dans l'affaire pour le moins ténébreuse qui l'a conduit derrière les barreaux.

Ce qu'il faut d'abord dire à ce sujet, c'est que toute l'entreprise de publication se veut explicitement une démonstration par les actes (d'écriture) que la détention n'a en rien entamé la sérénité et tranquillité d'âme de l'auteur. Il s'agit là du *leit motiv* de l'ouvrage, sans cesse répété tout au long de la correspondance (voir *infra*). L'emprisonnement apparaît dans le cas de Brusoni, comme pour Marino à Turin, strictement punitif, sans qu'il ne soit jamais question d'enquête et de procès. Or Brusoni veut montrer par ses textes, où la question est thématisée à maintes reprises, que si la peine carcérale a pour but d'affliger le prisonnier, de le plonger dans la déréliction et le désespoir, alors celle-ci n'a eu aucun effet sur lui, sinon de confirmer une posture d'insouciance radicale et d'esprit supérieur plutôt d'ailleurs que de stoïque ataraxie, même s'il s'exprime dans le langage de la vertu se suffisant à elle-même et de la quiétude philosophique.

membres sont traditionnellement considérés comme des « libertins » (Ferrante Pallavicino, Antonio Rocco, Brusoni lui-même, etc.), voir Monica Miato, *L'accademia degli incogniti di Gian Francesco Loredan, Venezia (1630-1661)*, Firenze, Olshki, 1998, mais on consultera toujours avec profit Giorgio Spini, *Ricerca dei libertini. La teoria dell'impostura delle religioni nel seicento italiano*, Firenze, La Nuova Italia, 1950 ; nouvelle édition revue et augmentée, 1983.

IMPRUDENCE ET TRAHISON

Ce qui est plus difficile à démêler et en fait impossible dans l'état de la documentation, ce sont les raisons et les conditions précises de l'arrestation et de la punition carcérale. Les allusions dans les lettres ne manquent pas, mais Brusoni reste on ne peut plus évasif. Il parle de désobéissance[107], d'une « *risoluzione in apparenza poco prudente* » (« résolution en apparence peu prudente ») à laquelle l'aurait poussé la « tyrannie » d'autrui. Cette résolution « violente », dit-il dans une autre lettre, fut de s'enfuir pour « *sottrarmi semplicemente ad imminente pericolo* » (« me soustraire simplement à un péril éminent »)[108], échapper, affirme-t-il ailleurs, à la « tyrannie » d'un persécuteur[109]. Il déclare surtout avoir été victime du peu de constance de « grands » personnages qui avaient engagé leur parole sur un point qui n'est pas éclairci, de ses propres amis, qui, comme lui, se seraient laissés berner par la scélératesse de l'un d'entre eux, désigné comme un traître et un Judas, directement responsable de son arrestation[110]. Il ajoute que c'est en fait pour avoir eu l'affront d'exiger que l'on tienne parole à son encontre, qu'il s'est

107 « *Io sono senz'altre cerimmonie in un Camerotto, e quel ch'è meglio, con un bel titolo in fronte di Disubbidiente, che vuol dire di bell'umore* » (« me voici sans autre cérémonie en un *camerotto*, et ce qui est mieux, avec le beau titre gravé sur le front de Désobéissant, qui veut dire de bel esprit »), à A… F… (Agostino Fusconi), let. 2.

108 « … *nell'apparenza d'una risoluzione stimata troppo violenta, si leggeranno un giorno i placidissimi motivi della mia intenzione di sottrarmi semplicemente ad imminente pericolo con procurare il mio scampo senza offesa d'alcuno* » (« … dans l'apparence d'une résolution jugée trop violente, se liront un jour les motifs très sereins de l'intention de me soustraire simplement à un péril imminent en m'enfuyant sans offenser qui que ce soit… »), Al Sig. G.....B...... S.... (Giovan Battista Di Settimo), let. 24.

109 « … *in procurare di sottrarmi alla tirannide di chi m'ha perseguitato* » (« … en tâchant de me soustraire à la tyrannie de qui m'a persécuté… »), Al Sig. Gio. Batt. Contarini, let. 23.

110 « *Insomma il Diavolo, che è tanto sottile, ha questa volta filato grosso per farmi conoscere che i bei visi fanno de' brutti scherzi ; e che la semenza di Giuda ha propagati i suoi rampolli fino a' tempi nostri.* » (« En somme, le Diable, qui est si subtil, cette fois n'y est pas allé par quatre chemins pour me faire connaître que les beaux visages font de laides plaisanteries, et que la semence de Judas a propagé ses rejetons jusqu'aux temps d'aujourd'hui »), Al Sig. A… F… (Agostino Fusconi), let. 2 ; « … *mi doglio, che i Grandi m'abbiano mancato di fede, che gli Amici mi sieno stati traditori, e che per pretendere l'osservanza di quello che m'è stato promesso sia caduto nella tomba d'un Camerotto* » (« … j'ai à déplorer que les grands m'ont manqué de foi, que les amis m'ont trahi et que pour prétendre à ce que l'on me tienne la promesse faite, j'ai chu dans la tombe d'un *camerotto* »), Al Sig. Lorenzo Cubli, let. 5.

retrouvé en prison[111] et que s'il voulait payer autrui de la même monnaie par laquelle il fut vendu, il serait libre en trois jours de temps[112].

À travers un travail méticuleux de confrontation de plusieurs textes de Brusoni, et en particulier de l'*Orestilla*, qui paraîtra en 1652, avec le *Camerotto*, Liliana Grassi a mis en évidence, de manière incontestable que le faux ami qui l'aurait trahi, est désigné de manière transparente dans l'*Orestilla* comme étant Giovan Battista Di Settimo (sous le nom de Settimio), membre mineur des *Incogniti*, dédicataire des *Lettere amorose* (1642) et destinataire de deux lettres du *Camerotto*[113]. Elle fait également apparaître le rôle accessoire d'Aurelio Boccalini (dans l'*Orestilla*, Portunnio), personnage trouble, fils de Trajano Boccalini, dont il s'employait de monnayer les écrits politiques après sa mort, agent diplomatique au service de la Pologne et surtout espion[114]. Il semble avoir employé Brusoni comme secrétaire, du moins s'en venta-t-il[115]. À ce dernier, Brusoni écrit en effet de sa prison une lettre pleine de colère et directement accusatoire, le rendant explicitement responsable de son arrestation[116]. Par contre, les lettres à Di Settimo contenues dans le

---

111 « *Io non son qui con titolo d'altra colpa che di bell'umore, per aver preteso che mi s'offervi quella parola per la cui osservanza Personaggi eminentissimi obligarono la propria riputazione, e vi sono perché gli amici miei lasciatisi ingannare dalla scelerata perfidia di chi mi fingeva l'amico, e per suoi interessi mi desidera in peggior condizione di questa, gli hanno aperta la strada di machinarmi questa disgrazia* » (« Moi, je ne suis ici pour une autre faute que de m'être montré bel esprit, en ayant prétendu que l'on me tint parole, pour l'observance de laquelle de très grands Personnages mirent en jeu leur propre réputation, et j'y suis, parce que mes amis, s'étant laissés tromper par la scélérate perfidie de celui qui singeait l'amitié, et qui pour ses intérêts désirait me voir en une condition pire que la présente, lui ont ouvert la voie pour me manigancer cette disgrâce »), al Sig. A.... G...., let. 6 ; « *se col pretendere che vi sia osservato quello che vi è stato promesso si sbalza in un Camerotto io incago alla Fedeltà, abiuro i giuramenti e divento più Marrano d'uno spagnolo* » (« si en prétendant que l'on tienne ce que l'on vous a promis, on se retrouve en un *Camerotto*, alors je conchie la Fidélité, j'abjure les serments et je deviens plus Marrane qu'un Espagnol »), à A... F... (Agostino Fusconi), let. 2.

112 Al Sig. Gio. Battista Di Settimo, let. 8.

113 Liliana Grassi, « Una nuova interpretazione autobiografica dell'*Orestilla* di Girolamo Brusoni », *Studi Seicenteschi*, LI, 2010, p. 37-106. Les lignes qui suivent sont entièrement débitrices de la lecture éclairante de cet article et des discussions que j'ai pu avoir avec son auteure.

114 Voir Gino Benzoni, « Aurelio Boccalini », *Dizionario biografico degli italiani*, vol. 11, Roma, Treccani, 1969, p. 4-6.

115 Voir la lettre de celui-ci au cardinal Colonna (fin 1642 ?), découverte et publiée par Liliana Grassi, art. cité, où Boccalini affirme avoir employé Brusoni, avant de le convaincre de retourner à la chartreuse (voir *infra*). Brusoni reproche entre autres à Boccalini le fait que celui-ci ne cesse de lui rappeler tout ce que, selon lui, il lui devrait.

116 Al Sig. A... B..., let. 7.

Camerotto ne présentent aucune attaque directe, aucun reproche frontal, et sont plutôt écrites sous le signe de la plus correcte civilité. Si l'on n'a pas lu l'*Orestilla*, il n'est pas facile de leur prêter un sens ironique, en l'absence de tout marqueur visible, au moins pour les lecteurs éloignés de ce cercle social et de ses intrigues. La proposition de copier pour son correspondant le panégyrique de Venise qu'il vient de composer, par exemple, va plutôt dans le sens de la candeur, celle-ci – bien sûr – pouvant toujours être feinte. La seconde de ses missives a cependant pour thème principal la perte de « tous » ceux de ses amis qui lui manifestaient auparavant l'affection la plus exclusive, et il est logique de penser que celui-là même auquel il s'adresse, Di Settimo, fait partie du lot.

Il apparaît bien, en tout cas, que la publication de cette correspondance est aussi, et peut-être d'abord, une façon de continuer à agir dans l'affaire qui l'a conduit en prison, dénonçant de faux amis et clamant, non pas qu'il est véritablement innocent (sans néanmoins que la moindre ombre de culpabilité ne vienne ternir ses fragments d'autoportrait en prisonnier), mais qu'il a agi sous la protection, voire sous le commandement, de personnes fort puissantes, qui n'ont pas tenu parole.

UN MOINE « APOSTAT »

Il est une donnée essentielle cependant que Brusoni passe entièrement sous silence : ce n'est pas un laïc, mais un clerc qui écrit, un moine de saint Bruno, un chartreux, ce que pas une ligne de ses proses et de ses vers ne laisserait penser. Il est un moine « apostat » de son ordre, comme ses ennemis le diront, qui pour la deuxième fois, sans permission, avait rompu la règle de clôture, s'était enfui de la chartreuse de Padoue et vivait publiquement de sa plume à Venise et à Padoue, évoluant dans la société lettrée et aristocratique et publiant des livres difficilement compatibles avec son statut d'ecclésiastique. Il sera contraint du reste, à l'issue de son incarcération, de rejoindre la chartreuse de Montello, près de Trévise, et d'y rester plusieurs années, avant de pouvoir négocier une sortie définitive. Cela, nous le savons de diverses sources, où la fuite du couvent est directement mentionnée comme la cause de

son incarcération ; ce qui, du reste, n'est pas sans poser problème, car ce furent bien les autorités civiles et non religieuses, qui se saisirent de lui. Angelico Aprosio, académicien Incognito, qui accuse Brusoni d'avoir vendu pendant sa détention à la fameuse Arcangela Tarabotti une copie du manuscrit de *La Maschera scoperta* que le même Aprosio avait composée contre la religieuse dissidente, signale au passage que l'écrivain se trouvait en prison « *in pena d'aver per la seconda volta apostatato dalla religiosissima Compagnia de' figlioli di San Bruno* » (« pour la peine d'avoir apostasié pour la seconde fois la très religieuse compagnie des fils de saint Bruno »)[117].

Le bibliographe Mazzuchelli cite un pamphlet manuscrit tout entier dirigé contre Brusoni, daté de 1673, se présentant comme une confession fictive de l'intéressé, où figurent, entre autres, les lignes suivantes, qui relatent les deux fuites successives de la chartreuse :

> *... se altri [...] non avessero pubblicato al Mondo [...] Che dopo fatto Professo, o Sacerdoto, non sedotto, ma semplicemente condotto da scapestrati scolari in traccia d'un meritato capestro pazzamente fuggissi dalla Certosa di Padua, & che avendo sfogato nello stesso tempo il fuoco nascosto sotto le ceneri d'un abito religioso principiassi colla mia satira a dar saggio contro lo stesso Superiore della Religione delle mie detestabili condizioni ; Che dovendo poscia necessitosamente vivere della propria industria a seconda d'un genio corrotto nella più nefanda sentina delle lascivie incominciassi a procacciarmi gli utili con la composizione d'incomposti Romanzi, e talora con la correzione delle stampe per rendere col tempo me incapace di correzione, e le mie azioni più provette nell'infamia ; Che pietosamente restituito alla Religione in Venezia da Monsignor Vitellio allor Nunzio Apostolico alla Repubblica con la sola penitenza d'una notte di carcere per sottrarmi alle miserie, nelle quali m'aveva tratto la mia caparbietà, in essa mi riconducessi non per altro che per farmi rendere più detestabile la nuova fuga che vi feci ; Che col mezzo del braccio secolare condotto ne' Camerotti Giustiniani, in cambio di retrattare col correttivo di quelle carceri le mie indignità nell'oziosità della solitudine [...] ; Che d'indi mandato al Montello fossi nuovamente riaccettato...*
>
> « ... certains [...] ont rendu public [...] qu'après avoir été fait Profès, ou Prêtre, non pas séduit, mais simplement conduit par des écoliers débridés à la recherche de la bride d'un maître, je m'enfuis follement de la Chartreuse de Padoue, et ayant laissé libre cours en même temps au feu couvant sous la cendre d'un habit religieux, je commençai par une satire à donner un échantillon de mes détestables dispositions contre le Supérieur même de l'ordre ;

117 Angelico Aprosio, *Biblioteca aprosiana*, Bologne, 1657, p. 169. *Cf.* Giammaria Mazzuchelli, *Gli Scrittori d'Italia, cioè Notizie storiche e critiche intorno alle vite e agli scritti dei letterati italiani*, Brescia, G. B. Bossini, 1753-1763, 2 tomes en 6 vol., entrée « Brusoni ».

> [ils ont aussi rendu public] que devant ensuite vivre misérablement de ma propre industrie suivant un génie corrompu dans la plus criminelle sentine des plaisirs, je commençais à me procurer le nécessaire par la composition de romans dissolus, et parfois par la correction d'imprimés pour me rendre au fil du temps incapable de correction et plus éprouvé dans mes actes par l'infamie ; que rendu pieusement à la religion dans Venise par Monseigneur Vitelli, alors nonce apostolique dans la République avec pour seule pénitence d'une nuit de prison afin de me retirer des misères où m'avait entraîné mon obstination, je ne revins à elle [la religion] que pour rendre plus détestable encore la nouvelle fugue que j'y fis ; que je fus conduit par le bras séculier dans les *camerotti* justiniens, au lieu de rétracter par la correction de cette prison mes indignités dans l'oisiveté de la solitude [...] ; que de là, envoyé à Montello, je fus à nouveau accepté[118]... »

Un libelle diffamatoire est évidemment un document on ne peut plus douteux pour établir une biographie ; ce qu'il dit est cependant congruent avec les informations que l'on trouve dans la correspondance du nonce à Venise Francesco Vitelli (dont le nom apparaît dans le passage ci-dessus) avec le cardinal neveu Francesco Barberini. Ces lettres ne disent hélas rien de la deuxième fuite, mais nous renseignent assez abondamment sur la première. Notre libelle nous dit que, lors de la « première apostasie », Brusoni « *gli comparve colla spada al fianco* » (« se présenta devant lui [le nonce], l'épée sur le flanc »), vêtu donc en cavalier, et avec une arme tranchante, chose tout à fait prohibée aux ecclésiastiques, ce qui lui coûta d'être « chassé de Venise ». Or Vitelli écrivit au mois d'octobre 1642 : « *hò compattito, che possa venirmi avvanti con la spada à canto, mà hò tanto fatto che è ritornato al buon verso, si chiama Brusoni, è à Padoa al presente, e spero si possa rimmetter à bene* » (« j'ai dû souffrir qu'il puisse se montrer devant moi l'épée au côté, mais j'ai tant fait qu'il est revenu à de meilleurs sentiments, il s'appelle Brusoni, il est à présent à Padoue, et j'espère que l'on pourra le remettre dans le doit chemin »)[119]. Quelques mois auparavant, dans une lettre où il s'arrêtait surtout sur le cas de Ferrante Pallavicino, lui aussi religieux fugitif, et

118 *Il Rovescio per conoscere il dritto della medaglia di due faccie, insegnamenti istorici di Girolamo Brusoni*... cité par Mazzuchelli, *ibid.*

119 Lettre du 20 octobre 1642, in Laura Coci, « Ferrante e Venezia : Nuovi documenti d'archivio », II, *Studi Secenteschi*, XXVIII, 1987, p. 307. Dans la lettre déjà citée au cardinal Colonna, Aurelio Boccalini affirme avoir convaincu Brusoni de s'en remettre au nonce Vitelli et de retourner à la chartreuse, mais sa parole est évidemment sujette à caution (voir *supra* n. 115).

pourchassé par le nonce pour ses libelles contre les Barberini, le même Vitelli avait déjà écrit :

> *Vi è ancora qua un Apostata Certusino che è stimato di molto maggior talento di dire del Pallavicino, ma sin hora si contiene. Viene accarezzato dalla nobilità et sostenuto che non si puol ridurre. [...] Intendo che costui entrarebbe in qualche altra Religione, e forse così si rimedierebbe a quello che può succedere che altrimente è difficile, et se parerà alla Em.za V. Aiuterei il suo transito ad altra Religione, et si faria levare di qua dove si corre il pericolo che simil gente, come è in Venetia, è nel propio asilo.*
>
> « Il y a ici aussi [à Venise] un chartreux apostat que l'on estime avoir un talent d'écriture beaucoup plus grand que Pallavicino, mais, jusqu'à présent, il se contient. Il est caressé par la noblesse et soutenu de sorte que l'on ne peut le réduire. [...] Il semble qu'il accepterait d'entrer en quelque autre ordre, et peut-être pourrait-on ainsi remédier à ce qui pourrait arriver, sinon cela sera difficile. Si son Éminence le jugeait bon, j'aiderais à son transfert pour un autre ordre, et on l'enlèverait d'ici [à Venise] où l'on court le danger que pareilles gens, quand ils sont à Venise, sont dans leur propre refuge[120] »

Ce fragment de lettre permet d'appréhender la complexité du cas Brusoni, que le nonce rapproche et distingue à la fois du cas Pallavicino (les deux étaient d'ailleurs amis et avaient à peu près le même âge), dans le contexte, unique en Italie, de la Sérénissime, où des intellectuels pouvaient se croire protégés – et l'être en effet – des tribunaux ecclésiastiques, même s'ils étaient des religieux, du fait des importantes tensions persistant encore entre la République et Rome, plusieurs décennies après l'Interdit. Des compromis existaient cependant, et Pallavicino fut plongé dans les ténèbres d'un *camerotto* par les autorités vénitiennes pendant cinq longs mois entre 1641 et 1642, après la publication du *Corriero Svaligiato* (*Le Courrier dévalisé*), où étaient insultés (entre autres) les Barberini et les Jésuites, mais sans être pour autant livré à l'inquisition, comme le réclamait à cor et à cri le nonce Vitelli devant le Sénat[121]. Il apparaît en fait que Pallavicino continuait de bénéficier d'importantes protections, malgré son incarcération, et le fait est qu'il faudra l'attirer hors de Venise, en Avignon, par un subterfuge rocambolesque, pour que les autorités ecclésiastiques puissent

120 Vitelli à F. Barberini, 15 mars 1642. Voir aussi, du même au même, la lettre du 5 avril 1642, in Sergio Adorni, Albert N., Mancini, « Stampa e censura ecclesiastica a Venezia nel primo Seicento : il caso del *Corriero svaligiato* », *Esperienze letterarie*, X, 1985-4, p. 3-36.

121 Voir l'art. de S. Adorni et A. Mancini cité dans la n. précédente et les recherches de L. Coci, « Ferrante a Venezia : Nuovi documenti d'archivio », I, *Studi Secenteschi*, XXVII, 1986, p. 317-324 ; II, *Studi Secenteschi*, XXVIII, 1987, p. 295-314 ; XXIX, 1988, p. 235-263.

se saisir de lui, instruire son procès et le condamner à la décapitation, en mars 1644, au moment donc où son ami Brusoni, qui lui dédiera une très belle biographie, est encore enfermé dans le *camerotto*[122].

Le cas Brusoni était certes bien moins grave et bien différent, car l'écrivain ne semble pas avoir été inquiété pour ses écrits à cette époque, du reste bien moins transgressifs que ceux de son malheureux ami, mais il est très probable qu'il y ait eu aussi à son sujet un jeu assez compliqué entre autorités civiles et autorités ecclésiastiques, impossible à démêler exactement, en l'état de la documentation. On peut cependant supposer que la fuite, présentée par l'intéressé comme une faute n'ayant porté préjudice qu'à lui-même, fut bien celle, réitérée, de la vie monastique, moyennant les appuis et la parole – qui allait se révéler défaillante – de cette aristocratie dont le nonce apostolique disait qu'elle s'était entichée de l'écrivain, et il n'est pas interdit d'imaginer que la tyrannie persécutrice à laquelle il voulut échapper fût celle de Vitelli ou des supérieurs de son ordre. Mais quelles furent exactement les raisons de son arrestation ? Pourquoi s'estima-t-il trahi par l'un ou plusieurs de ses proches amis (Di Settimo, Boccalini) et pourquoi lui infligea-t-on par punition la prison civile et non la relégation claustrale ? Autant de questions qui demeurent sans réponse. Étant donné les activités de Boccalini et les efforts de Brusoni lui-même pour démontrer des compétences politiques, du moins comme auteur (voir en particulier sa lettre de prison sur la mort de Louis XIII, mais il allait devenir en effet aussi un auteur politique et surtout un historiographe extrêmement prolifique), un élément politique n'est pas tout à fait à exclure dans son affaire, mais si tel est le cas, elle n'a pas été retenue par ses biographes médisants, et aucune justification ne transparaît de ce côté-là dans les lettres de prison figurant dans le livre. Mais celles-ci produisent indiscutablement un trompe l'œil : Brusoni s'y peint, comme dans ses textes précédents, sous la figure d'un écrivain vivant à Padoue et à Venise de manière toute mondaine, parmi les amours, le jeu, les récitals de chant, les réjouissances et les activités académiques[123], sans rien laisser paraître du moine fugitif en difficulté avec sa hiérarchie et avec le nonce apostolique lui-même.

---

122 Voir Raffaello Urbinati, *Ferrante Pallavicino, il flagello dei Barberini*, Roma, Salerno editrice, 2004.

123 Soit par exemple, dans sa lettre à Lorenzo Cubli : « ... *voi pur sapete con quanta libertà, in quanti capricci, tra quante ricreazioni e con quante sodisfazioni solessi spendere il tempo...* »

LA RÉBELLION D'UN BEL ESPRIT

Ce décalage est frappant, et participe tout à fait, croyons-nous, d'un choix délibéré : la volonté de continuer à se présenter comme un auteur et un homme n'ayant rien à faire ni à voir avec les formes et les contraintes de la vie religieuse, et relève ainsi de cet effort sans cesse réitéré pour montrer à ses correspondants, puis à son public, que la détention ne l'a nullement altéré et n'a aucun effet sur son état d'esprit habituel. La publication de ce livre n'a pas d'autre raison, dit-il d'emblée dans l'épître au lecteur, que de « *testificare alle genti che l'animo mia non ha mai saputo soggetarsi alle tirannide della Fortuna* » (« prouver au monde que mon esprit n'a jamais su s'assujettir à la tyrannie de la Fortune »), ou, comme il le dit à Di Settimo, « *non essendo ora punto diverso da me medesimo, come che [...] abbia cangiata fortuna* » (« n'étant en rien différent de moi-même [...], parce que ma fortune a changé »). La prison, aussi dure soit-elle – et il n'en tait aucune des misères et des horreurs –, n'est pour lui qu'une pierre de touche, attestant et confirmant son humeur égale, sa quiétude et sa sérénité : « *non entrerà giammai fra questi infami labirinti la tristezza ad infettarmi l'anima con suoi vapori pestiferi* » (« la tristesse jamais n'entrera en ces infâmes labyrinthes pour m'infecter l'âme de ses vapeurs pestifères »)[124]. C'est une décision irrévocable, prise pour mettre en échec le dispositif pénal : « *ho giurato per vita di Mambrino di non volere in tutto il tempo che allogierò in questo serenissimo albergo albergar nel mio cuore pensieri gravi, non che sentimenti di malinconia* » (« j'ai juré par la vie de Mambrin de refuser, pour tout le temps que je logerai en cette sérénissime auberge, d'héberger dans mon cœur de graves pensées, pas plus que des sentiments de mélancolie »)[125].

Cette insouciance proclamée, cet hédonisme volontariste qui refuse expressément d'entrer dans la pratique philosophique, du moins communément comprise (trop sérieuse et liée à l'humeur mélancolique[126]),

(« ... vous savez bien pourtant avec quelle liberté, en quels caprices, entre quels divertissements, et avec quelles satisfactions j'avais coutume de passer le temps... »), let. 5.

124 A D... B..., let. 1.

125 Al Sig. P... B..., let. 4.

126 À la fin de la lettre précédemment citée, il dit abandonner « la philosophie » à celui qui l'a trahi, et préfère lever son verre à la santé de son correspondant, enfermé comme lui.

et qui n'évoque le secours de la religion que de la manière la plus formelle, repose sur le puissant sentiment, dont Brusoni se vante avec assez peu de modestie, de jouir d'une force d'esprit hors du commun : « *affermo per impossibile che possa cader tristezza in un'anima pura e generosa* » (« je tiens pour impossible que la tristesse puisse s'abattre sur une âme pure et généreuse »), et en d'autres termes, « *tutte le disgrazie del mondo non hanno possanza d'infelicitare uno spirito vivo e coraggioso* » (« toutes les disgrâces du monde n'ont point la puissance de rendre malheureux un esprit vif et plein de courage »)[127]. Il se définit lui-même comme « *bell'umore* », en relation avec son acte de désobéissance, et non sans fierté[128]. Le « *bell'umore* » dit le dictionnaire de la *Crusca* est une « *persona allegra, spiritosa, bizzara* » (« personne allègre, spirituelle, bizarre ») ; on peut traduire par « bel esprit », mais le bel esprit non pas seulement considéré comme un esprit enjoué et pointu, mais aussi dégagé des conventions et des règles formelles, au sens que l'expression pouvait avoir en France, proche « d'esprit fort », et susceptible d'être assimilé, comme le jésuite Garasse l'avait fait vingt ans auparavant, au « libertinage[129] ». Brusoni d'ailleurs avait lui-même déjà esquissé son portrait dans une missive destinée à son frère insérée dans ses *Lettres amoureuses*, apologie *pro dromo* où transparaissent les accusations auxquelles ils se trouvent en butte, du fait de son comportement et de ses écrits, peu compatibles avec son statut :

> *Son di genio liberissimo, è vero, ed ho gusto d'essere conosciuto da tutti per quel che sono ; ma son ben certo che molti s'ingannano in giudicarmi, che s'io lodi la pietà in ogni occasione a me piace però più l'esser buono, che l'apparere*
>
> « Je suis un esprit d'une très grande liberté, il est vrai, et je me plais à être connu de tous pour ce que je suis ; mais je suis bien certain que beaucoup se trompent en me jugeant, car si je loue la piété en toute occasion, je préfère pourtant le fait d'être bon, que de le paraître[130]. »

Aussi, le bel esprit jeté en prison n'a pas besoin de la consolation de la religion, pas même de la philosophie, en tout cas pas de celle de

127 Al Sig. Lorenzo Cubli, let. 5.

128 Texte cité *supra*, n. 93.

129 Voir, du Père Garasse, *La Doctrine curieuse des beaux esprits de ce temps ou prétendus tels*, Paris, S. Chappelet, 1623.

130 Brusoni Girolamo, *Delle lettere amorose di Girolamo Brusoni libri quattro*, Venezia, Guglielmo Oddoni 1642, p. 10-11. Je remercie Liliana Grassi de m'avoir indiqué cette source.

Boèce ou des stoïques ; il lui suffit de faire fond sur sa propre générosité, vitalité et tranquillité d'âme. Cette posture, évidemment dérivée des modèles philosophiques écartés d'un revers de main, dans un geste de *sprezzatura* (négligence feinte) toute aristocratique (le modèle du *Cortegiano* de Castiglione est toujours opératoire), lui permet de résister à l'« opinion » que le prisonnier est enclin à avoir de lui-même, sa représentation en homme « malheureux », sur l'information que lui en donnent les « sens », en effet mis à rude épreuve[131]. Cette image du malheur est celle précisément que l'on veut lui imposer, en le privant de liberté, de lumière, du droit d'écrire et de lire, de tous les plaisirs dont il peut ordinairement jouir dans le monde – et en filigrane, pour qui connaît son réel statut social, la vie cloîtrée apparaît bien elle-même comme une prison pour le bel esprit – mais il s'agit précisément d'une représentation, non nécessairement d'une réalité psychologique ; sa force d'âme en effet lui permet de s'affirmer à ses propres yeux et au monde pour ce qu'il est et pour ce qu'il vaut, entier et non altéré, non dégradé, indemne des passions tristes par lesquelles on voudrait qu'il soit submergé et anéanti.

On ne s'étonne pas, dans cet état d'âme, que le bel esprit n'ait aucune velléité masochiste de reconnaître la moindre justice et la moindre justification, non à la prison elle-même (le système carcéral comme tel n'est mis en cause par personne à l'époque, mis à part peut-être, au titre de son utopie, par le prisonnier d'exception Campanella[132]) mais à son propre emprisonnement. Brusoni consacre une lettre courte et dense à ce sujet, dont on peut se demander s'il ne s'applique d'ailleurs pas à sa propre « fuite ». Son opinion est claire et nette : personne ne doit de sa propre volonté se laisser emprisonner ; « *si presentano i capponi* » (« seuls les chapons, les lâches, se livrent »). Il fait certes l'exception, sans épiloguer, pour les questions d'« honneur » et de « foi », mais on ne s'y trompe point ; il ne faut pas attendre du bel esprit qu'il reconnaisse humblement les « bonnes » raisons de son incarcération. Une fois enfermé, cependant, il en prend son parti et fait tout ce qu'il peut pour y vivre le moins mal possible.

131 Al Sig. Lorenzo Cubli.

132 Pas de prison en effet, dans *La cité du soleil*, sauf dans une tour pour quelque « ennemi rebelle ».

LEÇONS DE PHILOSOPHIE CARCÉRALE

Or, si parmi tous les déplaisirs de la prison, le bel esprit trouve pourtant à se contenter, ce n'est pas en se repliant sur lui-même, en se renfermant sur ses propres méditations (qui, dans le ressassement et la solitude, ne sauraient être que mélancoliques et tristes), mais en se livrant à tous les passe-temps possibles en compagnie de ses compagnons d'infortune. La qualité de bel esprit est éminemment sociable, et la prison, pour Brusoni, ce monde d'hommes enfermés, à plusieurs dans chaque cellule (six dans la sienne – notons d'ailleurs que l'on en est *grosso modo* toujours là), avec toutes les incommodités que cela suppose – et il ne se fait pas faute, comme Marino, de les relever[133] –, est d'abord un tissu de relations où le bel esprit peut à loisir exercer ses talents, en se conformant à son entourage, bien différent de celui des académies et des salons, comme il ne se fait pas faute de le souligner. Tout à la fois, comme le montrent ses missives internes, on trouve aussi en prison des interlocuteurs socialement relevés et cultivés, qui sollicitent des vers, en composent eux-mêmes, ou sont disposés à aider le bel esprit dans ses activités d'écriture, auxquelles il n'a nullement renoncé, malgré les difficultés. Mais précisément, le bel esprit se caractérise par une grande plasticité sociale et morale ; il est capable de jurer avec les jureurs, comme de composer les vers les plus raffinés pour quelque aristocrate condamné à une longue peine[134]. Brusoni évoque avec un plaisir non dissimulé les libations, les chants et les veilles animées en compagnie de ses co-détenus[135]. Le bel esprit ne répugne pas ainsi le

---

133 « ...*dove nel mondo la compagnia riesce a gli uomini di sollievo, qui si trasforma in materia di tormento accrescendo ciascuno le proprie miserie con l'oggetto dell'altrui calamità...* » (« Il n'y a pas de doute que si la compagnie dans le monde apporte aux hommes le soulagement, elle se transforme ici en matière de tourment et accroît les misères de chacun par l'objet de la calamité d'autrui »), Alla Sig. D... B...

134 Voir les lettres à Pietro B... 12, 13, 14 et 15. Une part non négligeable des vers qui figurent dans la troisième partie de l'ouvrage visent à satisfaire des commandes internes à la prison. Outre les pièces destinées directement à Pietro B..., on remarque deux poèmes de remerciement, l'un pour un avocat, Tomaso Frangini (sur instance du même Signor Pietro B.) et l'autre à Francesco da Mula, « lequel, explique Brusoni, par l'efficacité de ses très nobles offices a souvent sauvé de l'échafaud des condamnés à mort ».

135 Par exemple, Alla Sig. D... B..., let. 25.

moins du monde à s'encanailler avec ses compagnons ; il s'en fait même gloire, et l'on retrouve là cette posture volontiers transgressive déjà adoptée par Marino (et Burchiello avant lui), de la licence de parole et de pensée qui s'autorise de la fréquentation forcée des autres prisonniers, parmi lesquels de fieffés gibiers de potence, comme par exemple cet escroc dont il dresse la caricature dans la dernière lettre, qui abuse de ses compétences en écriture (toujours recherchées en prison) pour voler ses compagnons[136]. C'est dire du reste combien peu il idéalise cette société : il compose d'ailleurs, à l'adresse d'un nouveau venu, une remarquable petite lettre de conseil pour la conduite à tenir en prison, où il délivre quelques règles élémentaires de survie (d'abord se taire et supporter), en ce lieu particulier où la « canaille impertinente » ne saurait être châtiée[137]. Mais justement, cette lettre, comme les autres, témoignent d'une implication active à la vie de la société carcérale, tout à fait comparable à l'énergie prodiguée au dehors dans la vie mondaine de Padoue ou de Venise.

Il s'agit là, comme chez Marino, de l'image que le prisonnier choisit évidemment de se donner, associée à cette liberté de langage et de comportement que la prison permet paradoxalement, dans et contre les misères innombrables et parfois innommables de l'enfermement. On peut cependant constater que c'est dans une lettre destinée à un autre prisonnier, que Brusoni se montre le plus résolument engagé, non sans jubilation, dans l'investissement des codes et des divertissements de la société carcérale, appréhendée comme une sorte d'anti-monde, d'inversion de la société policée et raffinée fréquentée au dehors. Il demande à cet « ami » du dedans, qui lui rend d'importants services et auquel il a promis des vers, de s'excuser pour n'avoir pu jusque là s'exécuter, faute d'inspiration. Faute de convaincre les muses de lui ouvrir le Parnasse, il lui dit alors qu'il espère qu'elles vont lui ouvrir le « guichet » de la cuisine de Berni ; et toute la suite de la lettre est en effet composée sur un ton burlesque. Il raconte que, loin des beaux poèmes de Pindare, d'Anacréon, d'Horace et du Tasse, il s'applique plutôt à apprendre des

136 Al Sig. A… E…, let. 33. Même si les deux figures sont très différentes, la relation avec le personnage du calabrais indiscret chez Marino est évidente.

137 Comme le suggère Liliana Grassi, cette lettre mérite d'être confrontée à celle qui se trouve dans une fiction, *Le Turbolenze delle vestali*, où sont prodigués des conseils pour supporter la réclusion du cloître. Voir édition d'Emanuela Bufacchi sous le titre *Degli Amori tragici. Istoria esemplare*, Roma, ed. Salerno, 2009, p. 174-177.

chansons légères, voire lestes, que « *queste mie Camerate cantano con somma contentezza* » (« mes compagnons chantent avec un plaisir indicible »), en sorte que, dit-il, « *devento discepolo del Bordello dopo d'essere stato qualche tempo Cattedrante nell'Accademia* » (« je deviens disciple du Bordel, après avoir occupé quelque temps une Chaire à l'Académie »). Mais il se plonge alors avec délectation dans cette culture de bordel, jusqu'à en dresser, par dérision – mais la dérision permet de dire bien des choses –, l'esquisse d'une sorte de manifeste d'une littérature et d'une philosophie proprement carcérales :

> *non le pare che i nostri Camerotti possedano così bene i Privilegi d'addottorare i Malprattici come si facciano gli studi di Padova, di Bologna e di Parigi ? Aspettisi pure di sentirmi fra pochi giorni in cattedra a far lizioni di filosofia, di Poetica Camerottesca, incacandone a quanti Aristoteli giammai pretesero di dar legge alla libertà degl'ingegni sesquipedali*
>
> « ne vous semble-t-il pas que nos prisonniers possèdent tout aussi bien les Privilèges de diplômer les Ignorants que les universités de Padoue, de Bologne et de Paris ? Que l'on se prépare donc à m'entendre bientôt donner en chaire des leçons de philosophie et de poétique carcérale, conchiant tous ces Aristote qui ont jamais prétendu dicter la loi à la liberté des esprits d'envergure[138] »

Ce manifeste *giocoso* est celui de la liberté de parole et de pensée des esprits d'exception, libérés des règles d'Aristote, capables, à la barbe des docteurs des trois universités majeures d'Europe, de renouveler la poésie et la philosophie, en faisant fond sur l'expérience de la prison et des belles leçons que l'on y apprend. Il ne s'agit bien sûr que de se moquer et de rire, de soi et de ses compagnons d'infortune, mais le style approprié à cette fonction, dans lequel Brusoni écrit ses lettres les plus réussies, burlesque, bernesque, comme l'on voudra, exploite une tradition littéraire fortement constituée, assignée en effet au bas, au trivial, à la « cuisine[139] » qui, comme on l'a déjà vu avec Marino, est cultivée et appréciée pour ce qu'elle permet et que n'autorisent pas les styles nobles : non seulement exprimer des dimensions de l'expérience humaine et de la réalité sociale interdites d'expression (du moins « littéraire »), dire l'envers, le dessous et le derrière du monde, mais aussi, ce faisant, produire une satire féroce du monde dignifié, montrer par

138 Al Sig. P... B..., let. 12.

139 *Cf.* Silvia Longhi, *Lusus. Il capitolo burlesco nel Cinquecento*, Padova, Antenore, 1983, chap. 2 : *La cucina di Parnaso.*

la dérision, l'imposture des appareils de représentation autorisés. C'est ainsi que ce genre d'écriture, en effet, est susceptible d'assumer une très puissante efficacité libératoire, pour celui qui écrit et pour son lecteur, qui passe par le rire, par tout ce qui peut être dit au prétexte d'en rire, en même temps et pour autant qu'il peut acquérir une dimension tout à la fois esthétique, politique et en effet philosophique, une philosophie grossière, basse, matérielle, de *camerotto* et de bordel, pour reprendre les mots de Brusoni, qu'elle soit exprimée crûment ou, plutôt, par le jeu des figures (métaphores, équivoques, antiphrases…).

Mais le premier objectif que se fixe Brusoni est bien, par l'écriture, selon ce qu'il en dit, de prouver et de se prouver qu'il peut rire, alors même que tout le dispositif carcéral est conçu pour le faire pleurer : comme il l'écrit à son ami lettré Agostino Fusconi, qui avait connu une longue détention dans les prisons de Gênes, « *senza perdere punto della mia perpetua serenità d'animo, me la passo ridendo, e rivolgendo a scherzo tutto quello che di sinistro mi porta la contumacia della Fortuna, la malignità degli huomini e la disgrazzia del luogo* » (« sans rien perdre de mon éternelle sérénité d'esprit, je prends les choses en riant, tournant en plaisanterie tout ce que la félonie de la Fortune, la méchanceté des hommes et la disgrâce du lieu m'apportent de sinistre »). Il s'agit d'opérer, et au premier chef par l'écriture, un travail systématique d'inversion, il s'agit de tourner, de renverser en *scherzo*, en plaisanterie, tout ce que la prison peut avoir de sinistre ; ce qu'il vient lui-même de montrer à son ami par l'association détonante, proprement oxymorique, du monde onirique des romans de chevalerie et des malheurs produits par le lieu carcéral, dont il veut précisément se préserver par le rire :

> *Ma che vi dirò poi dell'altre delizie di questi campi Elisi della disavventura, di quest'Isole fortunate della miseria, di queste beate Contrade del pianto, di questi sontuosi Palaggi della malinconia, di questa Regia superba della disperazione ?*
>
> « Que vous dirai-je encore des autres délices de ces champs Élysée de la mésaventure, de ces Îles fortunées de la misère, de ces bienheureuses Contrées des pleurs, de ces somptueux Palais de la mélancolie, de ce superbe Château du désespoir[140] ? »

La forme la plus achevée de ce procédé peut se lire dans la lettre à un autre ami, Vettor Marini, où il s'emploie à démontrer que « *non ci sia*

140 Al Sig. A… F…, let. 2.

più bella e felice vita di quella che si fa ne' Camerotti » (« il n'y a pas de vie plus belle et plus heureuse que celle que l'on coule dans les *Camerotti* »). Dans cette façon d'éloge paradoxal de l'incarcération, dont il existe de célèbres précédents[141], la prison est ironiquement dotée de toutes les vertus et apporte tous les bienfaits possibles, au point que Brusoni invite son ami, pour le constater par lui-même, de casser la tête au premier venu.

Se dégage ainsi une attitude, de la part du prisonnier bel esprit, non seulement insouciante, mais franchement rebelle, qui contraste – au moins aux yeux du lecteur d'aujourd'hui – avec les lettres de la plus extrême déférence adressées aux dignitaires de la famille Contarini et au Doge. Dans celle-ci, par exemple, il déclare avec la plus grande humilité avoir voulu participer lui aussi aux festivités des épousailles de la République avec la mer, dont il a entendu les éclats du fond de son cachot, sur la place Saint-Marc toute proche, en écrivant ce qu'il a pu sur le morceau de papier dont il disposait à la gloire de sa ville, de son armée et de son doge. Comme chez Ferrante Pallavicino, sa fidélité politique à la Sérénissime n'est en rien entamée par la réclusion ; il ne pouvait du reste en aller autrement dans des écrits publics, même semi clandestins (ce qui n'est d'ailleurs pas le cas du *Camerotto*), et ces auteurs savaient pertinemment que leur marge de liberté critique s'arrêtaient de la manière la plus impérative où commençaient les intérêts de la République. On appréhende par là les limites étroites des licences que s'octroie le bel esprit rebelle, qui récuse la légitimité de sa réclusion en choisissant le parti d'en rire ; elles ne sauraient mettre en cause, d'aucune façon, les institutions politiques et juridiques civiles, beaucoup plus intangibles à Venise que ne le sont sans doute les autorités religieuses, lesquelles par contre Brusoni a choisi de narguer, en n'en parlant jamais directement dans ses lettres, et les tenant pour rien, alors qu'il continue de dépendre d'elles (et il faut bien voir que lorsqu'il publie son livre, il est à nouveau, de gré ou de force, retourné à la chartreuse). L'ensemble de cette correspondance carcérale montre en tout cas, comment il était possible à Venise, pour un religieux en rupture de ban, de se construire

141 Voir entre autres le *Capitolo del debito* de Berni. L'un des « paradoxes » argumentés par Ortensio Lando, dans son *Libro dei paradossi*, est intitulé : « Qu'il est mieux d'être en prison, qu'en liberté ». Gianfrancesco Ferrari consacre un *capitolo* burlesque a faire l'éloge de la prison, le peintre Bronzino à louer la galère, etc. Voir, Silvia Longhi, *Lusus...*, *op. cit.*, *passim.*

une identité publique entièrement laïque et mondaine, par le jeu des protections aristocratiques et des relations de plumes, qui continuent à être actives au fond de la prison, et vont permettre à l'auteur de faire imprimer ce livre étonnant, où la meilleure société vénitienne est convoquée, moyennant quelques pointillés d'usage, pour participer à ce geste de d'auto-présentation et d'autodéfense d'un jeune littérateur talentueux, qui refuse de se plier à la discipline ecclésiastique, comme à la règle de discrétion que semblerait imposer sa condition d'ex-détenu des *camerotti* de la Sérénissime République.

NOTE SUR LA PRÉSENTE ÉDITION

IL CAMERONE

Le texte que nous reproduisons n'est pas celui de l'édition originale posthume (dans *Il Padre Naso, del cavalier Marino – Il Camerone, prigione horridissima in Napoli, ove fu carcerato il cavalier Marino – Prigionia del cavalier Marino in Torino*, Parigi, appresso gli eredi di A. Pacardo, 1626, p. 33-63). Nous avons préféré donner la leçon d'un manuscrit inédit conservé à la Bibliothèque Nationale de Florence : *Il Camerone*, BN Firenze, Magliabechi, Cl. VII, n° 911, fol. 36-46. Ce manuscrit provient de la bibliothèque d'Anton Maria Biccioni (1674-1756). Il contient plusieurs pièces connues de Marino, d'autres qui sont retranscrites sous son nom et d'autres encore qui, tout en étant dépourvues de nom d'auteur, soulèvent la question d'une attribution éventuelle au poète napolitain (*La Palla à corda* ; *L'archibuggia* ; *Lo scherma* ; *Lo stivale* ; *La Chittara* ; *Descrizione delle bellezze delle donne* ; *Giostra amorosa*), en raison de leur parenté, à la fois stylistique et thématique, avec les textes dont la paternité marinienne est certaine. Jusqu'à présent, l'on connaissait deux autres manuscrits du texte du *Camerone* (Bibliothèque Nationale, ms. 754, cc. 1-9 ; et Biblioteca della Società Napoletana di Storia Patria, ms. XXVI, D, 4, p. 2-10) ainsi qu'une autre version imprimée (dans *Egloghe Boschereccie del Cav. Marino, cioè Tirsi Aminta Dafne Siringa Pan Eclippo I Sospiri di Ergasto, con cinque canzoni cioè Fede Speranza e Carità, une delle Stelle e l'altra de' sospiri, con l'Amante convalescente, un sonetto sopra il Tebro, e il Camerone dell'Istesso*, in Milano, per Gio. Battista Cerri, appresso gli eredi di Giacomo Lantoni, 1627, p. 133-144). Dans un article consacré aux quatre exemplaires du texte du *Camerone* connus avant notre découverte du manuscrit florentin (« Appunti per l'epistolario di G. B. Marino », *Studi secenteschi*, 4, 1963, p. 83-108), Carlo Del Corno remarquait comment chacun d'entre eux

présente des variantes spécifiques, aussi bien formelles que substantielles. C'est également le cas de notre exemplaire, qui, de plus, fait état, dans au moins un cas précis, d'une leçon du texte qui semble avoir échappé au travail de censure pratiqué au même endroit par les autres éditeurs ou transcripteurs. Il s'agit des vers 35-36, où, après avoir fourni un long catalogue de crimes à cause desquels il aurait pu se retrouver en prison (le viol d'une abbesse, le meurtre d'un capucin, des offenses contre Dieu et le Pape, etc.), le poète affirme que, même s'il avait commis des actes aussi horribles, son séjour dans le *Camerone* représenterait une peine trop sévère : « *Sì fatti strazii (pur creder vogli'io) / Siran soverchi, e stimo se non pecco / Le pene assai maggior del fallo mio* ». Dans la version imprimée et dans le manuscrit qui se trouvent à la Bibliothèque Nationale, le poète dit au contraire que, dans le cas où il aurait commis de tels crimes, les souffrances qu'il endure en prison constitueraient une peine plus légère que sa faute : « Sì fatte pene pur creder vogli'io / Foran ben degne, e certo, ch'io non pecco / Molto minori assai del fallo mio » (cité dans Del Corno, art. cité, p. 86). Quant à l'édition milanaise et au manuscrit napolitain, l'on trouve une autre version encore du texte : l'auteur déclare qu'il mériterait bien sa peine s'il avait commis les crimes dont il vient de dresser la liste, mais que tel n'est pas le cas « *Sì fatte pene pur creder vogli'io / Che ben meritarei, ma (se non pecco) / Or la pena è maggior del fallo mio* » (*ibidem*). Étant donné que la confrontation entre les quatre différents exemplaires connus jusqu'à ce jour a permis à Carlo Del Corno de relever d'autres interventions censoriales (en particulier, dans l'édition milanaise établie par Giovanni Battista Cerri), l'on est en droit de se demander si, en ce qui concerne certains lieux précis du texte, le manuscrit florentin ne pourrait pas permettre la correction des leçons déjà connues. Nous nous réservons la possibilité de développer cette question dans une étude ponctuelle consacrée aux variantes de l'exemplaire qui fait l'objet de notre édition.

Afin de rendre le texte du manuscrit plus facilement lisible, nous en proposons ici une édition interprétative fondée sur les critères suivants :

- Modernisation de la ponctuation et de l'utilisation des majuscules.
- Résolution des abréviations.
- Distinction entre *u* et *v* et entre *i* et *j* selon l'usage moderne.
- Modernisation des accents et des apostrophes.

- Modernisation des graphies latinisantes.
- Modernisation des *h* e *i* diacritiques.
- Utilisation des crochets pour l'ajout de lettres manquantes.

PRIGIONIA DEL CAVALIER MARINO IN TORINO

Nous reproduisons le texte de l'édition originale posthume, contenue dans le même volume que *Il Camerone*, aux pages 73-110. Pour sa retranscription, nous avons adopté les mêmes critères que ceux utilisés pour le *Camerone*.

IL CAMEROTTO

Nous reproduisons le texte des épîtres à Vettor Contarini et au lecteur, ainsi que toutes les lettres de la seconde partie de l'édition originale : *Il Camerotto*, Vinetia, per F. Valvasense, 1645. Pour sa retranscription, nous avons adopté les mêmes critères que ceux utilisés pour les écrits de Marino.

IL CAMERONE[1]

Giambattista Marino

Magnanimo Signor, già volge un mese,
Che mi trovo sepolto in questo inferno,
E per quanto ne veggio è un mal paese.
E soffro pene tai, se ben discerno,
Che Eaco Radamanto, né Minosso
Registrate non l'han nel lor quinterno.
Vi giuro in buona fé, che più non posso
Star saldo a sì gran somma di tormento,
Che par ch'il Ciel mi si carichi adosso.
S'io havessi renegato il Sacramento,
O pur m'havesse lasciato in man de cani
Il manico spuntar de l'instromento.
S'havesse fatto un pesto di Christiani,
O congiurato contra Re di Spagna
O fosse stato spia di Lutherani,
S'havesse armato cent'anni in Campagna,
O fatto peggio, che non fe' lo Sciarra,
Ch'al Colonnel fe' volger le calcagna.
S'havesse hauto parte con Navarra,
O con quel drago, ch'à si grosso stuolo
Di Marrani poltron tolse la sbarra.
S'havesse il sangue caldo d'un figliuolo

1 Firenze, Biblioteca Nazionale, Magliabechi, ms Cl. VII, n° 911, fol. 36-46. Le manuscrit provient de la bibliothèque d'Anton Maria Biccioni (1674-1756). Il contient un ensemble de pièces traditionnellement attribuées à Marino et d'autres qui ne sont pas connues de la critique, dont la première *La Palla a corda*, capitolo bernesque équivoquant sur le jeu de paume (mis ici pour l'art de la sodomie) est attribuée à Marino dans le manuscrit (autre main que celle du copiste, mais très certainement du XVIIe siècle). Après ce premier capitolo, se succèdent *L'archibuggia*; *Lo scherma*; *Lo stivale*; *La Chittara*; *Descrizione delle bellezze delle donne*; *Il camerone*; *Giostra amorosa*.

LE CAMERONE

[Marino, *Camerone*, traduction :]

Magnanime Seigneur[a], cela fait un mois déjà,
que je me trouve enseveli en cet enfer,
et pour ce que j'en connais, c'est un sale endroit.
Il s'y trouve des peines telles, si je ne m'abuse,
que ni Éaque, ni Rhadamante, ni Minos[b],
ne les ont couchées dans leur liste.
Je vous jure de bonne foi que plus je ne puis
résister à la grande masse de tourments
que le ciel, ma parole, me déverse sur le dos.
Si j'avais renié le Sacrement[c],
si j'avais laissé aux mains des chiens
la pointe du manche de l'instrument[d] ;
si j'avais fais un massacre de chrétiens ;
si j'avais conjuré contre le Roi d'Espagne,
et servi d'espion aux Luthériens ;
si j'avais ravagé cent ans les campagnes,
ou fait pire que le bandit Sciarra,
qui fit tourner au colonel les talons[e] ;
si j'avais fricoté avec Henri de Navarre[f],
ou avec ce dragon qui à si grande troupe
de marranes poltrons ouvrit la barrière[g] ;
si j'avais le sang chaud d'un enfantelet

Da me tagliato a pezzi, e dato a bere
Alla madre, ed al padre entro un orciuolo.
S'havessi fatto come fe' quel Siere,
Che col pelo canuto ancor non cessa
Di farsi scolacchiar da un molattiere,
S'havesse violata un'abbadessa,
posto foco al altar sacco alle mura [murra]
Ucciso un Capuccin vestito a Messa.
S'havesse adulterata la scrittura,
Fattomi beffa del Papa, e d'Iddio,
Offeso il mondo il ciel e la natura;
Si fatti stratij (pur creder vogli'io)
Siran soverchi, e stimo se non pecco
Le pene assai maggior del fallo mio.
Son fatto rauco, lungo, smilzo e secco,
E la barba e la chioma incirconcisa
E rabbuffata sì, che paio un becco.
Signor, se mi vedessi in cotal guisa
Star solo solo, e col pensier far guerra,
Vi farei certo pianger da le risa.
Fo un passeggiar, quando l'humor m'afferra,
Che par ch'abbi facende d'importanza,
E volo sopra il Ciel, e giaccio in terra.
M'hanno assegnato il Cameron per stanza,
Ov'ogni malandrino, che s'appicca
Venir a dominaro han per usanza.
La stanza non è commoda, né ricca,
Vi si sta caldo e freddo insieme insieme
In un punto si trema, e si lambicca.
Le mura senza pioggia, e senza seme
Germogliano, e verdeggiano insalata
Per le parti di mezzo e per l'estreme.
Gl'è tutta col carbon istoriata,
La grotta a punto della Sibilla,
Tutta è rotta, mal concia, e affomicata.
O Bernia, che cantasti dell'Anguilla
So ch'un Ciel ti parrrebbe a par di questo

découpé par mes soins, donné à boire
à ses père et mère dans une carafe ;
si j'avais fait comme ce sire,
qui le cheveux blanc ne cesse pourtant,
de se faire fesser[h] par un muletier,
si j'avais violé une abbesse,
mis feu à l'autel, et saccagé les murs,
ou tué un capucin vêtu pour la messe ;
si j'avais adultéré l'Écriture,
si j'avais raillé Dieu et le pape,
offensé le monde, le ciel et la nature,
de tels tourments (du moins veux-je le croire)
seraient excessifs, et j'estimerais, sauf erreur,
les peines à ma faute bien supérieures.
J'ai la voix rauque, suis devenu maigre, long et sec,
la barbe, et le cheveux incirconcis,
tellement ébouriffé, que je semble un bouc.
Seigneur, si vous me voyiez en cette guise,
être tout seul et par la pensée faire la guerre,
je vous ferais pour sûr pleurer de rire.
Me voici promenant quand l'humeur m'en prend ;
il semble alors que j'ai quelque affaire d'importance,
je vole par-delà le ciel, et je gis sur la terre.
On m'a donné le Camerone pour logement,
là où tout bandit que l'on va pendre
a pour coutume de séjourner.
La pièce n'est point commode, ni riche,
il y fait chaud et froid à la fois,
on y tremble et on y est pourtant à l'étuve ;
aux murs, sans pluie et sans semence
germe et verdoie la salade
vers le milieu, sur le haut et sur le bas.
Elle est toute historiée au charbon,
et ressemble à la grotte de la Sibylle,
tant elle est cassée, mal mise et pleine de fumée.
Ô Berni, qui chanta l'Anguille,
je sais qu'un Paradis à côté te paraîtrait

L'albergo di quel Prete da la Villa.
Il suol è un puo' mal concio, ma del resto
Tante tapezzerie gli fan d'intorno
Di tela ragna un serico contesto.
Non si sa quando è notte, e quando è giorno,
E tal'hor dormo a mezzo dì credendo,
Che sia di Stelle l'emisfero adorno.
Nel frontespitio un certo Reverendo,
Senza capello in testa vi saluta
E rutta fora un zefiro stupendo.
Chi la gola da presso un po' li fiuta
Confortarsi il cervel sente in maniera
Che si stroppica il naso, e poi sternuta.
Il suo quondam turrachio, alias quel ch'era
Il suo covercchio, hor pende in un parete
E serve per scabel della lumiera.
La qual però non credo che dovrete
Che qualche torcia sia bella e pulita,
Ma ben lucerna, che si muor di sete
Spesso li manca al meglio de la vita
L'umido radicale, e cantiam spesso
Quel versetto che dice, ella è sparita.
Quest'è pur qualche cosa, io vel confesso,
Ma certo si pò dir galanteria
Al paragon di quel che siegue appresso.
Un ser cotal ch'ha nome Gioan Maria,
Nacque Giudeo, fu molettier, fu frate,
Fu hoste, fu zenzale, e poi fu spia.
Quivi, per darsi ad arti più lodate
Sbirro si fe'; al fin diverrà boia,
Per fare andare l'anime dannate.
Costui per farmi giù tirar la coia
Della chiave del carcer ha pensiero
Onde convien, ch'io disperato muoia.
Bicca se voi dà voce al carceriero,
Più presto diestro volgerassi il Sole,
O vero il Cielo t'aprirà san Piero.

à la villa de Povigliano le gîte du curé[i].
Le sol est plutôt instable, mais pour le reste
comme des tapisseries, les toiles d'araignée
lui font autour, un soyeux décor.
On ne sait quand il fait nuit, quand il fait jour,
il m'arrive de dormir à midi croyant
que d'astres le ciel est constellé.
Au frontispice un certain révérend,
la tête découverte vous salue
et refoule un zéphire merveilleux[j].
Qui la gorge de près un peu lui renifle
sent au cerveau un tel réconfort
qu'il se presse le nez, puis éternue.
Son feu bouchon, alias ce qui lui servait
de couvercle, maintenant est au mur
à servir d'étagère pour la lumière,
laquelle cependant nous ne devrez pas ma foi
tenir pour quelque torche belle et propre :
c'est une lampe à huile morte de soif,
il lui manque souvent le meilleur de la vie
l'humide radical, et souvent nous chantons
ce verset qui dit : « elle est partie[k] ».
C'est déjà quelque chose, je vous le confesse,
mais certes on peut bien le tenir pour galanterie
en comparaison de ce qui vient ensuite.
Un certain monsieur, nommé Jean-Marie[l],
il naquit Juif, fut ânier, fut moine,
hôtelier, entremetteur, espion.
Enfin, pour prendre plus honorable fonction,
il se fit sbire, et finira bourreau,
pour expédier toutes les âmes damnées,
celui-là pour me faire baisser la garde
aux clés de la prison nourrit une intention
telle qu'il faut donc que je meure désespéré[m].
Cogne si tu veux, appelle le gardien,
plutôt le soleil en arrière tournera,
ou le Ciel saint Pierre t'ouvrira.

Al fin pur se ne vien come Dio vuole
E fa tremar quell'antri oscuri e cavi,
Latrando come Cerbero a tre gole.
Non furo altrui sì dolci e sì soavi
Li canti dell'Augelli in su l'aurora
Quanto à me il suon di quel mazzo di chiavi.
Che diavol è chi batte alla mal'hora,
Gente indiscreta, chiurma di mandraccio
Non posso per voi dormir un'hora.
Deh di gratia Signor, non vi sia impaccio,
Piacciavi un po' di desinar recarmi:
E gli do del Signor dentro il mostaccio.
Costui mi guarda del viso dell'armi
Poi dice; chi vorrà quando egli riede
Mediante pecunia, accomodarmi.
O gente senza legge e senza fede
Se contanti non hai, ti poi morire
Ch'in sin a mezza notte non si vede.
Quando ritorna poi non ti fa dire
Le tue raggioni, e tant'oltre presume,
Che ti convien di fame indebbolire.
Spesso di beffeggiarti ha per costume
Che sei misero, scarso e che sei vile
E che dai tre bocconi ad un legume.
Ed evvi un altra cosa più gentile,
Certo di farmi dar pugni alle stelle
E rinegar la chiesa e il campanile:
Si confondon le lingue, e le favelle,
Che par sia il giorno della pente coste
O il tempo de la torre di Babelle.
Spedisco tutto il dì corrieri, e poste,
Non posso haver mai cosa a mio capriccio,
Ancor ch'il cuore, e l'anima mi coste.
S'io dico Greco, egli intende acquaticcio,
Se mi vien voglia d'una pestinaca,
Egli mi porta un cancher in pasticcio.
Io, che so come il furbo s'imbriaca

Il finit tout de même par venir quand Dieu veut
et fait trembler ces antres obscurs et caves,
hurlant comme Cerbère à trois gueules.
Les chants des oiseaux à la pointe du jour,
ne furent jamais à quiconque si doux et si suaves
qu'à moi le son de ce trousseau de clés.
« Qui diable fait ce raffut de malheur ?
Gens sans discrétion, bande de galériens,
par votre faute, je ne peux jamais dormir une heure »
« Seigneur de grâce, sans vouloir vous déranger,
Voudriez-vous bien un peu à manger m'apporter ? »
Car je lui donne du Seigneur par la moustache.
Celui-ci me transperce de son regard menaçant
puis me dit qu'il voudra bien, à son retour,
moyennant finance, me contenter.
Ô gens sans foi ni loi !
Si tu n'as du comptant tu peux bien mourir
et jusqu'à minuit il ne se montre.
Quand il revient ensuite il n'entend
tes raisons, et prétend un tel prix,
qu'il te convient de crever de faim.
Souvent il se plaît à t'humilier,
dit que tu es radin, pingre et vil
que d'un petit légume tu fais bien trois bouchées.
Et voici encore une autre gentillesse,
capable de me faire maudire les étoiles
et renier l'église et le clocher[n].
Se confondent les langues et les idiomes,
on se croirait le jour de la pentecôte
ou au temps de la tour de Babel.
Tous les jours j'envoie courriers et billets,
et ne peut obtenir quoi que ce soit selon mon caprice,
encore qu'il m'en coûte les yeux de la tête.
Si je dis Grec de Tufo, il comprend piquette,
s'il me vient le désir d'une bonne daurade,
il porte de la pâtée de crabe.
Moi, qui sais combien le fourbe picole,

Stringo le spalle, né parlar ardisco,
E me l'ingiotto se fosse teriaca.
L'altr'hier ch'a rimembrarlo sbigottisco,
Gli die tre giulij, e mi reco tre ova,
Ch'havea ciascun in corpo un basilisco.
Né prieghi né lusinghi qui ti giova,
Se denari non hai poi far dieta
Pietà, né cortesia qui si ritrova
Forse, che ti giova dir io son Poeta,
Poi ti faro un sonetto una canzone;
Il ver Sonetto è il son della moneta.
Tu esser potrebbe un altro Salomone,
Un Bembo, un Patriarcha, un Cardinale
Di fame ti morrai come un poltrone.
Questo al fin pur sarebbe manco male,
Che semper mi fa stare sopra il dritto
E far mi fa il digiun Quaresimale.
Dì che ti porti un'ambasciata, un scritto
O che lo calamar un po' ti presti
Benche ti veggia squallido ed afflitto,
La prima cosa ti guarda la vesta
E vede se il mantello è di bon pelo
S'egli è del giorno di lavoro o della festa
Poi mosso da pietoso e santo zelo
T'esorta comme un frate, e dà consiglio
Giurando il verbal Caro e l'Evangelo.
E per trartelo via fuor delli artigli
Promette con un giudeo far qualche zappa
Che per un dolce prezzo in pegno il pigli.
O male aventurato chi c'incappa,
Che spesso pien di scorno e di martoro
Riman senza quadrini, e senza cappa.
Se desiate saper chi son coloro
Che mi fan compagnia fra questi affanni,
Gli è di briccanti e di bricconi un choro.
Chi vuol contarmi a forza i suoi mall'anni,
Chi dice quando io venni io feci io fei

je serre les fesses et n'ose parler,
et l'avale comme s'il s'agissait d'une thériaque.
Avant hier, rien que d'y penser j'en tremble,
je lui donnai trois Jules[o] et il me rapporta trois œufs,
qui chacun contenait un basilic[p].
Ici il n'est prière ni louange qui te puisse servir,
si tu n'as de l'argent tu peux bien faire diète.
Ici, il n'est de pitié ni de courtoisie
Peut-être qu'il te profite de dire : « Je suis poète
et peux te faire un sonnet, une chanson » ;
le vrai sonnet ici est le son de la monnaie.
Tu pourrais bien être un autre Salomon,
un Bembo, un Patriarche, un Cardinal
tu mourras de faim comme un bon à rien.
Cela encore serait un moindre mal
puisqu'il m'oblige à toujours bien me tenir
et me contraint à faire le jeûne de Carême.
Demande-lui de te porter une missive, un billet
ou qu'il te prête un peu l'encrier :
bien qu'il te voie l'air sinistre et abattu,
il observe d'abord ta tenue,
et voit si le manteau est du meilleur poil,
s'il est de la semaine ou bien du dimanche,
puis, animé d'un zèle saint et plein de piété
il t'exhorte comme un moine, et prodigue conseil
jurant le verbe incarné et l'Évangile.
Et pour l'arracher de tes griffes,
Il promet de faire à quelque juif une arnaque,
Et de le lui placer en gage pour un prix mirifique.
Ô l'infortuné qui s'y fait prendre,
bien souvent plein de dépit et de tourment
il se retrouve à la fois sans sous et sans manteau.
Si vous voulez savoir qui sont ceux-là
qui me font compagnie parmi ces misères,
c'est un chœur de brigands et de bandits.
Celui-ci veut me raconter à toute force ses malheurs,
celui-là dit : « Je suis venu, j'ai fait, je fis »,

Chi va, chi vinne e chi si cerca i panni.
Evvi un branco di ladri, farisei,
Che tosto che ciascun entra la soglia
Gli son d'intorno, e son di cinque o sei.
Non val che preghi, o pianga, o che si doglia,
L'oglio alla lampa si convien pagare,
Anchor che d'esser cieco havessi voglia.
V'ho trovato tra l'altri un beccalare
Che mi fa del sacente, e del facondo
Con certo suo visaccio a trapolare.
Costui passeggia grave, e sputa tondo,
E raglia come un asino di Maggio
E vol tagliar traverso il Mappamondo.
Egli non ha del bono, né del saggio,
Puzza di ranso come una carogna,
E ragiona col cul d'ogni linguaggio.
Li cola il naso a guisa d'una brogna,
Tosse raghisce, e spesso rutta il vino,
Ed ha fra le detella un po' di rogna.
Porta un suo Tabarel, seu gonnellino,
Che pria fu balandrano, e poi fu saio,
Era già nero, hor pende berrettino
E quando soffia il vento di gennaio
Ch'entro sua tana ogni animal s'appiatta,
Quivi vi vanno a spasso un centenaio.
Tutta la notte si dimena, e gratta,
E per far meco anch'egli il corteggiano,
Questo suo drappo al capezzal m'addatta.
La patria vi dirò: ma dirò piano
Gl'è calabrese lui con reverenza
E quel ch'è peggio vuol parlar toscano.
Ma che dico se egli è di Cosenza
Ed un di quei che noi chiamiam pedanti,
Tirate il suo delitto in consequenza.
Egli è per farmi dar di becco ai santi
Mi sputa di continuo su la faccia
Di punti di dottrina assai galanti.

cet autre va et vient et se cherche des ennuis.
Il s'y trouve une bande de ladres pharisiens,
qui, dès qu'un nouveau passe le seuil,
à cinq ou six lui viennent autour.
Rien ne te sert de prier, de pleurer ou de te plaindre :
l'huile à la lampe, il te faut payer,
encore que d'être aveugle tu eus bien envie.
J'ai trouvé parmi eux un savantasse
qui me fait du cuistre et du discoureur
en me fixant de ses yeux torves.
Ce monsieur marche à pas comptés plein de gravité,
il brait comme âne au mois de Mai
et veut tailler à travers la mappemonde[q].
Il n'est ni bon ni sage,
pue le rance comme une charogne,
et raisonne avec le cul en tout language[r].
Le nez lui coule comme un clairon[s],
il tousse, il glaviotte, et souvent rote son vin,
et entre ses petits doigts s'incruste un peu de rogne.
Il porte une sorte de paletot[t] ou saie[u],
qui fut d'abord manteau puis veste[v],
il fut noir autrefois, tourne aujourd'hui au gris,
et quand souffle le vent de janvier,
que tout animal se blottit en sa tanière,
ils sont des centaines à s'y promener[w].
Toute la nuit il se démène et gratte,
et pour faire avec moi l'homme du monde,
il m'arrange sa harde en guise d'oreiller.
Je vous dirai la patrie, mais en prenant mon temps.
Il est calabrais sauf votre respect[x],
et ce qui est pire prétend parler toscan.
Mais il suffit de dire qu'il est de Cosence
et l'un de ceux-là que nous appelons pédants,
déduisez son délit en conséquence[y].
Il est capable de me faire traiter les saints de cocus,
me crache sans discontinuer à la face
des points de doctrine forts galants.

O fortuna crudel traditoraccia
O stelle inique al nascer mio prefisse!
Ciascuno il peggio che può far mi faccia.
Non credo che mai Giobbe mentre visse
Fusse stato in prigion, benché quel empio
Demon lo flagellò sempre e l'afflisse
Né forse non saria specchio ed essempio
Di tanti tribulati e patienti,
Né saria riverito in più d'un tempio.
Crepar di fame, e haver gelati i denti,
Tener madonna in braccia stretta stretta
E non poter rizzar i ferramenti.
Haver talhor a scrivere all'infretta
E esser l'inchiostro secco, duro, e bianco
Carta abagnata, e penna che non getta.
Il duol de la podagra, il mal di fianco
Son proprio come un zero sopra il tutto
Il non poter dormir ed esser stanco.
Il mangiar nostro non è bel né brutto
Quanto basta a sbramar la nostra fame,
Ed a tenersi lo stomaco asciutto.
Non mi curo di pizze, né pollame,
D'intrigolo, spezzato e saporetto,
Per una minestruccia di flogliame.
L'inzalata il Cardon mi par confetto,
Quando ho formaggio mi tengo esser Papa
E spesso me la fo col pane schietto.
Uso l'aceto in vece de la sapa
E la vivanda del pasto ordinario
La ceppolla esser suol, l'aglio, e la rapa.
Non mi puo dir il Prete, né 'l Vicario,
Che rompo le vigilie, perché guardo
Quelle ch'ancor non sono in Calandario.
Il nostro tovaglin tra il biggio e 'l pardo
È di tante divise colorito,
Che sempra il cremial di Gioan Bernardo.
D'intorno intorno cola di condito,

Ô fortune cruelle, vile et traîtresse,
ô étoiles iniques prédestinées à ma naissance !
Chacun me fait le pire qu'il me peut faire.
Jamais que je sache Job durant sa vie
ne connut la prison, bien que cet impie
démon toujours lui fit subir tourments et affliction
sinon peut-être il ne serait un exemple et miroir
pour tous ceux qui souffrent et pâtissent,
ni ne serait ainsi révéré en plus d'un temple.
Mourir de faim et avoir les dents gelées,
tenir madame au lit et serrée entre ses bras,
sans pouvoir dresser les ustensiles,
devoir écrire à l'improviste
et trouver l'encre dure, sèche et blanche,
le papier mouillé, et la plume qui ne crache,
les douleurs de la goutte, le mal de ventre,
ne sont qu'un zéro en rapport au tout,
de ne pouvoir dormir à force de fatigue[z].
Notre nourriture n'est ni bonne ni mauvaise :
juste ce qu'il faut pour tromper notre faim,
et tenir notre estomac au sec.
J'oublie les tourtes, les chapons,
le consommé, le jus de viande et le ragoût,
pour un gros potage de légumes.
La salade et le cardon sont pour moi confiture,
quand j'ai du fromage je me crois un pape[aa],
et souvent me contente de pain sec.
Je me sers de vinaigre en guise de verjus
le menu du repas est pour l'ordinaire
composé d'oignon, d'ail et de pousses de rave.
Le prêtre ni le vicaire ne me peuvent accuser
de rompre les jours de jeûnes, car j'en respecte
qui ne sont même pas dans le calendrier.
Notre serviette est mi-grise mi-noirâtre
et maculée de tant de cocardes,
qu'on dirait le tablier du peintre Jean-Bernard[ab].
Tout autour elle suinte de gras,

Per ontume il color non si conosce,
E si potrebbe ricamar col dito.
Mangiam come Bassà sopra le coscie,
E senza ceremonie ognuno a caso
Dammo due bocconate flosce flosce
Qui non s'usa bicchier, ma un certo vaso
Con le man manche, e con un'ancha zoppa
Bona parte li manca anco del naso.
Questo non si può dir fiasco né coppa,
Né pone il suo Vocabulo l'Allunno,
Né meno il spiccileggio del Scoppa.
Boccal simil giamai non vidde Autunno
Né Silen ch'in bottacci ogn'hor tracanna
Né Bacco, né Priapo, né Vertunno.
Non fu mai nappo d'oro pien di manna
Ove alcun Re tal'or il vino sucea
Che si pareggia questo d'una spanna.
Carga la panccia e stretta un po' la bocca
Onde qual cigno che sia giunto à morte
Contrapunteggia quando il vin trabocca.
Il vino è Christian, non schetto e forte
Né stare al paragone può di quello
Che sol Tarquinio dispensar in corte.
Non è Greco Trebian né Moscatello,
Raspata né vernaccio, ma una colla
Che solea già talhor bere il forchello
Se tu ne metti un po' dentro un'ampolla
Oltre che dalla peste ti mantiene
La può ben di menar che non ti crolla.
Circa il dormir noi la passiam pur bene,
Se ben non v'è lenzol, né matarazzo,
Ove possa tal'or posar le schiene
V'è nondimen buttato su lo spazzo
Di poco pagliariccio, pieno un sacco,
Ove la notte, e il giorno io me la squazzo
Quivi mi colco poi quando son stracco,
E piglio ogni piacer del sonno in poi,

l'huile empêche d'y voir la couleur,
et elle se pourrait broder avec les doigts.
Nous mangeons comme des pachas sur les cuisses[ac],
et sans étiquette chacun au hasard,
à grandes bouchées lentes et molles.
Ici on ne se sert de verre, mais d'un certain pot
manchot, et boiteux de la hanche,
auquel manque enfin un bon morceau de nez.
On ne peut l'appeler ni fiasque ni coupe,
et le dictionnaire d'Alunno ne donne pas son mot[ad],
ni même le vocabulaire de Scoppa[ae].
Un telle cruche ne vit jamais les lèvres d'Automne
ni Silène qui ne cesse de puiser au tonneau,
ni Bacchus, ni Priape, ni Vertumne.
Jamais il n'y eut vase d'or plein de manne,
où certain roi jadis sirotait son vin
qui puisse l'approcher d'un empan.
Son ventre est rebondi et sa bouche un peu serrée,
ainsi, comme le cygne au moment de mourir,
chante-t-elle le contrepoint quand le vin bascule[af].
Ce vin baptisé[ag], ni pur ni fort
ne peut supporter la comparaison
avec celui que Tarquin prodigue à la cour[ah].
Il n'est Grec, ni Trébian, ni Muscatel,
ni Raspata, ni Vernaccia[ai], mais une colle
que buvait déjà autrefois Forchello.
Si tu en mets un peu dans une ampoule
outre qu'elle te protège de la peste
tu peux bien secouer sans craindre qu'elle verse.
Quant au sommeil pour nous tout se passe à merveille,
bien que nous n'ayons ni draps, ni matelas,
où nous puissions parfois appuyer notre dos.
Il y a cependant jeté à même le sol
un plein sac de mauvaise paille,
où la nuit et le jour je me prélasse.
C'est là que je me couche quand je suis vanné,
puis je jouis de tous les plaisirs des songes,

Che per dormir bisogna armar di giacco.
I cimici, i pidocchi, e l'altri Heroi
Vi giocano di stocco, e di rodella,
Con morsi, che n'incacano i rasoi.
Quanto ho detto sin qui è bagatella,
Che non vi ho conto ancor tutte le botte,
Né v'ho ripiena tutta la scarsella.
Tosto che tocche son le due di notte,
Ci convien contrastar coi maledetti,
Ch'escono fuor dalle tartaree grotte.
Io non so, se son spirti o son folletti,
Streghe, fantasme, ombre, e Satanassi,
Che non ci sanno far se non dispetti.
Rompon Pentole, piatti, aventan sassi,
Piccan sopra le mura e per le banche,
Spengono i lumi, e fan mille fracassi.
Grafian lembicocco e malebranche
Credo con Draghinasso fan battaglia
Ch'afferan per le gambe e chi per l'anche.
S'io non havessi indosso la medaglia
Che da vuoi Signor mio hebbi già in dono
Mi darebbe da far questa canaglia.
Tra l'altri certi Diavoli ci sono,
Che si piglian piacer tra cento forche
Per spiccar un mantel c'habbia del bono.
Non parlo delli topi e delle sorche,
Vi menano la danza Trivigiana,
E sì grosse vi son che paion porche.
Vi corrono il Cacchino e la quintana,
Vi giocano alla palla, ed a moresche
Ed al pallon come si fa in Toscana.
Tante salta martin e tante tresche
Che mi pare tal hor esser nel arca
Dove eran tante bestie barbaresche.
Io dirò qui come disse il Petrarca,
Tanto ho da dir, che cominciar non oso,
Poiché la pena in dui salti s'imbarca.

mais pour dormir il faut porter la cotte de mailles.
Les punaises, les poux et autres héros,
jouent de l'estoc et du bouclier,
font des morsures qui encrassent les rasoirs.
Mais tout ce que j'ai dit jusqu'ici est bagatelle ;
je ne vous ai point conté encore tous les coups fourrés,
ni ne vous ai rempli toute l'escarcelle.
À peine sonnés les deux coups de la nuit,
il nous faut nous battre contre les maudits,
qui s'échappent des grottes du Tartare.
Je ne sais s'il s'agit d'esprits ou de lutins,
sorcières, fantômes, ombres et satanasses,
qui ne savent nous faire que des mauvais coups.
Ils brisent les pots et les plats, jettent des pierres,
cognent sur les murs et les bancs,
éteignent les lumières, et font mille fracas.
Ils griffent les Abricots et la Mâle branche[aj]
je crois qu'ils livrent bataille contre Dragonas
l'attrapent qui par les jambes et qui par les hanches[ak].
Si je n'avais sur moi la médaille,
que je reçus de vous Seigneur en cadeau
cette canaille me causerait bien des tracas.
Entre autres il s'y trouve certains Démons,
qui s'amusent à coups de fourche par centaines
à miter un manteau de bonne qualité.
Je ne parle pas des rats ni des souris,
qui mènent ici la danse de Trévise,
et sont tellement grosses qu'elles semblent des cochons[al].
Elles courent le faquin et la quintaine[am],
jouent à la balle et à la moresque[an],
et au ballon à la mode Toscane[ao].
Tant de saute-martin et tant de tresques[ap]
qu'il me semble parfois être dans l'arche
où se tenaient toutes les bêtes barbaresques[aq].
Et je dirai comme a dit Pétrarque,
« Tant j'ai à dire, que commencer je n'ose[ar] »,
parce qu'en deux traits la plume s'encrasse.

Voi che siete Signor sì generoso
Credetelo su al ciel ne vanno 'e strida
Come haver posso dramma di riposo?
Così la sorte, e 'l Ciel sempre v'arrida,
E quella delle tre, ch'adopra il taglio
Il vostro bianco fil tardi recida.
Così vegga in fuga, ed in sbaraglio
Por l'armata Turchesca sol col volto
Hor che sete voi grand'Amiraglio.
Così vi veggia in torno al collo avvolto
Quel monton d'or che d'anzi il pretendea
Quel titolato, vi somiglia molto.
Così à dispetto d'ogni stella rea
Esaltato vi veggia a scettro e a regno,
Si che quagiù torsi la bella Astrea.
Come non mi mantiene altro sostegno,
Che la speranza in voi fondata, in cui
Sagro pria la vita, e poi l'ingegno
Ricorda Signor di quel ch'io fui
Che sempre resi del vostro biscotto,
Non havendo giamai servito altrui.
Perche m'haveggio havervi il capo rotto,
Finisco che finisce anco l'inchiostro,
Dal Cameron di Giugno novant'otto
Il Marin, che fu vostro, e sarà vostro.

Vous qui êtes Seigneur si généreux
croyez bien qu'au ciel monte les cris :
comment puis-je avoir une once de repos ?
Puisse le sort et le ciel toujours vous sourire,
et celle des trois, qui manie le ciseau[as],
trancher au plus tard votre fil blanc.
Puisse-t-on vous voir en fuite et débandade
mettre l'armée des Turcs par votre seule face
maintenant que vous êtes nommé grand Amiral.
Puisse-t-on vous voir le cou paré
du mouton d'or auquel prétendait il y a peu
ce noble qui tant lui ressemble[at].
Puissé-je au dam de toute étoile mauvaise
vous voir exhaussé au sceptre et au trône,
et que revienne ici-bas la belle Astrée[au].
Comme je n'ai pour m'appuyer d'autre soutien,
que l'espérance fondée en vous, à qui
j'ai consacré ma vie d'abord, puis mon esprit,
que sa Seigneurie se souvienne de celui que je fus
car j'ai toujours rendu la monnaie de vos biscuits,
n'ayant jamais servi autrui.
Comme je vous ai assez cassé la tête,
j'achève là, car l'encre aussi s'achève.
Du Camerone, ce mois de juin quatre-vingt-dix-huit,
le Marin, qui fut et sera vôtre.

PRIGIONIA DEL CAVALIER MARINO IN TORINO

Al conte Ludovico d'Aglie

A LODOVICO D'AGLIÈ

De profundis clamavi ad te, Domine. E quando verrà una volta quell'angelo, che liberò san Pietro in vincoli a sgangherare i serragli di questo maledetto graticcio? o ad aprirlo con la clavicola di Salomone?

Mastro Noè, che fu il primo ingeniero che ritrovasse i Bucintori, se ne stette chiuso nel fondo della gran caravana quaranta dì e quaranta notti; ma passato questo tempo, spalancando il pertugio sopra coperta vide cessato il diluvio. Gioseppe, il poveretto, fu messo dentro una cisterna piena di pantaniccio a tener bordone a' ranocchi per un pezzetto; e pur alfine, benché alquanto imbrodolato, ne fu cavato fuora. Daniele fu calato nella fossa de' leoni; ma intanto venivano fin gli profeti per l'aria a recargli il fiasco con la pagnotta. Giona, che fu anch'egli di quelli all'antica, spogliatosi in calze e brache, si lascio inghiottir dall'orca, a cui dopo essere stato nelle budella una trinca de giorni, fu cacato in su l'asciutto. Che piú? Lo stesso Dio incarnato non volle trattenersi dentro la sepoltura se non per pochissime ore; pensate voi come la possa passar io, che sono appena un semplicissimo omiciuolo, serrato dentro una caverna per nove mesi! Ardisco di rassomigliarmi al Salvatore, perché sono stato anch'io tradito da un altro Giuda: « *Si inimicus meus maledixisset mihi, sustinuissem utique* », « *sed qui comedebat panes meos magnificavit super me supplantationem* ».

– Eh! – mi direte: – Cristo fu primamente in croce e poi rissuscitato –. È vero: ma egli si diede in mano de' giudei, che non ebbero riguardo alla sua innocenza, ed io sono in potere d'un prencipe magnanimo, che non sa incrudelir co' delinquenti stessi.

PRISON DU CAVALIER MARINO À TURIN

Au comte Ludovico d'Aglie[a]

De profundis clamavi ad te, Domine[b]. Et quand donc viendra-t-il l'ange qui libéra saint Pierre aux liens pour démantibuler les serrures de cette maudite grille ou pour l'ouvrir avec la clavicule de Salomon ?

Maître Noé, qui fut le premier ingénieur à avoir inventé les Bucentaures[c], resta enfermé au fond de sa grande caravelle quarante jours et quarante nuits ; mais cette durée écoulée, en ouvrant la trappe au-dessus de lui, il vit que le déluge avait cessé. Joseph, le pauvre, fut mis dans une citerne pleine de vase pour tenir la basse dans le chant des grenouilles pendant un bon bout de temps ; on finit cependant par le tirer de là, bien que passablement embourbé. Daniel fut jeté dans la fosse aux lions ; mais en attendant les prophètes mêmes venaient à lui par les airs pour lui porter le litron avec la miche de pain. Jonas, qui fut lui aussi de ceux qui vivaient à l'ancienne, dévêtu, en chaussettes et en culotte, se laissa engloutir par la baleine, par laquelle, après être resté dans ses tripes une tripotée de jours, il fut chié sur le dur. Qui d'autre ? Dieu incarné lui-même ne voulut point demeurer dans la sépulture, sinon pour quelques heures à peine ; imaginez un peu comment je peux le supporter, moi, qui suis à peine un simplissime homoncule, serré dans une caverne depuis neuf mois ! J'ose me comparer au Sauveur, parce que moi aussi j'ai été trahi par un autre Judas : « *Si inimicus meus maledixisset mihi, sustinuissem utique* », « *sed qui comedebat panes meos magnificavit super me supplantationem*[d] ».

« Hé ! – me direz-vous – Christ fut d'abord mis en croix, puis ressuscité ». C'est vrai, mais il tomba entre les mains des Juifs, qui n'eurent aucune considération pour son innocence, alors que je suis au pouvoir d'un prince magnanime, qui ne sait même pas sévir contre les délinquants eux-mêmes.

Ho voluto porvi innanzi gli occhi gli essempi di costoro, che furono tutti uomini giusti; ma in buona fé mi dubito che, se la cosa fosse andata molto in lungo, averebbono dato d'un calcio alla santità. Quell'altro meschino di Giobbe fu pazientissimo, come dicono i cronisti delle anticaglie: con tutto ciò si lamentava forte e gridava di cuore: « *Miseremini mei, miseremini mei, saltem vos, amici mei* ». E perché? e perché? « *Quia manus Domini tetigit me* ». Se per un semplice tocco delle dita di Dio faceva sì grande schiamazzo, che averebbe egli fatto, se si fosse sentito percotere a pugna chiuse, overo scudicciare a carni ignude con uno scudiccio, di soatto? Perdette un branco di pecore; ma pure le avanzarono le pelli e le corna, delle quali dovette cavar parecchi baiocchi. S'egli avesse provato star in prigione a discrezione di chi non l'ha, non so se l'averebbe sofferto senza scapuzzare. Io sì, che merito esser compatito, percioché il mio non è uno scherzo leggiere di una mano sola; ma me l'ha lasciate piombare gravemente adosso amendue, le quali se siano pesanti e tremende dicalo Paolo apostolo: « *Horrendum est incidere in manus Dei viventis* ». Ma mi consolo che, se l'incorrere nelle mani di Dio vivo è cosa orribile, il ricorrere a' piedi di Dio morto, è cosa dolce e soave. Questo unico refrigerio mi resta: picchiarmi il petto innanzi ad un crocefisso, che è (come si dice) il refrigerio degl'impiccati. Intanto sono dato nella ragna; e mena rimena, quanto più dibatto, ritrovo meno la via di spacciarmi senza lasciarci le penne maestre. Piaccia a Dio ch'io veggia quanto prima rotti i groppi di questa rete, e che possa dire col profeta: « *Laqueus contritus est, et nos liberati sumus* ». Il ponto sta che mi bisogna più tosto sospirar con quell'altre parole: « *Heu mihi! quia incolatus meus prolongatus est* ». Questi sono tagliati al mio busto e fanno per me, come il trepiè per la tecchia, poiché dagli sfinimenti per le lunghe dilazioni sono tirato di giorno in giorno per lo anello al naso a guisa di buffalo.

Che pazienza? S'io avessi fatto come Masetto da Lamporecchio, o rotto il reliquiario di un venerando abbate, sarebbe pur troppo quel ch'io patisco. Venga, venga un poco frate Stuppino a farmi delle essortazioni morali, o a predicarmi la tolleranza. – « *Virtus in infirmitate perficitur* ». Sì come l'oro nel fuoco s'affina, così 'l peccatore si purga ne' travagli.

J'ai voulu mettre devant vos yeux les exemples de ces gens, qui furent tous des hommes justes, mais en toute bonne foi, si la chose avait duré trop longtemps, je me demande s'ils n'auraient pas envoyé promener la sainteté. Cet autre pauvre hère de Job fut extrêmement patient, comme racontent les chroniqueurs des anticailles ; et pourtant il se lamentait bien fort et criait de tout son cœur « *Miseremini mei, miseremini mei, saltem vos, amici mei* ». Et pourquoi ? Pourquoi ? « *Quia manus Domini tetigit me*[e] ». Si pour avoir seulement été touché du bout des doigts par Dieu il faisait tant de raffut, qu'aurait-il fait, s'il s'était vu frappé à poings fermés, ou fouetté à même la chair à coups d'étrivières ? Il perdit un troupeau de moutons, mais au moins en put-il récupérer les peaux et les cornes, dont il dut tirer un tas de sous. S'il s'était retrouvé en prison à la discrétion de qui n'en a aucune, je ne sais pas s'il aurait pu le supporter sans trébucher. S'il y en a un qui mérite d'être plaint, c'est bien moi, parce que mon affaire n'est pas une légère plaisanterie d'une seule main, mais ce sont les deux à la fois, qu'il a laissé plomber lourdement sur mon dos, et l'apôtre Paul nous dit combien elles sont pesantes et terribles : « *Horrendum est incidere in manus Dei viventis*[f] ». Mais je me console, car s'il est horrible d'encourir les mains du Dieu vivant, il est doux et suave de recourir aux pieds du Dieu mort. Il me reste cet unique soulagement : me frapper la poitrine devant un crucifix, qui est (comme on dit) le soulagement des pendus. En attendant je me suis jeté dans la toile d'araignée, et je peux bien me tourner et retourner, plus je me débats, moins je trouve la voie pour en sortir sans y laisser mes plumes maîtresses. Plaise à Dieu que je voie le plus tôt possible rompues les mailles de ce filet, et que je puisse dire avec le prophète : « *Laqueus contritus est, et nos liberati sumus*[g] ». Le fait est qu'il me faut plutôt soupirer en prononçant ces autres paroles : « *Heu mihi ! Quia incolatus meus prolongatus est*[h] ». En voilà qui sont taillées à ma mesure et me vont comme le trépied à la marmite, car par ces longues dilations qui n'en finissent jamais, je suis tiré un jour après l'autre par l'anneau du nez comme un buffle.

Quelle patience ? Si j'avais fait comme Masetto de Lamporecchio[i] ou rompu le reliquaire d'un vénérable abbé, ce que je souffre serait encore trop[j]. Que frère Étouppe[k] vienne, qu'il vienne un peu me faire ses exhortations morales, ou me prêcher la patience – « *Virtus in infirmitate perficitur*[l]. Tout comme l'or s'affine par le feu, ainsi le pécheur se purge dans les souffrances.

– « *Per multas tribulationes oportet introire regnum coelorum* ». Sì come la sferza leva la polvere dalle vestimenta, così l'afflizione netta le macchie dell'anima. – « *Quos amo corrigo et castigo* ». Sì come un re, quando vuol favorire un suo corteggiano, gli dà a bere il vino della sua tazza e gli fa vestire le insegne della sua livrea; così Cristo, quando vuol far grazia particolare ad un uomo, gli dà a gustare il fiele del suo calice e gli communica parte della sua passione, talché le calamità sono privilegi e favori, e nelle aversità si conosce la grandezza. Belle parole: vorrei che 'l Signor Iddio mi tirasse a sé col mezzo di qualche altra vocazione più piacevole e questa sorte di visita l'andasse a far a' Turchi, a' rinegati ed a coloro che non lo conoscono né lo vogliono riconoscere, non a me poverino, che gli credo, lo amo, lo temo e lo adoro. Con gli uomini infingardi e viziosi si sogliono usare le severità e le austerità; ma certi spiriti delicati e sensitivi si convertono più facilmente con le amorevolezze e con le carezze. Io per me son fatto come 'l giannetto di Spagna, al quale basta il cenno della bachetta, e non come gli asini della Marca che aspettano le bastonate.

– Oh! tu sei un marcio peccatore: meriti questo e peggio.

– Lo confesso, ma non peccai però giamai in quella cosa di che mi viene data la pena.

– Oh! tu hai commesso degli altri peccati enormi, e per quelli ti vien data la penitenza.

– Sia col nome di Dio; ma vi mancano degli altri peccatori nel mondo, forse più scelerati di me, quali vanno a seconda della fortuna, e vogliono che coloro stessi, i quali hanno potestà di castigar altrui, siano affatto senza peccato? Che vuoi dir dunque che trionfano, si danno bel tempo e non ritrovano chi castighi loro?

– Oh! non t'impicciar di questo tu: verrà ben tempo, senon in questa almeno nell'altra vita, che saranno puniti anch'essi.

– Vi baccio la mano: intanto se ne stanno a solazzare ed a noi altri bisogna inghiottir la pillola e cacar la nespola. Potrebbono in questo mezo pentirsi e far del bene; così ottener il paradiso, né più né meno come quelli che sono stati da loro afflitti; ed in tale maniera verrebbono a conseguire il carnovale di qua e di là, godendo i beni dell'uno e dell'altro mondo: e chi si trovarà avere patito, suo danno.

– *Per multas tribulationes oportet introire regnum coelorum.* De même que l'on bat les vêtements pour en tirer la poussière, ainsi l'affliction lave les taches de l'âme – *Quos amo corrigo et castigo*[m]. Tout comme un roi, lorsqu'il veut favoriser l'un de ses courtisans, lui donne à boire du vin de sa tasse et le fait revêtir les enseignes de sa livrée, de même le Christ, quand il veut faire à un homme une grâce particulière, lui donne-t-il à goûter le fiel de son calice et lui fait-il prendre part à sa passion ; si bien que les calamités sont privilèges et faveurs, et c'est dans l'adversité que l'on reconnaît la grandeur ». Belles paroles ! Je voudrais que le Bon Dieu m'attire jusqu'à lui par le biais de quelque autre vocation plus plaisante et qu'il aille rendre cette sorte de visite aux Turcs, aux renégats et à ceux qui ne le connaissent ni ne veulent le reconnaître, plutôt qu'à moi, pauvret, qui crois en lui, qui l'aime, le crains et le vénère. Avec les hommes dévoyés et vicieux on a coutume d'user de la sévérité et des austérités, mais il est des esprits délicats et sensibles qui se convertissent plus aisément par les mignardises et les caresses. En ce qui me concerne, je suis fait comme le genet d'Espagne[n] auquel suffit un signe de baguette, et non comme les ânes des Marches qui n'entendent que les coups de bâton.

– Oh ! Tu es un pécheur fini, et mérites ce qui t'arrive et pire encore.

– Je le confesse, mais jamais pourtant je ne péchai en cette chose pour laquelle on me punit.

– Oh ! Tu as commis bien d'autres péchés énormes, et c'est pour ceux-là que cette pénitence t'est infligée.

– Qu'il en soit comme Dieu le veut ; mais manque-t-il d'autres pécheurs au monde, peut-être plus scélérats que je ne le suis, lesquel savent seconder la fortune, et veulent que ceux-là mêmes qui ont le pouvoir de punir autrui soient sans péché aucun ? Pourquoi donc triomphent-ils, se donnent-ils du bon temps et ne trouvent-ils personne pour les punir à leur tour ?

– Oh ! Toi, ne te mêles pas de ça. Il viendra bien un moment, sinon en cette vie, au moins en l'autre, où ils seront châtiés eux aussi.

– Je vous baise les mains. Pendant ce temps, ils se la coulent douce, et à nous autres il nous faut avaler la pilule et chier la nèfle. Ils pourraient dans l'intervalle se repentir et faire le bien ; et gagner ainsi le paradis, ni plus ni moins que ceux qu'ils ont eux-mêmes affligés. Ce serait alors pour eux mardi gras ici et là-bas, et ils jouiraient des biens de l'un et de l'autre monde, alors que celui qui aura souffert n'aurait qu'à s'en prendre à lui-même.

– Oh! averanno poi minor grade di gloria in cielo e ti saranno inferiori nella visione beatifica.

– Son contento, ma io non fo gran differenza tra posseder là su un palazzo ed avervi una casuppola. Stimo tutto uno abitar nella soffitta o nella cucina: un cantoncino mi basta.

– Che vuoi tu dunque? metter la bocca in cielo? far il mastro di casa a Dio? rivederli i conti? e riprender la su' giustizia incomprensibile?

– Signor no, anzi mi riporto alla sua divina volontà, perché so ch'Egli è padrone universale di tutto, e può far e disfar ogni cosa a sua voglia, senza aver a rendere altrui ragione di quelle che fa; ma l'impazienza, quando è disperata, suole entrare in simili digressioni.

Mi fanno ridere e crepare alcuni amici, quando mi vengono con certi conforti secchi: – Tu uscirai quando meno il pensi – Io non lo pensai né pensarollo mai meno di quello che fo adesso, e tuttavia tengo 'l piede inviluppato nella stoppa.

« *Quale gaudium erit mihi,* – dicea Tobia, – *qui in tenebris sedeo et lumen coeli non video?* ». Ma quella fu una cecità di baie, cagionata dalla merda d'uno uccello e guarita dal fiele di uno pesce. Che hanno a fare le travegole con abissi di tenebre eterne e più palpabili di quelle d'Egitto? Insomma pigliate tutte le altre pene antiche, e ritroverete esser stati passatempi e solazzi rispetto alla mia. Barche, piscine, laghi, balene, sterquilini, sepolcri e cataratte, che ho raccontate di sopra, sono un zero al paragone. Aggiungo di più: che tutte quante le specie di pene, che ho mentovate, si ritrovano raccolte nella mia, quasi in epilogo, in compendio, in sommario.

La mia ventura credo che sia della razza di quei contadini, che sogliono legar fascine e cacciar somari. Ha accumulato una sarcina di quanti infortuni, suplici, sciagure, martiri, pesi, cancheri, crepacuori e cacasangue siano mai stati e siano nel mondo, e messi tutti in un mazzo, n'ha fatto per me un infernetto piccolino, come quel fornellino da cocer pasticci, che sta colà dietro al forno grande, di sorte che io

– Oh ! Ils jouiront ensuite d'un degré de gloire inférieur dans le ciel et ils te seront inférieurs dans la vision béatifique.

– J'en suis heureux, mais je ne fais pas une grande différence entre posséder là-haut un palais et y avoir une cabane. J'estime qu'y habiter dans le grenier ou dans la cuisine revient au même ; un petit coin me suffit.

– Que veux-tu donc ? Dire la tienne au ciel ? Jouer au maître d'hôtel avec Dieu ? Lui contrôler ses comptes ? Et reprendre son incompréhensible justice ?

– Non Seigneur, au contraire je m'en rapporte à sa volonté divine, parce que je sais bien que c'est lui le patron universel de tous les êtres, et qu'il peut faire et défaire toute chose, sans avoir à rendre des comptes de ce qu'il fait à qui que ce soit, mais l'impatience, quand elle en arrive au désespoir, ne peut s'empêcher d'entrer en pareilles digressions.

Ils me font rire et crever de rage ces amis, qui viennent me prodiguer certains de leurs froids réconforts :

– Tu sortiras quand tu t'y attendras le moins !

– Je ne m'y attendais pas, ni jamais moins qu'aujourd'hui, et pourtant j'ai un fil bien attaché à la patte.

« *Quale gaudium erit mihi,* – disait Tobie, – *qui in tenebris sedeo et lumen coeli non video*[o] *?* » Mais ce fut là un aveuglement pour rire, occasionné par une merde d'oiseau et guéri par le fiel d'un poisson[p]. Quel rapport entre la berlue et les abysses de ténèbres éternelles, plus palpables que celles d'Égypte ? En somme, prenez toutes les peines antiques, et vous verrez qu'elles étaient des passe-temps et des amusements par rapport à la mienne. Les barques, piscines, lacs, baleines, crottes et cataractes que j'ai racontés plus haut ne sont qu'un zéro en comparaison. Et je dirai même plus : toutes les espèces de peine que j'ai évoquées, se retrouvent en fait rassemblées dans la mienne, qui est une sorte d'épilogue, de résumé ou de sommaire.

Je crois que ma mésaventure est du même acabit que celle de ces paysans qui font des fagots et poussent leurs ânes devant eux[q]. Elle a assemblé un paquet de tant d'infortunes, supplices, catastrophes, martyres, fardeaux, chancres, crève-cœur et dysenteries comme il n'y en a et n'y en eut jamais au monde, et elle les a mis tous ensemble en un tas, et en a fait pour moi un tout petit enfer privé, comme ce four minuscule pour cuire les gâteaux, que l'on place derrière le grand foyer, de sorte que je

non direi bugia, se prorumpessi in quell'apostrofe: « *Omnes fluctus tuos induxisti super me* ». Diedi titolo d'« infernetto » al luogo in cui mi trovo condennato, ma sappiate che è un infernetto largo e cupo più della gola di Milambrache. Talché quella sentenza della Scrittura: « *Descendant in infernum viventes* » niuno l'ha meglio osservata di me.

Nell'inferno è la pena del danno e la pena del senso. Qui la perdita della grazia del prencipe da una banda, e dall'altra tutti i malanni. Lascio la compagnia diabolica de' malfattori, gli orrori oscuri di una caligine perpetua, l'impressione nell'anima d'una passione continua, il ghiaccio di paura ed il fuoco di rabbia: questi flagelli (per mio aviso) sono altro che sassi, ruote, avoltoi.

Nell'inferno non vagliono punto gli suffragi delle letanie né delle messe. Qui non mi giovano né anco un pelo intercessioni e favori.

A chiunque entra nell'inferno conviene lasciar ogni speranza d'uscirne. Qui incomincio a desperar oggi della libertà, poiché veggio che la mia spedizione si rissolve *in saecula saeculorum.*

Coloro che sono nell'inferno sono esclusi totalmente dalla misericordia ed incapaci della remissione. Tale per appunto son io, talmente che la mia rovina si può paragonare al precipizio di Lucifero, se non che egli casco dal cielo per eccesso di superbia, ed io ho sempre servito con ogni affetto di umiltà; e questa pena è sola che non ho commune con gli altri dannati, cioè il patire senza colpa. Se pur mi si deve dar l'inferno, non per altro si puoi dir ch'io lo meriti, se non per essere stato di S. A. serenissima troppo superstizioso idolatra.

Mi direte voi: Se cotesto è un inferno e voi siete un Lucifero, adunque tu sei un diavolo; ma questo è impossibile, perché il diavolo fugge la croce, e tu la porti nel petto – La porto nel petto sì, ma molto più sopra le spalle, e la mia croce, sto per dire, è quasi pesante come quella del Salvatore; oltraché ebbe anche aiuto da Simon Cirineo, ma io non sono aiutato da persona umana; anzi tutti mi fuggono, perché se bene son crocifisso, nondimeno, come dissi, sono un diavolo. Tant'è, scongiurate pure a vostra posta, perch'io sono un diavoletto, che non temo esorcismi: fate conto che quel folletto che vi va per casa la notte sia lo spirito del Marino. E ben vero ch'io non sono spirito maligno, ma uno di quelli

ne mentirais pas, si j'éclatais en cette apostrophe : « *Omnes fluctus tuos induxisti super me*[r] ». J'ai donné le titre d'« enfer miniature » au lieu dans lequel je suis condamné, mais sachez que c'est une miniature d'enfer plus grande et plus sombre que la gueule de Milambrache[s]. Tellement que personne mieux que moi n'a observé cette sentence de l'Écriture : « *Descendant in infernum viventes*[t] ».

Dans l'enfer, il y a la peine du dam et la peine du sens[u]. Ici, la perte de la grâce du prince d'une part, et de l'autre toutes les misères. Je laisse de côté la compagnie diabolique des malfaiteurs, les horreurs obscures d'une ténèbre perpétuelle, l'impression en l'âme d'un tourment continuel, la glace de la peur et le feu de la rage ; ces fléaux, selon moi, sont bien autre chose que les rochers, les roues et les vautours[v].

En enfer, les suffrages des litanies et des messes ne servent à rien. Ici les intercessions et les faveurs ne valent pas un clou.

À quiconque arrive en enfer, il faut abandonner toute espérance d'en sortir[w]. Ici, je commence à désespérer aujourd'hui de la liberté, parce que je vois que l'expédition de mon cas est repoussé *in saecula saeculorum*[x].

Ceux qui sont en enfer sont totalement exclus de la miséricorde et incapables de la rémission[y]. Il en va justement de même pour moi, à tel point que ma ruine se peut comparer à la chute de Lucifer, sauf que lui tomba du ciel par excès de superbe, alors que moi j'ai toujours servi avec tous les sentiments d'humilité ; et cette peine est la seule que je ne partage pas avec les autres damnés, c'est-à-dire de souffrir sans avoir fauté. Si vraiment on doit m'envoyer en enfer, on peut dire que je ne le mérite pour autre chose que d'avoir été trop superstitieux idolâtre de Son Altesse sérénissime.

Vous me direz donc : – Si ceci est un enfer et si tu es un Lucifer, donc tu es un diable. Mais cela est impossible, puisque le diable fuit la croix, et toi tu la portes sur la poitrine[z]. – Je la porte sur la poitrine, en effet, mais bien plus sur mon dos, et suis bien prêt de dire que ma croix est presque aussi pesante que celle du Sauveur ; du reste il reçut l'aide de Simon de Cyrène, alors que moi je ne suis aidé par âme qui vive ; au contraire, tout le monde me fuit, car bien que je sois crucifié, cependant, comme je l'ai dit, je suis un diable. Tellement que vous pouvez conjurer tant que vous voulez, car je suis un diablotin qui ne craint pas les exorcismes : sachez que ce lutin qui se promène la nuit dans votre maison est l'esprit de Marino. Il est vrai que ne suis pas un esprit malin, mais plutôt l'un de ces incubes

incubi che fanno spiritar le belle zitelle ed insegnano loro a porre il diavolo nell'inferno alla boccaccesca. S'avete paura ch'io vi entri in corpo per qualche meato di sotto, andatevi a cacciar tutto nella pila dell'acqua santa, come fece quel buffon mantovano. Il diavolo ha la coda: così non l'avesse, ancorché la mia sia messa per altro uso. Il diavolo ha le corna; e chi sa che la mia signora non me l'abbia piantate in testa più di una volta? Eccovi *a primo ad ultimum* con tutti i vostri diavoli, ch'io son un diavolo *visu, verbo et opere*, e che son fitto ne' tormenti infernali in anima ed in corpo, calzato e vestito.

Mi maraviglio del Doni, che fu pur un galantuomo. Fabricò certi suoi inferni capricciosi, dove mise scolari, soldati, malmaritati *et alia genera*: bel giudicio di far menzione di pregionieri che stanno in una bolgia peggior di tutte le altre! Mancava qui forse Cacco, Radamanto e Minosso? tutto 'l dì non si sente altro per questa corte che carille di presidenti, di senatori, di collaterali, di giudici e di fiscali, che vengono a discutere processi ed a tirar su la corda qualche sciagurato. Volete le Furie? Le Furie non sono che tre. Ma io credo averne nel petto e nella mente un centinaio, e non vibraro facelle o fiaccole, ma di que' torcioni che s'appicciano alla comedia. Non scotono vipere, aspedi sordi, ceraste od amfesibeni, ma cocodrilli, sfingi, chimere e pitoni.

Chiunque è curioso di sapere che cosa si fa nell'inferno, che occorre affacciarsi alla bocca della Solfataria, alla voraggine di Mongibello o alle spaccature di Volcano, di Stromboli, di Lipari o di Ischia, venga qui a tenermi compagnia un'ora, che sentira altr'odore che d'alesso. Iddio gli perdoni al duca Astolfo, quando andò a discacciar l'arpie, che guastavano la panata al Pretegianni: doveva turar bene quel maladetto buco, accioché altri non ci entrasse mai più. Lessi questa storia nel cotal dell'Ariosto, e se mal non mi arricordo, che là dentro vi trovò madonna Lidia, appesa al fumo come un presciutto per cagione dell'ingratitudine. So che per questo vizio non vi sono. Sono io persona ingrata, sta bene; in una grata peggiore di quella dove fu cotto san Lorenzo. Oh se tutti gli ingrati avessero a capitar qui, talvi sarebbe che m'accusa d'ingratitudine.

qui mettent en extase les belles filles à marier et leur enseigne à mettre le diable en enfer à la mode de Boccace[aa]. Si vous redoutez que je vous entre dans le corps par quelque ouverture de dessous, allez donc vous tremper tout entier dans la cuve d'eau bénite, comme fit ce bouffon de Mantoue[ab]. Le diable porte une queue : plût au ciel qu'il en eût une pareille, encore que la mienne me soit donnée pour un autre usage. Le diable porte les cornes ; et qui sait si ma dame ne me les a pas plantées sur la tête plus d'une fois ? Nous voici *a primo ad ultimum*[ac] avec tous vos diables, car je suis bien un diable *visu, verbo et opere*[ad], et je suis bien enfoncé dans les tourments infernaux, et d'âme et de corps, tout habillé et chaussé.

Doni m'étonne fort, qui fut pourtant un galant homme. Il se forgea certains enfers de caprice, pour y mettre des écoliers, des soldats, des mal mariés *et alia genera*[ae] : quel à propos d'y faire allusion aux prisonniers qui sont en un cercle bien pire que tous les autres[af] ! Il manquait peut-être ici Éaque, Rhadamante et Minos ? Tout le jour on n'entend dans cette cour que voitures de présidents, de sénateurs, de juges, collatéraux et instructeurs qui viennent pour discuter des procès et tirer sur la corde de quelque misérable. Voulez-vous les Furies ? Les Furies ne sont que trois, alors que je pense en avoir dans la poitrine et dans l'esprit une centaine, et elles n'agitent pas des flammèches ou des flambeaux, mais de ces grosses torches que l'on accroche à la comédie. Elles ne secouent pas des vipères, des aspics, des crotales ou des amphisbènes, mais des crocodiles, des sphinx, des chimères ou des pythons.

Quiconque est curieux de savoir ce qui se fait en enfer, il n'a pas à se pencher au dessus de la bouche de la soufrière de Pouzole, du gouffre de Montgibel[ag] ou des cratères de Vulcano, du Stromboli, de Lipari ou d'Ischia[ah], qu'il vienne ici à me tenir compagnie une heure et il sentira une toute autre odeur que de ragoût. Que Dieu veuille pardonner au duc Astolphe, quand il s'en alla chasser les Harpies qui gâtaient les miches du Prêtre-Jean[ai] : il aurait dû bien reboucher ce maudit trou, de sorte que personne n'y pût entrer par la suite. J'ai lu cette histoire dans le bouquin de l'Arioste, et si je me rappelle bien, c'est là dedans qu'il trouva madame Lidia, suspendu à la fumée comme un jambon pour la punir de son ingratitude[aj]. Je sais que ce n'est pas pour ce vice que je m'y trouve. Je suis moi en effet personne en grille[ak], et une grille pire que celle sur laquelle on fit cuire saint Laurent. Oh, si tous les ingrats devaient se retrouver ici, certains y seraient qui m'accusent d'ingratitude.

I poeti solevano una volta nell'inferno esser franchi di gabella; e che sia 'l vero, Dante vi andò bell'e vivo con la scorta d'un altro poeta; ma non crediate ch'egli fosse nel girometta dove ora son io, che se per veder di degrignar i denti a Barbariccia, far trombetta del culo di Farfarello, e' s'appiattò dietro un scheggione, credetemi certo che, quando fusse venuto pria, averebbe di paura fatta una frittata nelle calze. Orfeo vi scese con la chitariglia alla spagnola, e vi fu ben veduto ed accarezzato; vi so dire che, se qui giovasse lo smusicare, vorrei per mia fé sonare non pur la piva, la ribecchina, la cornamusa, ma anche il cullasone. A proposito, non è più tempo quando Plutone e Astarotte con gli altri satanassi, in sentir una tirata d'archetto o un sonetto con la coda, si liquefacevano in sugo di melangole. Che domine dunque ho da far io? che partito prenderò? Doverebbe pure il padre Abramo moversi a compassione di quel pover'uomo: « *quidam* », che « *olim induebatur purpura et bysso* », ed adesso « *sepultus est in inferno* », e far che Lazaro metta « *extremum digiti sui et refrigeret linguam meam, quia crucior in hac flamma* ». Questo Lazaro potrebbe esser il signor vicario Bargeia, che venisse col rilasso spedito, come Cristo nella resurezione: « *Solvite eum et sinite abire* ». Non so ritrovar ripiego, né arcigogolo per uscir di questo laberinto. S'io sto cheto, non v'è chi si ricordi di me; se adopro mezzi, son riputato importuno; se prego, non son essaudito; se scrivo, le suppliche sono registrate nel libro dell'Apocalisse, « *Signaculis septem* ». Siatemi voi un novo Teseo, porgetemi la funicella del vostro consiglio, se non per insegnarmi come io ho da fare, almeno per impiccarmi ad una forca.

Vi ho detto che sono nell'inferno; ma credo che voi non lo crediate, perché ve ne state a sguazzar ne la beatitudine della gloria. Voglio perciò raccontarvi una parte della vita ch'io meno. *In primis* alloggio in una camera smattonata e smantellata, esposta (Iddio grazia) alle prime furie del rovaio; talmente che la tramontana mi darebbe la stretta, senon mi appiattassi talvolta dentro una pelliccia, a guisa di Adamo nel paradiso terrestre. Le mura sono tutte istoriate col carbone di gieroglifici e di grottesche. Oh che belle figure! uccelli e sparavieri con sonagliere! Per mio flagello mi trovo in questa stanza senza cacatoio. Quando la divina giustizia vuol punire un peccatore e flagellarlo da dovero lo mette in una

Les poètes autrefois allaient en enfer dispensés de gabelle ; tant il est vrai que Dante s'y rendit bien vivant en compagnie d'un autre poète[al]. Mais ne croyez pas qu'il fût dans le petit cercle où je me trouve, car lui qui pour voir grincer les dents de Barberaide, faire du cul de Farfadet la trompette, il se tapit derrière une bûche[am], s'il était d'abord passé par ici, il se serait fait de peur une omelette dans les chausses. Orphée y descendit avec une guitare à l'espagnole, et il y fut bien reçu et choyé ; je peux vous dire que si la musique était ici appréciée, je voudrais jouer par ma foi non seulement la musette, le rebec, la cornemuse mais aussi le culophone[an]. À ce propos du reste, le temps n'est plus où Pluton et Astaroth[ao] avec les autres satanasses, au son d'un coup d'archet ou d'un sonnet à queue[ap], se liquéfiaient en jus de melon. Que dois-je donc faire Seigneur ? Quel parti prendrai-je ? Le père Abraham devrait certainement prendre en compassion ce pauvre homme : le « *quidam* », qui « *olim induebatur purpura et bysso* », maintenant « *sepultus est in inferno* », et faire que Lazare mette « *extremum digiti sui et refrigeret linguam meam, quia crucior in hac flamma*[aq] ». Ce Lazare pourrait être Monsieur le viguier Bargeia, venant avec l'arrêt d'élargissement, comme le Christ en la résurrection : « *Solvite eum et sinite abire*[ar] ». Je ne sais quel expédient, quelle machination inventer pour trouver la sortie de ce labyrinthe. Si je me tais, il n'y a plus personne qui se rappelle de moi ; si j'use d'artifices, je suis jugé importun, si je prie, je ne suis pas exhaussé ; si j'écris, les suppliques sont consignées dans le livre de l'apocalypse, « *Signaculis septem*[as] ». Soyez mon nouveau Thésée : donnez-moi le fil de votre conseil, sinon pour m'enseigner comment je dois m'y prendre, au moins pour aller me pendre à une fourche.

Je vous ai dit que je suis en enfer ; mais je crois que vous ne me croyez pas, parce que vous êtes tout occupé à vous ébattre dans la béatitude de la gloire. C'est pourquoi je vous veux raconter une partie de la vie que je mène. D'abord, je loge en une pièce délabrée et détériorée, exposée par la grâce de Dieu aux premières furies de la bise, tellement que la tramontane me gèlerait sur place, si je ne me blottissais parfois sous une fourrure, comme Adam dans le paradis terrestre. Les murs sont tout historiés au charbon de hiéroglyphes et de grotesques. Oh quelles belles figures : des oiseaux et des éperviers avec leurs grelots[at] ! Pour mon malheur je me trouve en cette pièce sans chiottes. Quand la divine justice veut punir un pécheur et le maltraiter pour de bon, elle le met

stanza senza cacatoio come la mia (sia detto con sopportazione delle barbe archiepiscopali). Queste sì che sono tribulazioni: piscio senza riverenza dentro una pignata per penuria de' pitali; ed accioché le essallazioni delli arabi odori non mi giungano al naso, soglio tenerla coperta con un pezzo di tegola. Questa notte mi si è rotta con un eccidio memorabile, talché mi è stata forza far una nuova metamorfosi, trasformando le pantofole in orinali. Tutto 'l dì non fo altro che passeggiare e compor tacuini. Ma con tutto questo essercizio sono diventato sì stitico, che con le tanaglie, non che con gli argomenti solutivi, non potrebbe il signor Romei cavarmi la digestione dell'usciuolo necessario. Volete sapere se io studio? Vi giuro che io aborrisco i libri come il cane il bastone. Fuggo la penna come un bandito un barigello. Insomma mi sono spoetato in tutto e per tutto. Né mi basta l'animo di leggere né di scrivere, perché, essendo corrivo di tutte le opere mie, l'intelletto corre a quello che di già ho composto. Non v'ho detto io che questo è un inferno, e che non si tien conto né di canti né di suoni, o di versi o di versetti? Se S. A. ha voglia di sentir qualche passaggio soave ed armonico, facciami aver la voce argentina e le corde d'oro; ma prima mi sciolga, percioché Fileno non volse mai cantare mentre fu legato.

Torniamo a proposito. Ogni volta che io sento dondolare un mazzo de chiavi o scroccare un catenaccio mi pare essere uno di quei patriarchi del limbo quando aspettavano il Messia, e vo esclamando ad alta voce: « *Veni, Domine, non tardare* ». Il mal è che sempre que' pochi quattrinacci ch'io aspetto arrivano sempre col passo del granchio, ed il portinaio vuol esser pagato in contanti, e questo è 'l can tri-fauce che assiste alla custodia del mio inferno. Se ben tra un Cerbero e l'altro v'è qualche differenza, perché quello di là ha tre bocche che mai non si saziano, e questo di qua ne ha cento che mai non si empiono.

– Oh! tu sei nell'inferno, e nell'inferno non bisognano danari – Si, eh? provate, provate una volta a voler passar il fiume Stige, e vedrete se Caronte barcarolo vi darà il traghetto se prima non si fa l'essazione del nolo. Al tempo di Luciano non si pagava altro che un obolo; ma adesso, che la carica delle facende è in colmo, perché ognuno vuol andare a casa calda,

dans une pièce sans chiottes comme la mienne (cela dit avec la permission des barbes archiépiscopales). Cela oui, s'appelle des tribulations : je pisse sans révérence dans une carafe par pénurie de vase de nuit, et afin que les exhalaisons des arabes odeurs ne viennent jusqu'à mes narines, je la tiens couverte d'un bout de tuile. Cette nuit, elle s'est brisée avec un fracas mémorable, de sorte qu'il m'a bien fallu faire une nouvelle métamorphose, et transformer mes pantoufles en urinoir. Toute la journée je ne fais rien d'autre que d'aller et venir et faire des pronostics. Mais avec tout cet exercice, je suis devenu tellement constipé, que monsieur Romei[au], ne pourrait, à l'aide d'arguments résolutifs, ni même avec des tenailles, me tirer le produit de la digestion par l'orifice nécessaire. Voulez-vous savoir si j'étudie ? Je vous jure que j'exècre les livres comme le chien le bâton. Je fuis la plume comme un bandit le commissaire. En somme, je me suis complètement et totalement dépoétisé. Et je n'ai pas assez de courage pour lire ni pour écrire, parce que courtisan de ma propre œuvre, mon entendement court[av] à ce qu'il a déjà composé. Ne vous ai-je pas dit que ceci est un Enfer, et que l'on n'y tient compte ni de chants, ni de musique, ni de vers, ni de versets ? Si Son Altesse veut entendre quelque passage suave et harmonieux, qu'il me fasse avoir la voix argentine et la corde d'or ; mais d'abord qu'il me délie, parce que Filène jamais ne voulut chanter tant qu'il était attaché[aw].

Mais retournons à notre propos. Chaque fois que j'entends tinter un trousseau de clés ou crocheter une serrure, j'ai l'impression d'être l'un de ces patriarches du limbe quand ils attendaient le Messie, et je m'exclame à haute voix : « *Veni, Domine, noli tardare*[ax] ». Le malheur veut que les quatre sous que j'attends arrivent toujours en marchant comme les crabes, et le portier entend être payé comptant. Celui-ci est le chien aux trois têtes qui est préposé à la garde de mon enfer. Encore qu'il y ait bien quelque différence entre les deux Cerbères, car celui de là-bas a trois bouches qui ne sont jamais repues et celui d'ici en a cent qui jamais ne s'emplissent.

– Mais tu es en enfer et en enfer il n'y a pas besoin d'argent – Ah oui ? Hé bien essayez, essayez donc une fois de passez le fleuve Styx, et vous verrez si Charon avec sa barque vous fera traverser si vous ne réglez pas d'abord le prix du passage. Au temps de Lucien[ay] on ne payait rien d'autre qu'une obole, mais aujourd'hui, que la charge de travail est à son comble, parce que chacun veut aller se chauffer sous terre, le trafic a

il traffico è cresciuto; onde dicono che riscuote un teston per testa. Diavol è, il mio signor Enea saria stato fresco, con tutto il suo passaporto della Sibilla, se non recava seco il ramo dell'auro.

Circa'l mangiar devono imaginarsi, mi dubito, questi nostri pensionari che'l mio corpo sia glorificato e che non abbia bisogno del vitto. Ogni quindeci giorni mi danno tanta carne quanta pascerebbe un girafalco, e de' quartieri passati non se ne puo cavar robba, né danari. Il venerdì, il sabato e le vigilie, perché sanno che ordinariamente digiuno, per accrescer merito alla mia astinenza, dicono che i galli a questi tempi freddi hanno giurato castità alle galline ed osservano il celibato, e percio è vanità trovar un ovo, se si cercasse con la lanterna di Diogene. Se poi per mera ed innata carità si movono a mandarmene un paro, nissuno di essi è che non sia gravido di un basilisco.

Il vino che io bevo – Iddio ve lo dica, sì fatto liquore non uscì mai dall'uva del vostro *Autunno* –, per lo più suol esser fratello carnale della morte. « *Fortis est, ut mors, dilectio* »; ed è così sottile e liquido, che ch'il mettesse dentro'l crivello delle Belidi e dimenasse ben bene, rinego il manico della pala se si farebbe cader gocciola. Ho poi oltra queste gentilezze la providenza del mio servitore ottimo economico, il quale, per ammorzar gli spiriti che con le forze loro mi potrebbono generar qualche vertigini al cerebro, facendo un miracolo contrario a quello che fece Giesù Cristo nelle nozze di Cana di Galilea, con una dosa triplicata di battesimo, gli dà titolo di « cristiano ». Novelle da far le leggende intiere!

Desiderate intendere come io dormo? Mi son fatto acconciar un carriuolo su la schiena di quattro bancacce vecchie, e quivi, quando io sono stracco, vi fo alle volte un sonnarello. Le mie morbide piume sono un pagliariccio foderato di lesine ed una schiavina tessuta di sete di porco, dove Luca e Luigi Pulci, al toglier delle candele, compongono a tutte ore sonetti mordaci, e la patrona, come quella che si diletta di polizia mirabilmente, ogni principio di calende mi cambia un par di lenzuola soffritte nel brodo lardiero e bollati col marchio del signor marchese. Dissi che qui non do opera agli studi. Mento per la gola, anzi sono studiosissimo, e particolarmente della *Topica*, e ritrovo sempre nuovi

augmenté ; tellement que certains disent qu'il perçoit un teston par tête. Diable, Monseigneur Énée aurait été bien servi, avec tout son passeport de la Sibylle, s'il n'avait emporté avec lui le rameau d'or[az].

Concernant le manger, je pense que nos hôtes doivent s'imaginer que mon corps est glorifié et qu'il n'a pas besoin de nourriture. Tous les quinze jours, ils me donnent autant de viande qu'il en faut pour nourrir un faucon gerfaut, et des quartiers restants, on ne peut tirer ni biens ni argent. Le vendredi, le samedi et les veilles, comme ils savent que j'ai l'habitude de jeûner, pour accroître le mérite de mon abstinence, ils me disent que les coqs par ces temps froids ont juré chasteté aux poules et observent le célibat, et qu'il est donc vain d'espérer trouver un œuf, même en usant de la lanterne de Diogène. Si malgré tout, par un acte de pure et merveilleuse charité, ils se décident à m'en envoyer une paire, il n'en est pas un qui ne contienne un basilic[ba].

Le vin que je bois – que Dieu vous le dise, une telle liqueur jamais ne sortit du raisin de votre *Automne*[bb] –, tout au plus, est-il frère charnel de la mort. « *Fortis est, ut mors, dilectio*[bc] » ; et il est tellement subtil et liquide, que quand bien même vous le mettriez dans le tonneau des Danaïdes et le secouiez bien fort, je renie le manche de la pelle[bd], si vous arriviez à en faire tomber la moindre goutte. En plus de ces gentillesses, je bénéficie de la sollicitude de mon serviteur excellent économe, lequel, pour amortir les esprits qui par leurs forces me pourraient générer quelques vertiges à la cervelle, à l'aide d'un miracle contraire à celui que Jésus-Christ fit à Cana en Galilée, par une dose triple d'eau de baptême, lui donne titre de « chrétien ». Prodige digne de remplir les légendes des saints !

Désirez vous savoir comment je dors ? Je me suis fait arranger une carriole sur le dos avec quatre vieux tabourets et, quand je suis trop fatigué, j'y pique quelques fois un petit roupillon. Mes molles plumes sont une paillasse fourrée d'aiguilles et une couverture tissée de soie de porc où les frères Puces [Pulci][be], la chandelle soufflée, composent à toute heure des sonnets piquants, et la patronne, comme une personne au plus haut point amoureuse de la propreté, à chaque début de mois me change une paire de draps recuits dans le bouillon au lard et marqué aux armes du seigneur marquis[bf]. J'ai dit qu'ici je ne m'adonnais pas aux études. Je mens de manière éhontée, car je suis extrêmement studieux, et tout particulièrement de la Topique[bg], et je découvre sans cesse de nouveaux lieux

luoghi topici, ed ogni topo fa le fiche a Encelado ed a Tifeo. Subito che'l sole ha dato volta, mi vengono a menar la danza trivigiana con la nizzarda, e perché tutti sono di schiatta gigantea, paiono i figliuoli della Terra che voglino dar la batteria al cielo della mia lettiera: ma, non ritrovandovi Giove né Marte che faccia mia difesa, dopo che hanno fatto una scaramuccia con le candele e fornito di roder infino gli stoppini, si voltano a dar l'assalto a' miei miseri ed infelici testicoli, i quali, per esser smagriti ed attenuati, da un tempo in qua hanno fisionomia di bottarghe. De' cimici non ve ne parlo, perché ve ne sono sì bestialmente elefantini che chi pigliasse il dazio delle cuoia ne farebbe un gran guadagno con farne stivali.

Le puttane qui, se non si fanno spiriti, non passeranno per gli spiracoli di questa spelunca, o per le fessure di queste ferrate. Per questo bisogna ch'io mi diletti più della contemplativa che dell'attiva, e che mediante la profondità di questa speculativa filosofica mi trattenga con Menalca, Menandro, Menelao e Menalippo. Ma la puppola non vuol più venirmi a vedere, guardate se si trova stato più infelice. Una donna ingrata, un amico traditore, un padrone inessorabile. Lasciarò le burle; in questa ultima clausula consiste tutto'l punto.

Posso ben dire: « *Herus mutatus est mihi in crudelem* ». L'ho onorato con la penna, servito con la persona, ed in vece di una buona commenda m'ha dato la podestaria delle carceri. Si contentasse almeno che la mia dimora in questa tomba non fosse più lunga di quella che feci nel ventre di mia madre; se bene in quella, dopo la quarantena dell'embrione, cominciai a vivere; ma in questa dopo la nona luna posso dire di essere diventato cadavero. M'ha detto il signor don Emmanuele che l'altro dì in tavola publica mi fece un encomio di lodi. « *Populus hic me labiis honorat, cor autem longe est a me* ». Volle pagare il mio panegirico della medesima moneta. Ora da tutte le circostanze considero la vera sfondolatissima prudenza, e posso ben dire col re d'Israele: « *Veni in altitudinem maris, et tempestas de coelo demersit me* ».

Voi potreste esser per me come una specie di san Gregorio per Traiano imperatore, liberandomi con le vostre orazioni dall'unghie del brutto babauo. Se vi verra in taglio di vederlo sfacendato e di vena, ditegli da mia parte: « *Et tu. Domine, usquequo?* » Infino a quando questo

topiques, et chacun de ces rats fait la figue à Encelade et à Typhon[bh]. Dès que le soleil est couché, ils viennent mener la danse trévisane et la niçarde, et comme ils sont tous de la race des géants, on dirait les fils de la Terre qui montent à l'assaut du ciel de ma litière[bi] ; mais ne se rencontrant ni Jupiter, ni Mars pour prendre ma défense, après avoir fait une escarmouche contre les chandelles et être parvenus à ronger jusqu'aux mèches, ils en viennent à s'attaquer à mes pauvres et malheureux testicules, lesquels sont tant amaigris et amoindris, qu'ils ont pris depuis un certain temps la physionomie des boutargues[bj]. Je ne vous dis rien des punaises, parce qu'il y en a de si bestialement éléphantesques que si l'on en prélevait la taxe du cuir, on pourrait en retirer grand profit en en faisant des bottes.

Les putains ici, si elles ne se changent en esprits, ne passeront pas par les anfractuosités de cette caverne, ou par les fissures de ces grilles. C'est pourquoi il me faut me divertir plus de la contemplative que de l'active et, par le moyen de la profondeur de cette philosophie spéculative, je m'entretenir avec Ménalque, Ménandre, Ménélas et Ménalippe[bk]. Mais la Pupola ne veut plus venir me voir[bl], voyez un peu s'il se peut trouver un état plus malheureux. Une dame ingrate, un ami traître, un maître inexorable. Je laisserai tomber les plaisanteries, car dans cette dernière clausule consiste toute l'affaire.

Je peux bien dire : « *Herus mutatus est mihi in crudelem*[bm] ». Je l'ai honoré par l'écriture, servi de ma personne, et au lieu d'une bonne commanderie il m'a donné le gouvernement des prisons. S'il s'était contenté au moins de faire en sorte que mon séjour dans cette tombe ne fût pas plus long que ma permanence dans le ventre de ma mère ; car en celle-ci, après la quarantaine de l'embryon, je commençai à vivre, alors qu'en celui-là, après la neuvième lune, je peux dire être devenu un cadavre. Le seigneur Don Emmanuel[bn] m'a dit que l'autre jour, lors d'un banquet public, il chanta mes louanges. « *Populus hic me labiis honorat, cor autem longe est a me*[bo] ». Il a voulu payer mon panégyrique de la même monnaie[bp]. Désormais, à la vue de toutes les circonstances, je considère la vraie prudence inépuisable, et je peux bien dire avec le roi d'Israël : « *Veni in altitudinem maris, et tempestas de coelo demersit me*[bq] ».

Vous pourriez être pour moi comme une sorte de saint Grégoire pour l'empereur Trajan, en me libérant par vos oraisons des griffes du méchant croquemitaine[br]. Si vous aviez l'occasion de le rencontrer désœuvré et en veine, dites-lui de ma part : « *Et tu. Domine, usquequo*[bs] ? » Mais jusqu'à

diavolo durera questa festa? « *Ubi sunt misericordiae tuas antiquae, Domine?* ». Dove sono gli onori, i favori, le promesse, le speranze? Fateli anche sapere che io in questa gabbia sono diventato un rossignuolo; ma non canto altro verso che quelle di monsignor Bembo:

Aprasi la prigione, in ch'io son chiuso.

Almeno se non mi vuoi dare covelle del suo, restituiscami il mio. La perdita delle mie fatiche mi fa sentir mille morti l'ora, e mi recarei a somma consolazione il ricuperarle. A Torquato Tasso non fu usato mai simil rigore da Alfonso da Este duca di Ferrara, mentre lo tenne prigione. Senon in altro posso andar del pari con quel grandissime uomo, almeno son più matto di lui. Potrebbe il vostro bell'ingegno entrar in guardia e servirmi con un argomento in forma. – Tu di' d'esser matto: i matti s'incatenano; *ergo* crepa – Io mi metto in porta di ferro e *nego consequentiam.* La conclusione calzarebbe s'io fossi un pazzo spazzato, come era Orlando, che correva per le strade senza mutande, strascinava li cavalli, disertava le ville e faceva altre simili stravaganze. Ma la mia è una pazzia dove tutta la pretensione che ho si rissolve in attaccarmi un bastone con campanella e dar in testa a missier Giannetto menando la canariglia. Questa è una mercanzia della quale ogni uno ne tira un carato, e chi più si tien savio più ne pizzica. Ma pongasi il più savio del mondo nel baratro ove io sono, e saprà dirti se anche il suo cervello alzerà il tuono in *sesquialtera finis.* Con augurarvi da missier Domenedio quel che vorrei per me, e pregandovi compensar il fastidio, che vi dà il mio scrivere, col servigio che vi potria far questa carta.

Dal Serrato, li x febraro 1612.

quand donc le diable mènera-t-il cette fête ? « *Ubi sunt misericordiae tuas antiquae, Domine*[bt] *?* ». Où sont donc les honneurs, les faveurs, les promesses ? Faites-lui aussi savoir qu'en cette cage, je suis devenu un rossignol ; mais je ne chante d'autre air que celui de monseigneur Bembo :

« Que s'ouvre la prison, en laquelle je suis enfermé[bu]. »

S'il ne me veut donner quoi que ce soit qui lui appartienne, qu'il me rende au moins ce qui est à moi. La perte de mes travaux me fait sentir mille morts à chaque heure, et leur restitution m'apporterait la plus grande consolation[bv]. Jamais Alphonse d'Este duc de Ferrare, alors qu'il tenait le Tasse prison, n'usa de pareille rigueur envers lui[bw]. Si je ne puis rivaliser sur aucun autre point avec ce grand homme, au moins suis-je plus fou que lui. Votre bel esprit pourrait se mettre en garde et m'attaquer par un syllogisme : – Tu affirmes être fou : les fous, on les enchaîne ; *ergo*, crève – Moi je me mets sur la défensive et « *nego consequentiam*[bx] ». La conclusion serait contraignante si j'étais un fou furieux, comme l'était Roland, qui courrait les rues sans culottes, traînait les chevaux, dépeuplait les villes et faisait mille autres semblables extravagances[by]. Mais ma folie à moi ne prétend à rien d'autre qu'à me munir d'un bâton avec une clochette et en donner des coups sur le sieur Giannetto menant la danse des Canaries[bz]. Elle est une marchandise dont chacun tire profit, et qui plus pique, qui plus se tient pour sage. Mais que l'on plonge le plus sage du monde dans l'abîme où je me trouve, et il te saura dire si même son cerveau monte le ton en *sesquialtera*[ca].

Finis. En vous souhaitant que le Bon Dieu vous donne ce que je voudrais pour moi, et vous priant de compenser le dérangement que vous donne mon écriture par le service que vous pourrait rendre ce papier[cb].

De la prison ferme[cc], le 10 février 1612.

GIROLAMO BRUSONI, IL CAMEROTTO, VINETIA, PER F. VALVASENSE, 1645

All'Illustrissimo
Signore, il Signor
Vettor Contarini
Girolamo Brusoni

Viensene il mio CAMEROTTO Signore Illustrissimo a mercar luce di Fama al Sole del vostro Merito, poiché sotto altro nome non doveva uscire nell'arringo delle stampe che di quello che gli promette certa VITTORIA del Tempo. Oltre a che essendo stata opera della protezione degli Eccellentissimi Signori Gio. Battista e Carlo Contarini, la mia uscita da quelle speloniche mortifere non era dovere che dal patroncinio d'altro soggetto che dell'inclinata Famiglia CONTARINA egli riconoscesse la vita nel gran Teatro del mondo. Gradite voi, Signor Illustrissimo, nella pubblica attestazione della mia osservanza, i privati motivi del riconoscimento delle mie obligazioni alla vostra nobilissima Persona, e participate quella parte delle vostre chiarissime Glorie alle mie oscure Fatiche che merita la divozione del mio riverentissimo affetto, e che vi richiede la gentilezza del vostro elevatissimo GENIO.

Lettore,
Se tu sa' che cosa si voglia dire il trovarsi in un camerotto, non ti maraviglierai punto di non vedere in questo mio Libro cosa alcuna che abbia garbo di composizione, ma semplici e inordinati tratti di Penna. La carta, le penne e l'inchiostro non arrivano colà che per miracolo; gli strepiti sono perpetui, le inquietudini eterne, i libri ne sono banditi a suon di tromba come appestati; l'animo si veste di tutt'altro che di pensieri di lettere; e due volte alla settimana, da quei Cerberi che custodiscono

GIROLAMO BRUSONI, *LE CAMEROTTO* [*LA CELLULE DES PLOMBS DE VENISE*]

À l'Illustrissime
Seigneur, le Seigneur
Vettor Contarini[a]
Girolamo Brusoni

Voici que mon *CAMEROTTO*, Illustrissime Seigneur, s'en vient quémander l'éclat de la Renommée au Soleil de votre Mérite ; car il ne pouvait sortir dans l'arène des imprimés sous un autre nom que celui qui lui promet une VICTOIRE[b] certaine sur le Temps. Outre que ma sortie de ces grottes mortifères ayant été l'œuvre de la protection des Très excellents Seigneurs Giovanbattista, et Carlo Contarini[c], il ne pouvait reconnaître devoir sa vie dans le grand Théâtre du monde à un autre patronage qu'à celui de la prestigieuse famille CONTARINA. Que vous soient donc agréables, Illustrissime Seigneur, dans l'attestation publique de ma soumission, les motifs privés de la reconnaissance de mes obligations envers votre très noble Personne, et rendez mes obscurs Travaux participants de cette part de vos brillantissimes Gloires, qui méritent la dévotion de ma très respectueuse affection et qu'exige de vous la gentillesse de votre GÉNIE supérieur.

Lecteur,

Si tu sais ce que veut dire se trouver en un *camerotto*, tu ne seras pas étonné de ne rien trouver dans mon Livre qui ait quelque grâce de composition, mais de simples traits de plume désordonnés. Le papier, la plume et l'encre n'arrivent là-bas que par miracle ; le vacarme y est perpétuel, les inquiétudes éternelles, les livres y sont bannis à son de trompe comme pestiférés ; l'esprit se couvre de tout autre chose que de pensées de belles lettres ; et deux fois la semaine, ces Cerbères qui gardent

le porte di quell'Inferno, si fa una squisitissima ricerca per levare da quelle Grotte infelici tutto quello che da qualche spirito aereo vi fosse stato per avventura portato, che avesse pur odore di cosa appartenente a questo mestiere. Or vedi se laddentro si possa aver agio o testa per comporre. Io però non avendo mai fra tanti rumori, incommodità e angustie perduta la solita tranquillità del mio cuore, avrei potuto far uscire da quelle spelonche qualche nobil componimento, se mi fosse stato permesso di perfezionarlo. Ora se ti capiteranno alle mani questi pochi avanzi della disgrazia mostra nel giudicarmi che sei altrettanto intelligente, quanto cortese; poiché non per acquistar fama al mio nome, ma solamente per testificare alle genti che l'animo mia non ha mai saputo soggetarsi alle tirannide della Fortuna, acconsento che si veggono nel Teatro delle stampe altrettanto securo degli applausi degli spiriti gentili, quanto sprezzatore delle fischiate de' Maligni. Libertà, e felicità.

Parte seconda

Alla sig. D…. B.

1 – *Dà parte a D… della sua ritenzione, e della sua introduzione ne' Camerotti, e discorre amorosamente del suo stato.*

Mia Signora. Finalmente ha voluto la Fortuna farmi conoscere, che la sua ruota è non solamente incostante, ma ingiusta; poiché, dopo d'avere con varie influenze d'avvenimenti or prosperi, ora infelici agitata e sconvolta la mia vita, m'ha repentinamente condotto senza colpa in un sepolcro de' vivi, se non più tosto in un Inferno d'anime tormentate, e di fantasme erranti. Ma perché non mi dà l'animo di raccontarvi, o Signora, l'altrui miserie, già che, mercé del Cielo, non mi toccano, se non per la compassione che ne prendo, lontano per altro dall'apprensione d'ogni altra pena fuor che di quella della malinconia, la quale per qualunque accidente non poté giammai trovar albergo nel mio petto, prenderò solamente a scrivervi la mia introduzione in questo miserissimo luogo, che m'invola la felicissima luce del Sole de' vostri begli occhi.

les portes de cet Enfer font une très exacte recherche pour enlever de ces misérables Grottes tout ce que quelque esprit aérien aurait pu y apporter par aventure ayant un quelconque rapport avec ce métier. Vois donc si là-dedans on peut avoir le loisir ou la tête à composer.

Pourtant, parmi tant de bruits, d'incommodités et de restrictions, ne m'étant pour ma part jamais départi de la tranquillité habituelle de mon cœur, j'aurais pu faire sortir de ces antres quelque noble composition, si l'on m'avait permis de la perfectionner. Maintenant, si ces quelques reliques de la disgrâce te tombent entre les mains, montre à me juger que ton intelligence rivalise avec ta courtoisie ; car ce n'est pas pour donner du lustre à mon nom, mais seulement pour prouver au monde que mon esprit n'a jamais su s'assujettir à la tyrannie de la Fortune, que je consens à ce qu'on les voie paraître sur le théâtre des imprimés, aussi certain des applaudissements des bons esprits, que dédaigneux des sifflets des mauvais.

Liberté et félicité.

Deuxième partie

À Madame D.... B[d].

1 – *Il informe D.... de son incarcération et de son entrée dans les Camerotti, et disserte amoureusement de son état*

Madame,

Finalement la Fortune a voulu me faire connaître que sa roue n'est pas seulement inconstante mais aussi injuste ; parce qu'après avoir agité et bouleversé ma vie par divers événements tantôt prospères, tantôt malheureux, elle m'a soudainement conduit sans avoir commis de faute en un sépulcre des vivants, ou plutôt un Enfer d'âmes tourmentées et de fantômes errants. Mais comme je n'ai guère envie de vous raconter, Madame, les misères d'autrui, d'autant plus que, grâce au Ciel, elles ne me touchent pas, sinon par la compassion que j'en ai, éloigné pour le reste de l'appréhension de toute autre peine, mis à part celle de la mélancolie, qui pour quelque accident que ce soit jamais n'a pu se loger en mon cœur, je me contenterai de vous décrire mon entrée en ce lieu misérable au dernier degré, qui me soustrait la bienheureuse lumière du Soleil de vos beaux yeux.

Vorrebbe qui correr la penna a raccontarvi in qual maniera un Traditore sotto manto d'Amico scordatosi il debito della sua professione, e cangiato d'huomo in fiera, abbia perfidamente assassinato chi mai non l'offese se non forse in beneficarlo; ma per non far vergognar le stelle della loro ingiustizia nell'influire negli animi Umani geni così scelerati, lascierò da parte quei racconti che non si possono ascoltare senza rimprovero della parzialità de' Fati, da' quali derivano così strane rivoluzioni a danno de' mortali innocenti. Introdotto adunque per mille oscuri ravvoglimenti al confine di questo carcere, parvemi che nell'aprirsi delle sue porte ferrate si spalancasse la fetida bocca d'un sepolcro, o che si diserrassero le caliginose caverne dell'Abisso. Nell'entrare mi convenne abbassar la testa per imparare, che questo era il primo giorno, che bisognava inchinar l'alterezza dell'animo all'Idolo della Fortuna risoluta di prendere vendetta d'un cuore sprezzatore della sua tirannide. Feci però facilmente questo passaggio, essendo facile la discesa nel baratro delle infelicità, e benché presto mi sollevassi a d'altro non mi servì l'essermi alzato sì tosto, che a tormentare maggiormente l'anima nell'apprendere i sentimenti delle sue disavventure, trovatomi immantenente rinchiuso in luogo dove mai non arriva raggio di terrena consolazione. Me ne risi però, accioché la nemica Fortuna non potesse vantarsi d'avermi reso infelice; mentre mi reputava felicissimo per esser fatto bersaglio de' colpi d'una Deità così ingiusta.

Vedutomi adunque passato in un momento dalle allegrezze d'un chiarissimo giorno alle mestizie d'un'oscurissima notte, chiesi in qual parte del mondo mi fossi, onde allora uno de' miei infelici Consorti fattosi per uno stretto spiraglio accendere un picciol lume da quel Caronte che m'avea tragittato a questo paese del pianto, mi scoprì la vera sembianza d'una sepoltura; poiché non essendo questa indignissima stanza lunga più di quattro, nè più larga di tre de' miei passi, vi ritrovai nondimeno cinque miserabili mortali, che squallidi, barbuti e sedenti in giro sovra poveri e logori arnesi, mi sembravano più tosto statue esanimate che cadaveri spiranti, se non inquanto i loro gemiti m'indicavano che pur erano capaci di sentimento mentre si pubblicavano tormentati. Quinci datomi con la mia solita allegrezza a condolermi con loro di così misera sorte, ed a ricevere le condoglienze altresì della mia caduta in questo luogo funesto, sentii percuotermi l'orecchia alcune languide voci che uscite dalle tombe vicine chiedevano d'intendere del mio stato,

Ici, la plume voudrait courir et vous raconter de quelle manière un Traître déguisé en Ami oubliant le devoir de sa profession, et changé d'homme en bête a perfidement assassiné qui jamais ne l'offensa, sinon peut-être en lui faisant du bien[e] ; mais pour ne pas faire honte aux étoiles, qui infusent dans les esprits des Humains des génies aussi scélérats, de leur injustice, j'écarterai ce récit, qui ne se peut écouter sans faire reproche à la partialité des Destins, dont découle de si étranges révolutions au détriment des mortels innocents. Conduit donc par mille dédales sombres aux confins de cette prison, il me sembla, quand s'écartèrent ses portes de fer, que s'ouvrait la bouche fétide d'un sépulcre ou que se descellaient les obscures cavernes des Abysses. En entrant, je dus baisser la tête afin d'apprendre que c'était là le premier jour où il faudrait soumettre la fierté de mon esprit à l'Idole de la Fortune, qui se venge d'un cœur méprisant sa tyrannie. Le passage se fit cependant aisément, car la descente est facile au précipice du malheur, et bien que je me redressais tout de suite, rien ne me servit de m'être relevé si tôt, sinon pour me tourmenter plus encore l'âme en apprenant les termes de ses mésaventures, me trouvant incontinent enfermé en un lieu où jamais ne parvient le moindre rayon de consolation terrestre. J'en ris cependant, afin que la Fortune ennemie ne puisse se vanter de m'avoir rendu malheureux ; au contraire je m'estimais très heureux d'être devenu la cible des coups d'une Divinité aussi injuste.

M'étant donc vu passer en un instant de l'allégresse d'un jour radieux à la tristesse d'une nuit profonde, je demandai en quelle partie du monde je me trouvais ; c'est alors que l'un de mes Compagnons d'infortune, s'étant fait allumer dans un étroit soupirail une petite lumière par ce Charon[f] qui m'avait transporté en ce pays des plaintes, me découvrit l'aspect véritable d'une sépulture ; car cette infâme pièce n'étant pas plus longue de quatre, ni large de plus de trois de mes pas, j'y trouvai cependant cinq misérables mortels qui, blêmes, barbus et assis en cercle sur de pauvres et vétustes appareils, me semblaient plutôt des statues inanimées que des cadavres vivants, sinon que leurs gémissements me montraient qu'ils étaient pourtant capables de sentiment, puisqu'ils exprimaient leurs tourments. Je m'employais, avec mon entrain habituel, à me plaindre avec eux d'un sort si misérable, et à recevoir en retour les condoléances de ma chute en un lieu si funeste, quand j'entendis, sorties des tombes voisines, certaines voix affaiblies frapper mon oreille, qui

e qual nembo di maligna disavventura m'avesse trasportato in un paese indegno affatto della mia condizione e della generosità del mio spirito. Sovvennemi in quel punto delle favole de' Romanzi, e m'avrei creduto d'essere precipitato nella tomba di Merlino, o nella Rocca d'Armida, o pure che qualche nuova Liarta (avezzo per altro a così fatti rigiri del Caso) mi chiamasse a vedere le meraviglie di qualche estinta resuscitata, se non mi fosse avveduto d'essere capitato nella Corte della Disgrazzia, dalla quale vengono bandite speranze di liete avventure Amorose. E certo, che in poco d'ora appresi d'essere divenuto un vivosepolto nell'avello della disperazione, benché non mi stimassi cadavere se non in quanto la reminiscenza di trovarmi lontano da quel seno, in cui vive il mio cuore, mi faceva a mio dispetto conoscere, che pur m'aggirava senz'anima fra quest'ombre dolenti. Quindi passato a contraporre quelle cose che già lessi delle pene dell'Erebo a quelle che mi rappresentava la novità di quest'Albergo doglioso, venni in chiara cognizione che i tormenti sognati dagli antichi poeti non erano che Profetiche espressioni di quelli che in verità si sperimentano fra gli orrori di queste durissime carceri. Qui non mancano le stigi fatali degl'inutili pentimenti, i dolorosi Cociti del Pianto e i fervidi Flegetonti degli sdegni. Qui si provano i ghiacci asprissimi ne' rigori del Verno, le fiamme insopportabili ne' bollori dell'Estate, e i fetori pestilenziali negli aliti infetti dell'aria putrida e compressa. Qui si sentono i suoni del ferro e delle catene scosse da' Demoni tormentatori in sembianza di Custodi, s'ascoltano le strida, le bestemmie, e le maledizioni de' Condannati, e si confonde l'udito nello strepito delle discordie, delle risse, e degli odii, ch'han posto il loro albergo fra queste mura abbandonate dalla pace, dall'allegrezza e dalla consolazione. Qui la perpetua oscurità delle tenebre, il verme eterno della disperazione e la miserabile compagnia degl'infelici Consorti aggira, morde e tormenta le misere anime dannate a questi penosissimi cerchi d'Inferno che portano il nome di Camerotti. E certo, che dove nel mondo la compagnia riesce a gli uomini di sollievo, qui si trasforma in materia di tormento accrescendo ciascuno le proprie miserie con l'oggetto dell'altrui calamità; ond' io parimente che di tutte l'altre pene che qui si provano facilmente mi rido, come insufficienti ad abbattere la vivacità del mio spirito, che se ben ristretto fra le angustie di queste carceri, svapora nondimeno più vivi i raggi della sua intrepidezza, non posso far di manco di non sentirmi commosso dalla commiserazione delle infelicità,

prenaient nouvelles de mon état et demandaient quelle nuée d'infortune m'avait transporté en un pays vraiment indigne de ma condition et de la générosité de mon esprit. C'est alors que je me rappelai des fables des Romans, et (habitué d'ailleurs à de telles surprises du Hasard[g]) je me serais cru précipité dans la tombe de Merlin ou dans le château d'Armide[h], ou encore, il me semblait qu'une nouvelle Liarta[i] m'appelait à voir les merveilles de quelque défunte ressuscitée ; si je ne m'étais avisé être tombé dans la Cour de la Disgrâce, d'où est proscrit tout espoir de délicieuses aventures Amoureuses. Pour sûr, en quelques heures je sus que j'étais devenu un enterré vif dans le tombeau du désespoir ; bien que je ne me considérais comme un cadavre qu'à cause du souvenir de mon éloignement de ce sein, où vit mon cœur, qui me faisait comprendre malgré moi que j'errais sans âme autour de ces ombres dolentes. Venu ensuite à comparer ce que j'avais déjà lu des peines de l'Érèbe[j] à ce que me représentait la nouveauté de cette funeste Auberge, j'en acquis la claire connaissance que les tourments rêvés par les anciens poètes n'étaient autres que de Prophétiques expressions de ceux dont, en vérité, on fait l'expérience parmi les horreurs de ces terribles prisons. Ici, ne manquent ni les Styx fatals des repentirs inutiles, ni les douloureux Cocytes des larmes, ni les ardents Phlégéthons[k] des indignations. Ici l'on éprouve les glaces impitoyables parmi les rigueurs hivernales, les flammes insupportables dans l'étuve estivale[l], et les puanteurs pestilentielles parmi les souffles infects de l'air putride et raréfié. Ici, on entend les bruits des fers et des chaînes secoués par des Démons tortionnaires déguisés en Gardiens, on écoute les hurlements, les blasphèmes et les malédictions des Condamnés ; et l'ouïe se brouille parmi le fracas des disputes, des rixes et des haines, qui ont trouvé refuge entre ces murs désertés par la paix, la joie et la consolation. Ici, la perpétuelle obscurité des ténèbres, le ver éternel du désespoir et la misérable société des Compagnons d'infortune enveloppent, mordent et tourmentent les âmes misérables condamnées dans ces terribles cercles de l'Enfer qui portent le nom de *camerotti*. Il n'y a pas de doute que si la compagnie dans le monde apporte aux hommes le soulagement, elle se transforme ici en matière de tourment et accroît les misères de chacun par l'objet de la calamité d'autrui ; ainsi moi de même, qui me ris de toutes les autres peines qui s'éprouvent ici, parce qu'insuffisantes à abattre la vigueur de mon esprit qui, bien que contraint dans les réduits de cette prison, darde

tra li quali veggio misereramente involti questi poveri sfortunati, e con tanto maggior sentimento, quanto mi viene impedito dall'iniquità della sorte il secondare la dolcezza del mio genio, che vorebber potersi trasformare nell'istessa beneficenza, per giovare a tutti. Io dunque fra le turbolenze di questo penace Inferno de' vivi, me la passo con la mia consueta tranquillità alimentando l'allegrezza de' miei pensieri con cibo della speranza formato da i presuppositi della mia chiara innocenza a dispetto della malizia degli uomini, e degli oltraggi della Fortuna. Qui parmi di sentirvi, Signora, interpretare per mancamento d'affetto verso la vostra persona la serenità della mente, che fra tante procelle suscitatemi contro dall'invidia de' Fati, e dalla malignità de' Mortali, conservo incontaminata, stimando peravventura che sepur fosse possible che la lontananza dalla luce del giorno, l'abbandonamento degli amici, la proibizione del leggere e dello scrivere, e la mancanza d'ogni altro onorato trattenimento, con l'aggiunta delle infinite miserie di questa fetida sepoltura, non avessero possanza di contaminarmi l'anima con l'ombre della tristezza e del dolore; doverebbe nondimeno la privazione della vostra presenza riempiermi d'un'amarissima confusione di sdegno, di rammarico e di disperazione. Vi concedo, Signora, che questa presunzione potrebbe avvalorarsi nel concetto d'un Amante volgare, che avesse stabiliti i fondamenti delle sue sodisfazioni nelle lusinghe del senso, sì come affermo per impossibile che possa cader tristezza in un'anima pura e generosa, la quale benché si lasci lusingare dalla presenza dell'oggetto adorato, non se ne serve però che di scala per ascendere alla contemplazione di quelle sovrane bellezze che non soggiacciono alle ingiurie del Tempo o della Fortuna.

Un sol pensiero potrebbe pretendere giurisdizione sopra la tranquillità del mio cuore, che è quello del disgusto che dovete voi prendrer della mia non meritata disavventura, non sapendo io che cosa sia afflizione se non inquanto mi viene participata dall'apprensione de' vostri dispiaceri, tuttavolta, col placido venticello della considerazione della grandezza del vostro coraggio, posso facilmente scacciarmi dall'animo ogni turbine di mestizia che procurasse d'intorbidare la sua tranquilla chiarezza. E potrò stimarmi infelice, mentre ancorché chiuso fra gl'impenetrabili marmi, ed avvolto fra le oscurissime tenebre di questo carcere, trapasso

cependant plus vivement les rayons de son intrépidité, je ne puis cependant m'empêcher de me sentir bouleversé par la commisération des malheurs entre lesquels je vois enveloppés ces pauvres déshérités, avec d'autant plus d'émotion que l'iniquité du sort m'empêche d'obéir à la mansuétude de mon génie propre, qui voudrait pouvoir se transmuer en la bienfaisance même pour les secourir tous.

Quant à moi donc, parmi les tribulations de cet Enfer pitoyable des vivants, je prends les choses avec ma tranquillité habituelle, alimentant la joie de mes pensées par la nourriture de l'espoir formée des prémisses de ma claire innocence au mépris de la malice des hommes et des outrages de la Fortune. Il me semble ici vous entendre, Madame, interpréter comme un défaut d'affection envers votre personne la sérénité de mon esprit que je conserve intacte, parmi tant de tempêtes, qui me sont envoyées par l'envie des Destins et la malignité des Mortels, estimant sans doute que – pour autant que telle chose soit possible – si l'abandon des amis, l'interdiction de lire et d'écrire, et le manque de tout autre occupation honorable, ajoutés aux infinies misères de cette fétide sépulture, n'avaient la puissance d'infuser en mon âme l'ombre de la tristesse et de la douleur, au moins la privation de votre présence devrait-elle me remplir d'une très amère confusion d'indignation, de remords et de désespoir. Je vous concède, Madame, que cette présomption pourrait germer dans l'esprit d'un amant vulgaire, qui aurait établi les fondements de sa satisfaction dans les flatteries des sens, mais je tiens pour impossible que la tristesse puisse s'abattre sur une âme pure et généreuse qui, si elle se laisse flatter par la présence de l'objet adoré, ne s'en sert pourtant que d'échelle pour s'élever à la contemplation de ces souveraines beautés, qui ne sont point sujettes aux injures du Temps ou de la Fortune.

Une seule pensée pourrait prétendre à la juridiction sur la tranquillité de mon cœur, qui est celle du mécontentement que vous-même devez prendre à ma mésaventure imméritée, ne sachant point, quant à moi, ce que c'est que l'affliction, sinon en tant qu'elle m'est impartie par l'appréhension de vos déplaisirs ; toutefois je puis facilement, par le souffle placide de la considération de la grandeur de votre courage, chasser de mon esprit tout nuage qui viendrait en troubler la sereine clarté. Et pourrais-je m'estimer malheureux, alors même que, tout en restant enfermé en d'impénétrables marbres, et enveloppé dans les ténèbres profondes de cette prison, je

però col pensiero per i liberi campi dell'aria a ritrovare la chiarissima luce del vostro leggiadrissimo volto, per felicitarmi nella contemplazione di quelle bellezze ch'essendo impareggiabili al mondo si confermano per un ritratto di quelle del Cielo? O veramente divina bellezza, e quali saranno le gioie di chi presenzialmente ti mira, se solamente considerata imparadisi l'anime amanti precipitate negli abissi delle miserie! Ah che soverchio torto faccio alla dolcezza de' miei pensieri, i quali per mezo degli occhi dell'anima sempre chiaro, e sempre benigno vagheggiano il cielo del vostro bel volto proveduto delle stelle serene de' vostri vivacissimo lumi, dove forse oggettatomisi a gli occhi corporali annnuvolato di sdegno potrebbe diluviarmi sul seno torbide pioggie di lagrime, e ferirmi l'anima con gli atroci fulmini del dolore. Felicissimo dunque son io, mia Signora, mentre inviolata mi godo da ogni accidente la vostra presenza lusingando me stesso in contemplazioni dolcissime e amorose. Vibri pure contro di me la Fortuna le più crude e penetranti saette dell'arco fatale, che pur che 'l mio pensiero si spazii nel bel paese della vostra persona in vano m'averà rinchiuso in un penosissimo carcere per tormentarmi. Viva pure nel vostro bel seno la costanza dell'affetto, e la fermezza della fede, ch'io sarò più constante in sofferire, e più fermo in ribattere i colpi di così fiera tiranna, che non sono duri e impenetrabili i ferri, e i marmi, che mi tolgono dal consorzio de' vivi, e vivete pur voi, Signora, senza pensiero delle mie disgrazie che per me non entrerà giammai fra questi infami labirinti la tristezza ad infettarmi l'anima con suoi vapori pestiferi. Scriverei più lungamente per godere d'avvantaggio il piacere di ragionare con voi, ma le indicibili strettezze di questo luogo non mi permettono che la miseria d'un lacero foglio, e mi sforzano ad essere breve nella scrittura pe' non essere voluminoso nel piego, che dee ingannare la vigilanza e la rapacità di quegli Arghi, e di quei Briarei, che con cento occhi e con cento mani esattamente rimirano e ricercano le vivande medesime, non che l'altre cose più sospettose, ch'entrano ed escono per lo picciolo pertugio, donde trapassa quel poco d'aria che ne fa conoscere che siamo ancora spiranti, benché serrati in questo fettido sepolcro fuori del mondo de' vivi, e raggirati fra le innumerabili pene di questo crudelissimo inferno fabricato per tormento de' corpi dalla fierezza degli animo umani. Mia Signora, ecc.

traverse pourtant les libres champs de l'air pour retrouver l'éclatante lumière de votre très charmant visage afin de me rendre heureux dans la contemplation de ces beautés, lesquelles, n'ayant rien au monde de comparable, sont en vérité un portrait de celles du Ciel ? Oh, vraiment, divine beauté, quelles seront donc les joies de qui te voit en réalité, si à seulement t'imaginer tu mènes en paradis les âmes des amants précipités dans les abîmes de la misère ! Ah ! Que je ferais grand tort à la douceur de mes pensées, qui par les yeux de l'âme contemplent, toujours clair et clément, le ciel de votre beau visage orné des sereines étoiles de vos yeux si vifs, si celui-ci apparaissait aux yeux corporels assombri de déplaisir, il pourrait m'inonder le sein d'une pluie bouillonnante de larmes et me blesser l'âme des atroces foudres de la douleur.

Je suis donc très heureux, Madame, lorsque je jouis de votre présence, vierge de tout accident, me flattant moi-même de très douces contemplations amoureuses. Que la Fortune décoche donc contre moi les plus cruelles et blessantes flèches de son arc fatal : pourvu que ma pensée voyage dans le beau pays de votre personne, c'est en vain qu'elle m'aura renfermé en une aussi pénible prison pour me tourmenter. Que vive ainsi dans votre beau sein la constance de l'affection et la fermeté de la foi, car je serai, moi, plus constant dans la souffrance et plus ferme à renvoyer les coups d'une aussi fière tyrannie, que ne sont durs et impénétrables les fers et les marbres qui m'ôtent de la société des vivants, et vivez donc vous, Madame, sans vous préoccuper de mes disgrâces, car la tristesse jamais n'entrera en ces infâmes labyrinthes pour m'infecter l'âme de ses vapeurs pestifères.

J'écrirais plus longuement pour jouir d'avantage du plaisir de raisonner avec vous, mais les restrictions indicibles de ce lieu ne m'autorisent qu'une feuille lacérée, et m'obligent d'être bref dans l'écriture pour ne pas donner volume au pli, qui doit tromper la vigilance et la rapacité de ces Argus et de ces Briarée, qui de leurs cent yeux et de leurs cent mains inspectent et recherchent scrupuleusement les aliments mêmes, et ainsi que les autres choses plus suspectes, qui entrent et sortent par le petit pertuis où passe ce peu d'air qui nous fait connaître que nous sommes encore vivants, bien qu'entassés dans ce sépulcre fétide hors du monde des vivants, et travaillés par les peines innombrables de ce très cruel enfer forgé pour le tourment des corps par la sauvagerie des esprits humains.

Madame, etc.

[110]
Al Sig. A… F…
2 – *Dà parte della sua ritenzione, e discorre scherzando della sua stanza.*

Signor mio. Io sono senz'altre cerimmonie in un Camerotto, e quel ch'è meglio, con un bel titolo in fronte di Disubbidiente, che vuol dire di bell'umore. Or non vi pare, Signor mio, che 'l Brusoni abbia fatto questa volta un salto da Paladino, essendo da Padova balzato in un momento in Vinezia sotto i piombi de' Camerotti? E non è questo un soggetto per tessere un novello scherzo di Fortuna ben d'altra sorte, che non fu quello di Lisaura e di Filandro? Insomma il Diavolo, che è tanto sottile, ha questa volta filato grosso per farmi conoscere che i bei visi fanno de' brutti scherzi; e che la semenza di Giuda ha propagati i suoi rampolli fino a' tempi nostri. Ma se col pretendere che vi sia osservato quello che vi è stato promesso si sbalza in un Camerotto io incago alla Fedeltà, abiuro i giuramenti e divento più Marrano d'uno spagnolo. Ma prima d'andar più avanti, mi bisogna avvertirvi che se peravventura mi vedete saltare di palo in frasca, non ve ne prendiate maraviglia; perché qui dove si compra talvolta la carta uno scudo il foglio non torna il conto a trascrivere, e nella confusione di questi diavolosissimi Labirinti, non può aver testa per tenere la penna in sesto. Vi verrebbe certamente l'umor di ridere, benché foste un Eraclito, in vedermi ora scrivere con una mano fuori del letto tenendo l'altra su 'l capezzale, col petto su la sponda, e con le gambe in aria semivestito, e mezo coperto alla barbaresca. Voleva soggiugnervi alcune altre cosuccie in questo proposito, ma la penna vuol ch'io vi dica in qual maniera mi fia approvecchiato d'inchiostro per mandarvi queste quattro beffagini. Imprimis, abbiam fatto provisione del piede d'una caraffa che la cortesia d'uno de' nostri Cerberi che custodiscono l'entrata di questi Inferni Cameroteschi ruppe l'altra mattina, accioché uno di questi miseri Dannati facesse il digiuno del Venerdi santo in pane e acqua; quindi versato in questo vaso sequipedale un poco dell'ottimo lico di Bacco, ed avvicinata la pancia d'una pignatta ad un lumicino che è il nostro sole diurno e notturno, facessimo una solenne ricolta di fumo fino, e poscia distemperatolo con isquisitissima diligenza, ci voltassimo a rapire dal maestoso lembo d'una coltre che, già avanzata dall'assedio di Malta, servì

Au Seigneur A… F^m…
2 – *Il l'informe de son incarcération et disserte en plaisantant sur sa cellule*

Seigneur
Sans autre forme de cérémonie, me voici en un *camerotto*, et ce qui est mieux, avec le beau titre gravé sur le front de Désobéissant, qui veut dire de bel esprit. Or, ne vous semble-t-il pas, Monsieur, que Brusoni ait fait cette fois un bond de Paladin, ayant sauté en un instant de Padoue à Venise sous les plombs des *camerotti* ? Et cela n'est-il pas un sujet pour tramer une nouvelle plaisanterie de Fortune bien différente de celle de Lisaure et Filandre[n] ? En somme le Diable, qui est si subtil, cette fois n'y est pas allé par quatre chemins pour me faire connaître que les beaux visages font de laides plaisanteries, et que la semence de Judas a propagé ses rejetons jusqu'aux temps d'aujourd'hui. Mais si en prétendant que l'on tienne ce que l'on vous a promis, on se retrouve en un *Camerotto*, alors je conchie la Fidélité, j'abjure les serments et je deviens plus Marrane qu'un Espagnol.

Avant de poursuivre, il me faut cependant vous avertir que si par aventure vous me voyez sauter du coq à l'âne, il ne faut point vous en étonner ; parce qu'ici, où l'on achète parfois le papier à un écu la feuille, il coûte trop cher de transcrire et, dans la confusion de ces Labyrinthes endiablés, on ne saurait avoir la tête à tenir sa plume en ordre. Il vous viendrait sans doute l'envie de rire, fussiez-vous un Héraclite[o], si vous me voyiez en ce moment écrire une main hors du lit et l'autre sur le chevet, la poitrine sur le bord et les jambes en l'air, à moitié nu et parti couvert à la barbaresque. Je voulais à ce propos ajouter quelques détails, mais la plume veut que je vous dise en quelle manière je me suis procuré de l'encre pour vous envoyer ces quatre bagatelles. Premièrement, nous avons récupéré le pied d'une carafe que la courtoisie de l'un de nos Cerbères qui gardent l'entrée de ces Enfers Camérotesques brisa l'autre matin, afin que l'un de ces misérables damnés fît le jeûne du Vendredi Saint au pain et à l'eau ; ensuite, ayant versé dans ce vase d'un pied et demi un peu de la meilleure liqueur de Bacchus et approché d'une petite flamme, qui est notre soleil diurne et nocturne, le ventre d'un pot, nous fîmes une solennelle récolte de fine fumée, puis l'ayant délayée avec une très circonspecte diligence, nous nous employâmes à dérober à une majestueuse pièce d'étendard qui, après être revenu du siège de Malte, servit

lungamente per insegna a l'osteria del Gheto, un poco di bombace che non vide mai Cipri a suoi giorni, e dopo d'averlo benissimo purgato, e ventilato, ne formassimo in fine questa nobilissima Quintenenzza (sic) d'inchiostro, co 'l quale vengo ora a riverire la vostra magnificcentissima Signoria, e a darvi nuova che 'l Brusoni tanto vostro amico, e servidore per aver camminato su la corda, ha fatto un buco nell'aqua, e preso un granchio a Luna scema. Or questo è ben altro che andare all'Accademia del ballo a saltare in fiocco, e spezzar capriole in aria, e portarsi al Bò a sentir lezioni d'Aritmetica in grazia de' pupilli, o pur girare le fondamente cinciando le Dame per trovar materia di scrivere de' complimenti e delle letterine amorose, overo a dar in busca di Bizzarrie Accademiche per tessere discorsi Matematici. E per vita di Marforio, che egli è ben altro che lo starsi giocando con la Signora D... G.... fino alle dieci hore di notte a Primiera, e visitar l'Annuccia, la Cecilia, la Spagnoletta e la Siciliana per vantarsi che le sue composizioni, in virtù delle armoniche leggi e di quelle voci divine, si trasformino di terreni concetti in canti di Paradiso. Canchero qui ci son'altro che rose di Genova e gelsomini di Spagna per confortar gli spiriti, e far correre la Dama alla finestra. Per Dio, che mi pare alle volte che s'apra la caverna della Sibilla, e passi ferirmi il naso il vapore pestilenziale della stigia Palude. Ma che vi dirò poi dell'altre delizie di questi campi Elisi della disavventura, di quest'Isole fortunate della miseria, di queste beate Contrade del pianto, di questi sontuosi Palaggi della malinconia, di questa Regia superba della disperazione? Meglio è tacerne affatto che il dirne poco; e voi, che provaste una volta i contenti delle Prigioni Genovesi, potete imaginar facilmente quali sieno le consolazioni de' Camerotti Viniziani, che portano il vanto di tutte le perfezioni Prigionesche? Io però senza perdere punto della mia perpetua serenità d'animo, me la passo ridendo, e rivolgendo a scherzo tutto quello che di sinistro mi porta la contumacia della Fortuna, la malignità degli huomini e la disgrazzia del luogo. La causa della mia ritenzione è così onorata, il fine de' miei pensieri cosí lontano da' disegni de' miei nimici, e la vivacità del mio spirito così gagliarda, che non che due o tre mesi di prigionia, ma ne pure una dozzina d'anni avrebbe

longtemps d'enseigne à une auberge du Ghetto, un peu de coton, lequel jamais en son temps ne vit de fard, et après l'avoir consciencieusement purgé et ventilé, nous en avons enfin formé cette très noble Quintessence d'encre, avec lequel je m'en viens à présent faire révérence à votre très magnifique Seigneurie, et vous apprendre que votre si bon ami et serviteur Brusoni, pour avoir marché sur la corde, a chuté dans l'eau et prit un Crabe à Lune descendante[p].

C'est là tout autre chose que d'aller à l'Académie de danse pour sauter aux nœuds de rubans[q] ou exécuter des cabrioles en l'air, et de se rendre au Bò écouter des leçons d'Arithmétiques destinées aux élèves[r], ou bien de courir les rues en cajolant les Dames pour trouver matière à écrire des compliments et des billets doux, ou encore de partir en quête de Bizarreries Académiques pour tisser des discours Mathématiques. Et par la vie de Marfore, c'est bien autre chose que de rester jouer à Première[s] avec Madame D… G[t]… jusqu'à dix heures du soir, et de visiter l'Annuccia[u], la Cecilia, la Spagnoletta et la Siciliana[v] pour se vanter de ce que ses compositions poétiques, en vertu des lois d'harmonie et de ces voix divines, se transforment de pointes terrestres en chants de Paradis. Diantre ! On trouve ici bien autre chose que les roses de Gênes, les Jasmins d'Espagne pour conforter les esprits et faire courir la Dame à la fenêtre. Par Dieu, c'est qu'il me semble parfois que s'ouvre la caverne de la Sibylle, et que la vapeur pestilentielle des marais stygiens vient me frapper le nez. Mais que vous dirai-je encore des autres délices de ces champs Élysée de la mésaventure, de ces Îles fortunées de la misère, de ces bienheureuses Contrées des pleurs, de ces somptueux Palais de la mélancolie, de ce superbe Château du désespoir ? Il vaut mieux n'en rien dire du tout, que pas assez ; et vous qui avez un jour goûté aux délices des Prisons Génoises, vous pouvez facilement vous imaginer quelles sont les consolations des *camerotti* vénitiens, qui s'enorgueillissent de toutes les perfections Carcérales[w].

Quant à moi, pourtant, sans rien perdre de mon éternelle sérénité d'esprit, je prends les choses en riant, tournant en plaisanterie tout ce que l'hostilité de la Fortune, la malignité des hommes et la disgrâce du lieu m'apportent de sinistre. La raison de mon incarcération est tellement honorable, la fin de mes pensées si éloignée des desseins de mes ennemis, et la vivacité de mon esprit si gaillarde que non pas deux ou trois mois de prison, mais une douzaine d'années même n'auraient la puissance

punto di forza di pregiudicare alla tranquillità del mio cuore. Vorebbe veramente la dolcezza del mio genio, che io m'attristassi; perché questo inopinato accidente sia la pietra del parangone che mi fa discernere i falsi da i veri amici; ma io, che stimo guadagno non perdita questa cognizione, anzi me ne rallegro che voglia contristarmene, essendo buona pezza che appresi trovarsi molti che stimano i feltri solamente quando è mal tempo, e saprò anche aver sentimento per amare chi mi ha abbandonato, per osservare il mio debito con chi m'ha mancato di fede, e per compassionare chi m'ha tradito.

Nel resto spiacerebbemi invero, che questa improvisa procella m'avesse fatto perdere tra i flutti dell'altrui infedeltà le mie Composizioni; ma non perciò vorrei contristarmene punto; poiché, oltre a che m'assecuro che quando anche si trovasse persona così temeraria che, in faccia di tanti Cavallieri che l'hanno vedute e lette, ardisce di comparire alla mostra delle stampe con l'altrui penne, il mondo avrebbe giudicio per conoscere e giustizia per rendermi quelle ch'è mio; non ho però ancora, la Dio mercé, perduto l'ingegno per rimetterle insieme e per farne dell'altre, come a Caterina Riaria, quando i suoi ribelli la minacciavano d'ammazzarle su gli occhi i propri figlioli, non mancava appunto la stampa di generarne degli altri.

Orsù finiamla; perché m'avveggio che nella piacevolezza dello scherzare passeremo a poco a poco alla severità del dir daddovero. Conservatemi vostro amico, se vi piace, e visitate in mio nome quella contrada,

Che serba l'orme degli antichi passi.

E guardatevi dal plenilunnio per non rimaner affogato dallo sirocco. A Dio.

Al Sig. V… M…
3 – *Sostenta che non ci sia più bella e felice vita di quella che si fa ne' Camerotti.*

Creda ognuno a suo modo ch'io per me stimo felicità quella che altri stima miseria, e reputo che l'essere confinato in un Camerotto sia

de perturber la tranquillité de mon cœur. La douceur de mon génie propre voudrait certes que je m'attristasse, puisque cet accident inopiné est la pierre de touche qui me permet de distinguer les faux amis des véritables ; mais moi, qui estime cette connaissance un gain et non une perte, bien plutôt je me réjouis de ce qu'elle veuille m'attrister, car il y a longtemps que j'ai appris que beaucoup ne jugent des manteaux que lorsqu'il fait mauvais temps, et je saurais avoir assez de cœur pour aimer qui m'a abandonné, pour respecter ma dette avec qui m'a manqué de foi, et pour avoir pitié de qui m'a trahi.

Pour le reste, il me déplairait, certes, que cette tempête imprévue m'eût fait perdre mes Compositions dans les flots de l'infidélité d'autrui[x], mais si tel était le cas, je ne voudrais m'en attrister d'aucune façon, d'abord parce que je suis bien assuré que même s'il se trouvait quelqu'un de suffisamment téméraire pour oser, à la face de tant de Cavaliers qui les ont vues et lues, apparaître sur le théâtre de l'imprimé avec la plume d'autrui, le monde aurait le jugement de les reconnaître et la justice de me les rendre, puisqu'elles m'appartiennent, et ensuite, Dieu merci, je n'ai pas encore perdu l'esprit pour ne pouvoir les remettre ensemble et en faire d'autres, comme à Caterina Riaria, lorsque les rebelles menaçaient de lui tuer ses propres fils devant ses yeux, ne manquait pas le moule pour en engendrer d'autres[y].

Allez, il est temps d'achever, parce que je m'aperçois que, sinon, de l'agrément de la plaisanterie nous passerons peu à peu à la sévérité des discours sérieux. Continuez à me considérer comme votre ami, s'il vous plaît, et visitez pour me voir cette contrée,

Qui garde les empreintes des pas anciens.

Et gardez-vous de la pleine lune pour éviter d'être étouffé par le sirocco. Adieu.

Au Seig. V… M[z]…

3 – *Il soutient, qu'il n'y a pas de vie plus belle et plus heureuse que celle que l'on coule dans les camerotti*

Chacun pense ce qu'il veut ; moi j'appelle félicité ce que les autres appellent misère et j'estime que d'être confiné en un *camerotto* est l'une

una delle grazie più singolari che si possano ricevere dalla cortesia della Fortuna. Conpiacetevi d'ascoltarmi per un momento e se non vi parlo su 'l faldo ne' termini de la fede spacciatemi per Eretico addottrinato nella Ginevra de' Camerotti. Oh Dio, e qual più bella vita puossi trovare al mondo di questa, mentre si godono quaddentro tutte quelle commodità nella cui traccia gli huomini tanto s'affaticano e si tormentano, e si fuggono tutti quegl'incontri cattivi che possono infelicitarne? Volgiamo il guardo per grazia all'intemperie dell'aria, e alla variazione de' tempi e delle stagioni. Quante diligenze s'adoperano per ischermirsi dalle ingiurie delle nevi, de' ghiacci e delle procelle, che nel verno rendono la vita umana così noiosa e selvaggia, che gli huomini coperti di pelli, e rinserrati nelle stuffe e ne' gabinetti più reconditi delle case, sembrano trasformati in fiere, o se mettono il piede fuori della porta subito d'ognintorno allagati dalle perpetue pioggie, o pure dallo sdrucciolìo abbatutti vengono sforzati a ritirarsi ne' loro nascondimenti? Quanti artifici s'inventano per andare in traccia del fresco ne' fervori dell'Estate, allora che gl'infelici mortali, saettati dagli strali infocati della canicola, arsi nelle viscere e tutti molli di sudore, al di fuori perdono la voglia del cibo, la quiete del riposo, e male dicono i negozi che gli tirano alle piazze soffocati dagli abiti, e tormentati dalla molestissima compagnia della mosche? E che diremo degl'istabili venti della Primavera o delle incessanti pioggie Auttunali? Quelli tengono in continuo spavento i naviganti con le agitazioni delle marine, queste turbano a' peregrinanti il cammino rendendo co' fanghi insuperabili impraticabili le campagne. Là dove in questi felicissimi Camerotti, invano si sforzano gli Austri e gli Acquiloni di turbare i regni dell'aria portando or nevi, or ghiacci, or pioggie, or vapori maligni e pestilenziali, invano s'ingegna il sole d'incenerire la terra per isconvolgere la temperie de corpi; poiché qui col tenore imperturbabile d'un'aria sempre tepida ne' rigori del Verno, si passano tranquillissime giornate senza timore d'ingiurie celeste e terrene, e se tavolta nell'Estate la ripercossione delle fiamme del Sole ci fa sentire straordinario calore, oltre a che non avendo negozii che ci chiamino fuori di casa, possiamo starcene sempre in camicia, con questo caldo beato, senza pagar né Medici, né Barbieri, né Stufaioli,

des grâces les plus singulières qu'il est possible de recevoir de la courtoisie de la Fortune. Qu'il vous plaise de m'écouter un moment et si je ne vous parle en toute sûreté dans les termes de la foi considérez-moi comme un hérétique endoctriné dans la Genève des *camerotti*. Par Dieu, y a-t-il en effet plus belle vie que celle-ci, alors que l'on jouit ici dedans de toutes les commodités, pour lesquelles les hommes se pressent tant et se tourmentent, et que l'on y échappe à toutes ces mésaventures qui peuvent nous affecter au dehors ? Portons s'il vous plaît notre attention aux intempéries de l'air et à la variation des temps et des saisons. Quels efforts ne sont-ils faits pour nous protéger des injures des neiges, des glaces et des tempêtes, qui rendent en hiver la vie humaine tellement incommode et sauvage que les hommes, couverts de fourrures et serrés dans les poêles et les cabinets les plus retirés des maisons, semblent transformés en bêtes, ou s'ils mettent un pied dehors, assaillis de tous côtés par les pluies perpétuelles, voire abattus par le gel glissant, sont forcés aussitôt de se retirer dans leurs tanières ? À quels artifices n'a-t-on pas recours dans la quête de la fraîcheur lors des chaleurs estivales, lorsque les pauvres mortels percés par les flèches enflammées de la canicule, brûlés dans leurs viscères, et ramollis de sueur au dehors, perdent toute envie de se nourrir et l'apaisement du sommeil, et maudissent les affaires qui les attirent sur les places, suffoqués par leurs vêtements et tourmentés par la très importune compagnie des mouches ? Et que dirons-nous des vents capricieux du Printemps ou des pluies incessantes de l'Automne ? Ceux-là, par l'agitation des flots, tiennent les marins dans une crainte perpétuelle. Celles-ci compromettent les déplacements des voyageurs en rendant impraticables les campagnes pleines de boues infranchissables. Alors qu'en ces très heureux *camerotti*, les Austers et les Aquilons s'efforcent en vain de troubler les royaumes de l'air en apportant tantôt la neige, tantôt les glaces, tantôt les pluies ou les vapeurs malignes et pestilentielles, en vain le soleil s'ingénie à calciner la terre pour bouleverser les tempéraments des corps car, par la teneur imperturbable d'un air toujours tiède dans les rigueurs de l'Hiver, les journées se passent très paisiblement sans craindre les injures célestes et terrestres, et si parfois en Été la réverbération des flammes du Soleil fait sentir une extraordinaire chaleur[aa], outre le fait que ne connaissant point les affaires, elles ne nous appellent pas au dehors, nous pouvons fort bien rester en chemise ; avec cette chaleur bénie, sans payer ni Médecins, ni Barbiers, ni chauffagistes,

risolviamo in sudor naturale tutti i maligni influssi participatici dal Cielo di Venere o da quel di Saturno; e godendo oltreacciò il beneficio di bere vino bollente, non siamo soggetti a quelle stravanganti indisposizioni che la pratica del ghiaccio porta seco inevitabilmente, si come essendo ancora da questi Camerotti bandita la crapula anche nel Carnevale vivendo in una perpetua Quaresima, ci conserviamo in una costantissima sanità, e teniamo altresì l'anima purgata dall'infezione de' vizi, tanto più qu'essendo noi privi dell'uso degli occhi, che sono le finestre per le quali entrano tanti mali ad infettare i cuori degli huomini, ci troviamo parimenti essenti di provare infiniti disgusti. Studiano in vano per noi le Veneri lascive negli specchi fedeli le maniere d'accreditare le loro artificiose bellezze per lusingar gli sguardi de' poveri Ammaliati. Invano la capricciosa gioventù trova nuove maniere d'abiti e di trattenimenti per farsi invidiar da' Rivali. In vano si stendono per tutto il famoso Rialto le mostre delle lane, delle sete, degli ori e delle gemme per destare il desiderio di possederle. Le Corti non hanno per noi materia di disgusti per l'esaltazione de' concorrenti; ed i Palagi son privi di fomenti d'ambizione per le Porpore de' Magistrati pretesi. Che più? In questi fortunati alberghi della sicurezza non arrivano giammai notturne insidie di ladri di assassini o di traditori; né diurni pericoli di concorrenze, di questioni, e di malignità d'emuli, di nemici e di perscutori, oltre all'altre infinite turbolenze e afflizioni che agitano la vita umana, delle quali non è ora mio pensiero di tesser racconto bastandomi di mostrarvi così alla sfuggita che la vita de' fortunati Prigioni de' Camerotti è la più tranquilla, e la più felice, che si possa desiderare al mondo: ché se gli Stoici predicavano che anche nel Toro di Fallaride portasse le sue giuridizioni la vita beata, chi vorrà negarmi ch'ella non possa salire anche nei Camerotti, appresso i quali riesce quel Toro in materia di felicità, comme una pulce in paragone d'un Elefante? E se Democrito per poter meglio attendere alla contemplazione si trasse gli occhi, non sarà da stimarsi più fortunata la sorte di quelli che, vivendo nella perpetua notte di queste carceri, godono questo divinissimo beneficio della contemplazione senza provare il dolore della privazione d'un membro così gentile. E qual più strana

nous nous purgeons en sueur naturelle des influences malignes suscitées par le Ciel de Vénus ou par celui de Saturne[ab], et jouissant outre cela du bienfait de boire le vin bouillant, nous ne sommes point sujets à ces extravagantes indispositions, que l'usage des glaçons porte inévitablement avec lui, de même qu'étant aussi bannie de ces *camerotti* la débauche, et vivant même durant le Carnaval en un perpétuel Carême, nous nous conservons en une très constante santé et maintenons notre âme purgée de l'infection des vices, d'autant plus qu'étant privés de l'usage des yeux, qui sont les fenêtres par lesquelles tant de maux entrent pour infecter les cœurs des hommes, nous nous trouvons pareillement exempts d'éprouver des dégoûts infinis. Les Vénus lascives étudient en vain dans leurs miroirs fidèles les manières de mettre en crédit leurs artificieuses beautés pour fasciner les regards des pauvres envoûtés. En vain la capricieuse jeunesse trouve de nouvelles manières de s'habiller et des divertissements pour se faire envier des Rivaux. En vain sont exposés par tout le fameux pont du Rialto des laines, des soies, des ors et des pierres précieuses pour exciter le désir de les posséder. Les Cours ne nous offre nulle occasion de ces déplaisirs qui apportent la vue de l'exaltation de nos concurrents et les Palais pour nous sont dénués des intrigues de l'ambition briguant les robes pourpres des Magistratures à pourvoir. Que dire de plus ? En ces heureuses auberges de la sécurité, jamais la nuit voleurs, assassins ou traîtres ne viennent nous agresser, jamais le jour compétiteurs, ennemis et persécuteurs ne nous menacent pour des questions de concurrences, d'affaires, de vilénies, sans parler des autres infinis dérangements et afflictions qui agitent la vie humaine, dont il n'est pas pour l'instant dans mon intention de vous entretenir, me contentant de vous montrer ainsi en passant que la vie des fortunés Prisonniers des *camerotti* est la plus tranquille et la plus heureuse que l'on puisse désirer au monde : car si les Stoïciens prêchaient que la vie heureuse impose ses lois jusque dans le Taureau de Phalaris, qui voudra nier qu'elle ne puisse s'élever jusque dans les *camerotti*, auprès desquels ce Taureau en matière de félicité est une puce en comparaison d'un Éléphant ? Et si Démocrite, pour pouvoir mieux s'adonner à la contemplation, s'est crevé les yeux, ne pourra-t-on pas estimer plus heureux le sort de ceux qui, vivant dans la nuit perpétuelle de ces prisons, jouissent de ce trésor divin de la contemplation, sans éprouver la douleur de la privation d'un organe aussi agréable ? Et quelle plus étrange

maraviglia di felicità possi imaginare di questa, che un'huomo viva sepolto fra gli orrori d'una Tomba mortifera dalla quale possa ad un sol cenno risorgere a vivere novella vita nel mondo de' vivi? Che se tanti strepiti fecero gli antichi secoli di quello Spartano che dopo d'essere stato morto tre giorni resuscitando portò a' mortali novelle dell'altra vita, quanto più mirabili saranno questi sepolcri Camerotteschi, da' quali uscendo i cadaveri spiranti degli huomini imprigionati, possono raccontare le non più intese maraviglie de' fortunatissimi campi Elisi de' Camerotti, nei quali si passa in perpetua stabilità di contenti una vita di paradiso? Signor mio, sono tante in verità le delizie, le contentezze, i giubili ed i piaceri che si provano in queste beatissime carceri, che mi stupisco come tutti i viventi non procurino d'arrivare a questo albergo della beatitudine, o che quelli che vi si trovano, non s'ingegnino di dimorarvi perpetuamente. E se voi peravventura non mel credeste rompete la testa a qualcuno, e correte subito quaddentro, che sarete come in un altro Olimpo securo che non vi toccheranno giammai né turbini di disavventure, né fulmini di vendette. Vivete in tanto con felicità, invidioso del nostro bene insieme con tutti gli altri amici, mentre io per fine vi baccio affettuosamente le mani.

Al Signor P... B...
4 – *Ringrazzia l'amico de' favori ricevuti, gli s'esibisce, e discorre della sua costanza nelle miserie delle prigione.*

Ha, V. S., voluto farmi conoscere in prova quello che m'era stato predicato da tutti questi Signori della sua gentilezza in favorire ciascuno che capita in questo paese della mala ventura, nel quale non mi spiace più tanto che l'altrui malignità m'abbia tragittato, poiché m'ha porto occasione di trovare sia le miserie della prigione di quei tratti cortesi che ho indarno ricercati nelle delizie della libertà, in quei soggetti che fanno professione particolare di gentilezza. Mi rallegro pertanto con V. Sig. che abbia saputo acquistarsi la felicità d'esser amato da tutti per debito non meno che lodato per merito, e me le rassegno per amico, e per servidore, perpetuamente legato alla catena degli oblighi che le debbo per i favori c'ho da lei ricevuti, e se il Cielo tornerà mai a girarmisi benigno

merveille de félicité se peut-il imaginer, qu'un homme vivant enseveli parmi les horreurs d'une Tombe mortifère puisse, sur un seul signe, ressusciter pour vivre une vie nouvelle dans le monde des vivants ? Si les anciens siècles firent tant de bruit pour ce spartiate qui après trois jours[ac], en ressuscitant ramena aux mortels des nouvelles de l'autre vie, combien plus admirables encore seront ces sépulcres camérotesques si, à leur sortie, les cadavres vivants des hommes emprisonnés peuvent raconter les merveilles les plus rares de ces très fortunés champs Élysée des *camerotti*, où se passe en un bonheur d'une perpétuelle stabilité, une vie de paradis ? En vérité Monsieur, si nombreux sont les délices, les contentements, les allégresses et les plaisirs qui s'éprouvent en ces très heureuses prisons, que je m'étonne de ce que tous les vivants ne se donnent les moyens d'arriver à cette auberge de la béatitude, ou que ceux-là qui s'y trouvent ne s'ingénient pas à y demeurer à perpétuité. Et si, par aventure, vous ne me croyez pas, cassez la tête à quelqu'un, et accourrez ici, vous y serez protégés comme en un autre Olympe, car jamais ne vous toucheront ni les troubles des mésaventures, ni les foudres de la vengeance. Vivez heureux cependant, avec tous les autres amis, envieux de notre bien, pendant que je vous baise enfin les mains affectueusement.

Au Seigneur P… B[ad]…

4 – *Il remercie l'ami pour les faveurs reçues, les lui représente, et disserte sur sa constance dans les misères de la prison*

V. S. a voulu me faire connaître par l'expérience, ce qui m'avait été prêché par tous ces messieurs à propos de la gentillesse que vous mettez à favoriser tous ceux qui se retrouvent en ce pays de male fortune, où il ne me déplaît plus autant que la malignité d'autrui m'ait précipité, puisqu'elle m'a donné l'occasion de trouver parmi les misères de la prison ces marques de courtoisie que j'ai en vain cherchées dans les délices de la liberté chez ces sujets qui font profession particulière de civilité. Je me réjouis donc avec V. S., qu'elle ait su s'acquérir le bonheur d'être aussi bien aimé de tous par dette, que loué pour son mérite, et je vous tiens désormais pour ami, et suis votre serviteur à jamais lié par la chaîne des obligations que je vous dois pour les faveurs que j'ai reçues de vous, et si le Ciel à nouveau devait un jour se montrer bienveillant

contro la tirannide della sorte, non mancherò di palesare al mondo nella moltitudine de' suoi meriti la grandezza della mia affezzione verso la sua persona. Nel resto me la passo allegrissimamente avezzo già buona pezza a non curarmi di cosa alcuna di questo mondo, e risoluto di conservare in ogni fortuna un medesimo tenor di vita, e d'animo tranquillo e sereno, non volendo che né i venti delle prosperità mi portino al Cielo della superbia, né i fulmini delle avversità mi abbattano ne gli abissi della viltà. Chi sa penetrar bene a dentro la natura degli accidenti mondani, conosce ancora che, non trovandosi in loro altra fermezza che d'essere inconstanti, allora appunto si possono sperare felici avventure, che più ci vediamo vicini alle disgrazie. Ma perché ho giurato per vita di Mambrino di non volere in tutto il tempo che allogierò in questo serenissimo albergo albergar nel mio cuore pensieri gravi, non che sentimenti di malinconia, lasciando il filosofar e delle vicende della Fortuna a chi m'ha intrappolato, faccio un brindisi a V. Sig. In sanità della Repubblica, e del labirinto, e le auguro dal Cielo con presta libertà continua prosperità d'avvenimenti felici.

Al Sig. Lorenzo Cubli.
5 – *Consola l'amico imprigionato per causa leggiera ed onorata.*

Spiacemi grandemente, Sig. Cubli mio, che i turbini della cattiva Fortuna v'abbiano spinto nell'oscurissime caverne di questi Camerotti, dentro le quali mai non arriva non che raggio di Sole, luce alcuna di consolazione, ed assai più mi dispiace (dicasi con vostra pace) che vi mostrate d'animo tanto abbattuto da questa inopinata disgrazia, nella quale, parlando co' termini della ragione, non so finalmente vedere altro male fuorche l'opinione che dietro la scorta del senso avete peravventura formata d'essere infelice, mentre tutte le disgrazie del mondo non hanno possanza d'infelicitare uno spirito vivo e coraggioso. Stete in un Camerotto. Dura parola. Ma per cosa da niente. E dovete attristarvene? Tutta l'amaritudine di questo calice, che dovete ora inghiottire consiste

contre la tyrannie du sort, je ne manquerai pas de manifester au monde, parmi la multitude de vos mérites, la grandeur de mon affection envers votre personne.

Pour le reste, je passe mon temps dans la plus grande gaîté, habitué déjà depuis longtemps à ne me plus soucier de quoi que ce fût en ce monde, et résolu de conserver quelle que soit la fortune une même façon de vivre et un même état d'esprit tranquille et serein, ne voulant, ni que les vents de la prospérité ne me portent aux cimes de l'orgueil, ni que les foudres de l'adversité ne me jettent dans les abysses de la lâcheté. Qui sait bien pénétrer au sein de la nature des accidents mondains, sait aussi que ne se trouvant en eux d'autre fermeté que d'être inconstants, alors justement il devient possible d'espérer d'heureuses aventures, lorsque nous nous voyons au plus proche des disgrâces. Mais comme j'ai juré par la vie de Mambrin[ae] de refuser, pour tout le temps que je logerai en cette sérénissime auberge, d'héberger dans mon cœur de graves pensées, pas plus que des sentiments de mélancolie, abandonnant la philosophie et les vicissitudes de la Fortune à qui m'a piégé, je lève mon verre à V. S. pour le salut de la République, et du labyrinthe, et je vous souhaite du Ciel, avec la liberté vite retrouvée, une prospérité continue d'évènements heureux.

Au Seigneur Lorenzo Cubli.
5 – *Il console l'ami emprisonné pour une cause légère et honorable*

Il me déplaît grandement, mon cher Seigneur Cubli, que les bourrasques de la mauvaise Fortune vous aient poussé dans les ténébreuses cavernes de ces *camerotti*, où ne parvient jamais non seulement le moindre rayon de soleil, mais surtout la moindre consolation, et beaucoup plus encore me déplaît (cela soit dit sans vouloir vous offenser) de vous voir l'esprit tant abattu par cette disgrâce inopinée, où, pour parler dans les termes de la raison, je ne réussis finalement à apercevoir d'autre mal excepté l'opinion que, sur la foi de ce qu'aperçoivent les sens, vous vous êtes malencontreusement formé d'être malheureux, alors que toutes les disgrâces du monde n'ont point la puissance de rendre malheureux un esprit vif et plein de courage. Vous êtes en un *camerotto.* Dure parole. Mais pour une chose tout à fait négligeable. Et vous devez vous en attrister ? Toute l'amertume de ce calice, que vous devez aujourd'hui avaler, consiste

nell'esser privo per pochi giorni della libertà di camminare e della dolcezza del respirare all'aure serene del Cielo. E per così picciola cosa volete far ridere la fortuna col mostrarvi di gusto così delicato, che non possa pur assaggiare questo picciolo sorso di mortificazione, non che di stomaco così debole, che non sappia digerire col calore d'un animo invitto anche quei durissimi cibi ch'ella continuamente ne somministra in questa gran mensa del mondo, nella quale sotto i zuccheri de' piaceri nasconde gli aconiti amarissimi de' disgusti, e tra le tazze dorate delle prosperità cela le cicute mortifere degli accidenti infelici? Ripigliate per grazia, Signor Cubli mio, gli spiriti smarriti, e con una constante serenità di mente ribattete coraggiosamente i torbidi assalti de' venti della malignità. E quando pure vi paresse contro la vostra conscienza medesima d'essere infelice, e considerate quanti più infelici di voi abbiate per compagni in questo regno doglioso delle tenebre. Pensate che voi siete nel grembo della Patria, fornito di tutte quelle commodità che non vi lasciano desiderare altro che la luce del giorno, dove altri molti giacciono in perpetui rammarichi e tormentati da mille necessità. E se m'è lecito il darvi esempio di me medesimo, voi pur sapete con quanta libertà, in quanti capricci, tra quante ricreazioni e con quante sodisfazioni solessi spendere il tempo, e nondimeno non solamente mi doglio, che i Grandi m'abbiano mancato di fede, che gli Amici mi sieno stati traditori, e che per pretendere l'osservanza di quello che m'è stato promesso sia caduto nella tomba d'un Camerotto; ma vivo, come vedete, e sentite con quella medesima serenità di mente che già provaste nella mia conversazione, nella quale a dispetto di tutte le contrarietà della sorte conservava il tenore d'un piacevolissimo genio. E pure l'essere lontano da' parenti, dimenticato dagli amici, e senza molte di quelle commodità che sarebbono proprie della mia condizione, con un perpetuo dubbio di quello che possa essere avvenuto delle mie scritture e dell'opere mie altresì non ancora stampate, è materia da contristare ogni spirito, ma non il mio risoluto di non ammettere giammai altri concetti che d'allegrezza, e di disprezzo di tutte le cose mondane. Consolatevi dunque, Signor Cubli, e stimate vostra ventura, non disgrazia questo sinistro accidente, dal quale vi si porge occasione d'esercitare la grandezza dell'animo in ribattere i colpi

dans le fait d'être privé pour peu de jours de la liberté de marcher et de la douceur de respirer la brise sereine du Ciel. Et pour une chose aussi négligeable vous voulez faire rire la fortune en vous montrant d'un goût si délicat, que vous ne puissez prendre cette larme de mortification, comme si vous aviez l'estomac à ce point fragile, qu'il ne sache digérer par la chaleur d'un esprit infrangible même ces aliments les plus durs, qu'elle nous administre continuellement dans ce grand réfectoire du monde, où sous les sucres des plaisirs se cachent les aconits très amers des dégoûts, et entre les tasses dorées des prospérités se dissimulent les ciguës mortifères des accidents malheureux ? Reprenez, de grâce, mon cher Seigneur Cubli, vos esprits égarés, et par une constante sérénité de l'âme repoussez courageusement les cruels assauts des vents de la malignité. Et s'il vous semblait, contre votre conscience même, d'être malheureux, considérez combien de vos compagnons sont plus malheureux que vous dans ce règne endeuillé des ténèbres. Pensez que vous êtes dans le sein de la Patrie, pourvu de toutes ces commodités, qui ne vous laissent rien désirer d'autre que la lumière du jour, là où tant d'autres gisent en perpétuels regrets et tourmentés de mille nécessités. Et s'il m'est permis de vous apporter mon propre exemple, vous savez bien pourtant avec quelle liberté, en quels caprices, entre quels divertissements, et avec quelles satisfactions j'avais coutume de passer le temps, et cependant, non seulement j'ai à déplorer que les grands m'ont manqué de foi, que les amis m'ont trahi et que pour prétendre à ce que l'on me tienne la promesse faite, je suis tombé dans le sépulcre d'un *camerotto* ; mais je vis, comme vous voyez et vous entendez, avec cette même sérénité d'esprit que vous aviez déjà eu l'occasion de constater dans ma conversation, qui malgré toute les contrariétés du sort conservait l'allant d'un génie fort enjoué. Et pourtant, le fait d'être loin des parents, oublié des amis, et sans avoir trop de ces commodités qui seraient propres à ma condition, ce à quoi s'ajoute le doute perpétuel sur ce qu'il a pu advenir de mes papiers et plus encore de mes œuvres non encore imprimées, toutes choses qui seraient matière à remplir de tristesse n'importe quel esprit, mais non le mien, résolu de n'admettre jamais d'autres idées que de gaieté et de mépris pour toutes les choses mondaines.

Consolez-vous donc, Seigneur Cubli, et ne considérez pas votre mésaventure comme une disgrâce, car ce sinistre accident vous offre l'occasion d'exercer votre grandeur d'âme en repoussant les coups de

della perfidia degli huomini e della tirannia delle stelle; e se in tanto conoscete che io vaglia nulla a servirvi anche in queste estremità, comandate liberamente con securezza di trovarmi sempre il medesimo amico degli amici, ed incapace di riconoscere alterazione di costumi per qualunque mutazione di Fortuna.

[128]
Al sig. A.... G....
6 – *Mostra in diverse maniere la sua costanza nelle proprie risoluzioni non meno che ne' travagli.*

Spaventisi chi vuole; io non fui mai figlio della paura; e benché sia giovine non sono però ignorante de' rigiri del Caso, che talvolta precipita anche gl'innocenti negli abissi delle miserie. Io sono in Camerotto. E che me ne viene per questo di male? Ha forse questa abitazione virtù di rendere altrui colpevole mentre sia innocente, o pure infelice mentre egli abbia spirito maggiore della tirannide della sorte? Non dalla qualità della stanza nascono, Signor mio, le colpe, o le infelicità, ma dalle proprie azioni, e dalla debolezza dell'animo. Io non son qui con titolo d'altra colpa che di bell'umore, per aver preteso che mi s'offervi quella parola per la cui osservanza Personaggi eminentissimi obligarono la propria riputazione, e vi sono perché gli amici miei lasciatisi ingannare dalla scelerata perfidia di chi mi fingeva l'amico, e per suoi interessi mi desidera in peggior condizione di questa, gli hanno aperta la strada di machinarmi questa disgrazia; che se mi fossi governato a mio senno, e non avessi voluto secondare con tanta modestia gli altrui consegli, non mi sarebbe certamente incontrato questo sinistro accidente; del quale però mi glorio come di felice avventura; e non ho punto pensiero, per liberarmi di questa oscurità, d'umiliarmi, com'ella m'esorta a chi è stato cagione che vi sia precipitato; ma pretendo che questa percossa di cattiva Fortuna risvegli nel mio cuore ad onta de' miei nemici spiriti maggiori di generosità e d'intripidezza, in quella guisa, appunto, che' l cavallo morsicato dal lupo maggiormente inferocisce; già che con questa medesima intenzione mel tolsi ancor giovinetto per impresa col motto. *Hinc ferocior.*

la perfidie des hommes et de la tyrannie des étoiles ; et si vous voulez par contre savoir si je ne suis bon à quelque chose pour vous servir en cette extrémité, commandez librement, avec l'assurance de me trouver toujours le même ami des amis, et incapable de connaître altération de mœurs pour un quelconque revers de fortune.

Au Seigneur A.... G....

6 – *Il montre de diverses manières sa constance dans ses propres résolutions, et tout autant dans les infortunes*

S'effraie qui veut. Pour ma part, jamais je ne fus fils de la peur, et même si je suis jeune, je n'ignore cependant pas les retournements du Hasard, qui précipite parfois les innocents mêmes en des abîmes de misères. Je suis dans un *Camerotto.* Et que m'en advient-il pour autant de mal ? Cette demeure aurait-elle la vertu de rendre un homme coupable alors qu'il est innocent, ou bien malheureux alors qu'il possède un esprit supérieur à la tyrannie du sort ? Ce n'est point de la qualité de l'habitation que naissent, mon Seigneur, les fautes ou les malheurs, mais de ses propres actions et de la faiblesse d'esprit. Moi, je ne suis ici pour d'autre faute que de m'être montré de bel esprit, en ayant prétendu que l'on me tint parole, pour l'observance de laquelle de très grands Personnages mirent en jeu leur propre réputation, et j'y suis, parce que mes amis, s'étant laissés tromper par la scélérate perfidie de celui qui singeait l'amitié, et qui pour ses intérêts désirait me voir en une condition pire que la présente, lui ont ouvert la voie pour me manigancer cette disgrâce ; car si je m'étais gouverné à ma guise, et si je n'avais pas voulu suivre avec autant de modestie les conseils d'autrui, je ne serais certainement pas allé à la rencontre de ce sinistre accident, dont pourtant je me glorifie comme d'une heureuse aventure ; et il n'est certes pas dans mon intention, pour me libérer de cette obscurité, de m'humilier, comme vous m'y exhortez, devant celui qui fut la cause m'ayant conduit à m'y précipiter ; mais je me vante que ce coup de mauvaise Fortune éveille en mon cœur, pour la plus grande honte de mes ennemis, de plus vifs esprits de générosité, d'intrépidité, exactement comme le cheval mordu par le loup se montre d'autant plus furieux ; d'ailleurs c'est bien avec cette intention que je me le donnais tout jeune encore pour emblème avec la devise : *Hinc ferocior*[af].

So esservi alcuni, che stimano, che per uscire da una tribulazione sia lecito d'usare ogni mezo ancorché vile e indegno, e vogliono far credere al mondo che non si possa ricever macchia della riputazione restando all'huomo la commodità d'aggiustare col tempo i suoi interessi. Io però (e creda ciascuno quel che gli piace) la stimo non solamente viltà indegna d'un'animo nobile, ma un'opinione falsissima; poiché lasciamo stare che le macchie della riputazione non patiscono cancellamento per lunghezza di tempo, mentre mi voglio liberare da un travaglio portando meco o i caratteri del disgusto impresso nel cuore col desiderio della vendetta, o qualche viluppo non ancora disciolto della Fortuna, che altro faccio fuor che mettermi in cimento di ricadere nel male, ma che 'l male medesimo? Insomma son risoluto di non volere, a patto alcuno, che dietro alla disavventura ordinatami dall'altrui perfidia abbia anche avuto disgrazia d'inchinarmi a chi mi ha tradito per sollevarmene. Non mi mancheranno, Signor mio, mezzi onorati, e degni della generosità del mio spirito, per uscire di queste carceri quando mi verrà talmento d'adoperarli. Ma per dirgliele liberamente, non mi torna il conto a far altro motivo per ora, poiché la dilazione del tempo serve mirabilmente a miei interessi per conseguire quel che desidero. Già V. S. m'intende senz'altre parole. Queste prigioni, nel togliermi la libertà del corpo mio, somministrano una dolcissima libertà di pensieri nella considerazione del fine che mi sono proposato, e, tra queste oscurità che involano a gli occhi la luce del giorno, godo il lucissimo Sole della speranza di risarcire i danni della volontaria privazione delle mie sodisfazioni. Orsù mi fermo; perché la lubricità della penna correrebbe facilmente a rivelar quei segreti che, per ora, stanno meglio rinchiusi nella sepoltura del petto che esposti alla curiosità della Fortuna; ed Ella finalmente non ha bisogno d'altre dichiarazioni della mia volontà, che pur troppo si manifesta nel ristesso delle mie passate turbolenze. Con che per fine ringraziandola dell'onor dell'avviso la prego a salutare il Sig. Michiele, e la mia Sig. D.... e resto con baciarle affettuosamente le mani.

J'en connais certains qui considèrent que, pour sortir d'une mauvaise passe, il est licite d'user de tous les moyens, même vils et indignes, et qui veulent faire croire au monde que la réputation n'en doit pas être ternie, l'homme conservant la commodité d'ajuster ses intérêts avec le temps. Moi je considère pourtant (mais que chacun pense ce qui lui plaît) qu'il s'agit non seulement d'une vilénie indigne d'un esprit noble, mais d'une opinion tout à fait erronée ; parce que, en mettant de côté le fait que le temps ne parvient pas à effacer les taches de la réputation, que fais-je d'autre, si je veux me libérer d'une mauvaise situation en emportant avec moi soit les caractères du ressentiment imprimés dans le cœur avec le désir de la vengeance, soit quelque nœud non encore débrouillé de la Fortune, que de me mettre en position de retomber dans le mal, ce qui est le mal même ?

En somme je suis résolu de ne vouloir sous aucun prétexte, en plus de la mésaventure commandée par la perfidie d'autrui, avoir à m'abaisser devant qui m'a trahi pour m'en relever. Les moyens honorables, Mon Seigneur, et dignes de la générosité de mon esprit ne me manqueront pas pour sortir de cette prison quand l'occasion se présentera de les mettre en œuvre. Mais à vous parler avec libéralité, pour l'instant, il ne me convient guère de prendre quelque initiative, parce que la dilation du temps sert admirablement mes intérêts pour atteindre ce que je désire. Vous me comprenez déjà sans plus de paroles. Cette prison, en m'enlevant la liberté du corps, me dispense une très douce liberté de pensée pour la considération de la fin que je me suis proposée, et parmi ces obscurités, qui dérobent aux yeux la lumière du jour, je jouis de l'espoir de remédier aux dégâts de la volontaire privation de mes satisfactions. Allons, je m'arrête, car la lubricité de ma plume se laisserait aller à révéler ces secrets, qu'il est pour l'heure préférable d'enfermer dans la sépulture de la poitrine, plutôt que de les exposer à la curiosité de la Fortune ; et d'ailleurs vous n'avez pas besoin d'autres déclarations de ma volonté, qui ne se manifeste que trop dans la nature même de mes turbulences passées. Sur ce, enfin, en vous remerciant pour m'avoir honoré de vos conseils, je vous prie de saluer le Seigneur Michiele[ag], et Madame D.... et vous laisse en vous baisant affectueusement les mains.

Al Sig. A…. B….

7 – *Si lamenta prima da scherzo, e poi daddovero con l'Amico delle sua maniera di procedere.*

Se non avessi fatto giuramento solenne di non voler andare in colera per non far la fatica di scolerarmi, vorrei saltare in tanto sdegno con V. S., che tutti i marmi e i ferri de' Camerotti non mi potrebbono ritenere dal saltarle adosso per vendicarmi d'un ingiuria sì grande c'ho da lei ricevuta. Ma verrà ben anche un giorno, al corpo dell'Antichristo, ch'ella si pentirà d'avermi ingiuriato. Intanto patienza, disse la buona Femmina, starò saldo per questa volta. Non vorrei, però, ch'ella si pensasse di potermi far travedere; perché se bene ora vivo allo scuro, non ho però smarrita la vista, oltre a che questi Camerotti influiscano la scienza di fabbricare certa quentiessenza d'acqua di finocchio perfettissima, con la quale non solamente si rischiarano gli occhi dalle esterne infezioni delle apparenze; ma si purgano d'ogni maligna flussione di fallace credenza per discernere i falsi da i veri Amici. Sapeva bene V. S. adularmi al buon tempo con farmi fino pregare da quei Grandi a' quali m'era gloria l'obbedire, perché la servissi ne' suoi interessi; ma ora, che l'ho servita per tutti i versi, il Brusoni è uscito dalla sua memoria, e se pure non può far di manco di non ricordarsene, per fuggir l'occasione di corrispondere al suo debito interpreta malamente i tratti della sua confidenza ne quali la malignità medesima non potrebbe trovar pur un'ombra di sospetto. Io scrivo a V. S. pregandola d'un favore, ma prima che le pervenga (colpa della Fortuna, o dell'altrui infedeltà) la mia lettera, ricevo da un'altra parte quello che mi bisogna; ne soggiungo per tanto un'altra con accusarle la prima, avvisandola che non s'incommodi per essermi proveduto, e V. S. alla ricevuta di questa, che pur le doveva riuscir carissima, come se appunto l'avessi assassinata, entra ne' suoi soliti furori, e incomincia a rimproverarmi in maniera la sua affezione, e quello che opera per conto mio, che pare che m'abbia levato dal fango, o che mi mantenga co' minuzzoli della sua tavola. E pur dovrebbe rammentarsi ch'io per sua causa ho due volte precipitata la mia Fortuna, che per servirla ho tante

Au Seigneur A… B[ah]…

7 – *Il se plaint de son ami d'abord pour plaisanter, puis tout de bon, quant à sa manière de procéder*

Si je n'avais fait le serment solennel de ne pas céder à la colère pour ne pas devoir me fatiguer à décolérer, je voudrais me précipiter avec tant de mépris contre Votre Seigneurie, que tous les marbres et les fers des *Camerotti* ne pourraient m'empêcher de vous sauter dessus pour me venger d'une si grande injure que j'ai reçue de vous. Mais un jour viendra bien, devant les armées de l'Antéchrist[ai], que vous vous repentirez de m'avoir injurié. En attendant, patience, dit la bonne Femme[aj], je ne bougerai pas pour cette fois. Je ne voudrais pas cependant que vous pensiez me faire avoir la berlue, parce que, même si je vis aujourd'hui dans l'obscurité, je n'en ai pas perdu la vue pour autant, sans compter que ces *Camerotti* suggèrent la science de fabriquer une certaine quintessence d'eau de fenouil très parfaite, avec laquelle, non seulement on se purifie les yeux des infections externes des apparences, mais on se purge de toute fluxion maligne de fausse croyance pour le discernement des faux et des vrais Amis. V. S. savait bien m'aduler à la belle saison, en me faisant prier par ces Grands, auxquels je me faisais gloire d'obéir, pour que je serve vos intérêts ; mais maintenant, alors que je vous ai servi de toutes les façons, Brusoni est sorti de votre mémoire et, bien que vous ne puissiez éviter de ne pas vous en rappeler pour échapper à l'occasion de vous conformer à votre dette, vous interprétez malignement les marques de sa confiance où la malignité elle-même ne pourrait trouver la moindre ombre de soupçon.

J'écris à V. S, la priant de me faire une faveur, mais avant que ma lettre ne vous parvienne (coup de la Fortune ou de l'infidélité d'autrui), je reçois d'un autre côté ce dont j'avais besoin ; j'en rédige aussitôt une autre pour remédier à la première, vous avisant de ne pas vous incommoder ayant obtenu ce que je désirais, et V. S., à la réception de celle-ci, qui pourtant aurait dû lui paraître très agréable, comme si je l'avais au contraire assassiné, entre dans ses fureurs habituelles et commence à me reprocher de la sorte son affection et ce qu'elle fait pour moi, comme si elle m'avait tiré de la boue, ou qu'elle m'entretenait avec les miettes de sa table. Vous devriez plutôt vous rappeler qu'à cause de vous, j'ai par deux fois compromis ma Fortune, que pour vous servir j'ai si souvent

volte postergati i miei interessi e pregiudicato alle proprie sodisfazioni, e che finalmente per suo poco giudizio (pe non dire altro) son balzato in un Camerotto. Vergognisi di trattar meco in questa maniera, e se per essere Io di presente (a suo parere) infelice, non le piace la mia Amicizia, l'assecuro che a me ancora non piacerà più la sua, benché diventasse Principe d'Albania, essendo io sempre stato Amico degli Amici non delle Fortune; ed avendo spirito (come pur troppo sapete) incapace di soggetarsi alla viltà dell'interesse, o alla tirannide della Sorte. Aveva incominciato a scrivervi da scherzo, ma non ho potuto far di meno di non finir daddovero, e andate pure seminare le vostre spampanate in altri terreni, che se nel mio per lo passato germogliarono appena, benché vi credeste che ci havessero gittate altre radici, nell'avvenire si perderanno nell'asciutto. Al rimanente mi farete piacere singolare a non impacciarvi in conto alcuno ne' miei interessi, e a ricordarvi, che anche negli ultimi confini della vita, non che in occorenze di così leggiere disgrazie, conserverò sempre quell'animo che tante volte v'ha sollevato da' precipizi della viltà. Iddio vi conceda sentimento del vostro debito, e prosperi le vostre fortune come desiderate, ch'io goderò sempre d'ogni vostra consolazione

A Dio.

Al Signor Don Gio Battista di Settimo

8 – *Il ringrazia de' favori ricevuti, discorre delle sue risoluzioni, del suo stato e de' suoi esercizi nei Camerotti.*

Benché abbia mandato un altro Viglietto a V. S. Illustris., perché nondimeno posso dubitare che l'inavertenza di chi 'l portò fuori l'abbia fatto smarire, le soggiungo queste poche righe, ringraziando con essolei la Signora Donna Giovanna delle gentilezze mandatemi, le quali mi sono state carissime per venirmi da loro, non perché mi portassero l'odore del Paese de' Labirinti, avendo Io già abiurata l'Eresia nella quale vissi qualche tempo, e essendo tornato alla fede del legitimo Amore. Mi favorisca di riverire la Signora Regina, alla quale non voglio più scrivere, essendo risoluto di tener con tutti un perpetuo silenzio; poiché l'essere sepolto in un Camerotto è cagione che non dee più vivere la mia memoria nel mondo de' vivi.

renoncé à mes intérêts et sacrifié mes propres satisfactions et que, pour finir, par votre manque de jugement (pour ne rien dire d'autre), je suis tombé dans un *Camerotto.* Rougissez de me traiter de cette manière et si, parce que (selon vous) je suis présentement malheureux, mon Amitié ne vous plaît plus, je vous assure, qu'à moi non plus la vôtre ne plaira plus, même si vous deveniez Prince d'Albanie, ayant toujours été Ami des Amis et non de la Fortune, et mon esprit (comme vous ne le savez que trop) étant incapable de s'assujettir à la vilénie de l'intérêt ou à la tyrannie du Sort. J'avais commencé de vous écrire en plaisantant, mais je n'ai pu m'empêcher de finir pour de bon, et allez donc semer vos vanteries en d'autres terres, car si dans la mienne par le passé elles avaient à peine commencé à germer, bien que vous croyiez qu'elles y avaient jeté de profondes racines, à l'avenir elles se perdront sur le sec. Dans le futur, vous me ferez un plaisir singulier de ne vous point mêler d'aucune façon de mes intérêts, et de vous rappeler que jusqu'aux dernières limites de la vie, et pas seulement à l'occasion de si légères disgrâces, je conserverai cet esprit qui tant de fois vous a soulevé des précipices de la vilénie. Dieu vous accorde le sentiment de votre dette, rende prospère votre fortune, comme vous le désirez, car je me réjouirai toujours de tout ce qui peut vous apporter consolation.

Adieu.

Au Seigneur Don Giovan Battista di Settimo[ak]

8 – *Il remercie pour les faveurs reçues, disserte de ses résolutions, de son état et de ses occupations dans les Camerotti*

Bien que j'ai envoyé à V. S. très Illustre un autre billet, comme cependant je peux croire que la négligence de qui l'a porté dehors l'ait égaré, j'ajoute ces quelques lignes, vous remerciant, ainsi que Madame Giovanna[al], pour les marques de bonté que vous m'avez envoyées, non parce qu'elles m'auraient apporté le parfum du Pays des Labyrinthes[am] ayant désormais abjuré l'hérésie dans laquelle j'ai vécu quelque temps, et étant retourné à la foi de l'Amour légitime. Faites-moi la faveur de saluer Madame Regina[an], à laquelle je ne veux plus écrire, étant résolu de maintenir avec tous un perpétuel silence, parce que le fait d'être enseveli dans un *Camerotto*, est cause que ma mémoire ne doive plus vivre dans le monde des vivants.

Uscirò anche un giorno da queste tenebre; e, se gli Amici e i Padroni stimeranno ben fatto di non cooperar punto alla mia liberazione, ne riconoscerò tutto il beneficio dalla Providenza Divina protettice dell'Innocenza. Se io volessi pagar altri di quella moneta con la quale son io stato venduto forse in tre giorni uscirei da questa sepoltura; ma guardimi Dio, che mi si possa giammai oppor macchia d'azione indegna su 'l volto. Son vivuto ormai trent'anni, a dispetto della malignità degli huomini e delle ingiurie della Fortuna, con fama incontaminata, trattane qualche leggiera colpa di vanità giovinile da me volontariamente contratta, e capricciosamente nudrita; e con questa pretendo d'arrivare fino a gli ultimi spiriti della mia vita. E se l'altrui tirannide m'ha spinto a far qualche risoluzione in apparenza poco prudente, Io che so in quanti piedi d'acqua mi trovi, so ancora di non aver mancato a me stesso, se non forse in lasciarmi troppo falcimente ingannare e tradire; che se tutti quelli che obligarono la propria riputatione alla mia diffesa per farmi osservare quello che mi veniva promesso, non mi avessero lasciato far torto, e quelli che mi fingevano l'Amico, non si fossero fatti Ministri del più detestabile tradimento che possa imaginare l'umana malvagità, i miei interessi caminarebbono diversamente da quel che si vede. Ma giri il mondo come vuole, se in altro tempo (e elle ne può essere buonissimo testimonio), con l'innocenza delle mie azioni, con la vivacità del mio spirito e con la grandezza del mio coraggio potei superare tutti gli incontri cattivi oppostomi dalla Fortuna per preciparmi senza piegar mai l'animo ad atto alcuno di viltà, così prentendo che gli altrui mancamenti non debbiano farmi mancar punto a me stesso, e conservarò la fede anche a nemici, anche a i tradittori, volendo più tosto sofferire ogni strazio che veder altri vituperati per causa mia. Viva pure ognunno a suo talento, ed operi comme gli piace, che in ogni maniera veglia perpetuamente l'occhio della Giustizia divina, e se per i suoi occulti giudici permette che anche l'Innocenza venga talora oppressa dalla malignità, finalmente per lungo e torto, ma certo e sicuro sentiero conduce tutti al proprio fine per ricevere o la ricompensa del Bene, o la pena del Male. Al rimanente, fra le miserie di questo Paese della Disaventura, mi vivo con la medesima tranquillità che farei nelle commodità della propria Casa fra le carezze de' domestici; e benché non abbia né libri,

Je sortirai bien un jour de ces ténèbres, et si mes Amis et mes Maîtres considèrent comme une bonne chose de ne coopérer en rien à ma libération, j'en attribuerai tout le bénéfice à la Providence Divine protectrice de l'Innocence. Si je voulais payer les autres de la même monnaie avec laquelle j'ai été vendu, peut-être sortirai-je de cette sépulture en trois jours ; mais Dieu me préserve, que l'on ne puisse jamais relever la moindre tache d'action indigne sur mon visage. J'ai vécu désormais trente ans au mépris de la malignité des hommes et des injures de la Fortune avec ma réputation intacte, à l'exception de quelque légère faute de vanité juvénile volontairement contractée et capricieusement nourrie ; et je prétends la conserver ainsi jusqu'aux derniers soupirs de ma vie. Et si la tyrannie d'autrui m'a poussé à quelque résolution en apparence peu prudente, moi qui sait exactement à quel point j'en suis, je sais aussi n'avoir pas manqué à moi-même, sinon peut-être en me laissant trop facilement tromper et trahir, car si tous ceux qui engagèrent leur propre réputation en ma défense pour me faire exiger ce qui m'était promis ne m'avaient pas laissé commettre le tort, et si ceux qui feignaient m'être Amis ne s'étaient faits les Ministres de la plus détestable des trahisons que puisse imaginer la méchanceté humaine, mes intérêts chemineraient différemment de ce que l'on peut voir.

Mais que le monde tourne comme il veut, et si je peux à l'avenir (et vous pouvez en être le meilleur témoin), par l'innocence de mes actions, la vivacité de mon esprit et la grandeur de mon courage, franchir tous les mauvais obstacles que m'oppose la Fortune pour me faire tomber, sans jamais plier ma volonté à un quelconque acte de vilénie, alors les manquements d'autrui ne doivent d'aucune façon me faire manquer à moi-même et je conserverai ma parole même aux ennemis, même aux traîtres, préférant plutôt souffrir tous les tourments que de voir autrui vitupéré par ma faute. Que chacun vive donc selon son génie et agisse comme il lui plaît, car dans tous les cas l'œil de la justice divine veille perpétuellement et ses décisions occultes permettent que même l'Innocence soit parfois oppressée par la malignité, en fin de compte, par un long et tortueux sentier, mais certain et assuré, elle conduit tout le monde à sa propre fin pour recevoir, qui la récompense du Bien, qui la peine du Mal.

Pour le reste, entre les misères de ce Pays de la Mésaventure, je vis avec la même tranquillité que je le ferais dans les commodités de ma propre maison parmi les caresses des familiers ; bien que je n'ai ni livre,

né penne, né carta, né inchiostro, tutta volta, col favore di qualche Amico che ho trovato anche nelle infelicità di questa caduta, vado scribatando qualche cosa, e spero che un giorno il mondo vederà qualche Opera del Brusoni piena di varie Bizzarie, indizio del poco fastidio che mi prendo degli oltraggi della sorte. L'occasione della vicina festa dello sposalizio del Mare m'ha posto materia di abbozzare un breve Panagirico alla Serenissima Repubblica, e s'avessi carta da trascriverlo a mio modo forse gliene farei presentare, ma di questo ad altro tempo, e in tanto riverisco la Signora Donna Giovanna, e resto ecc.

Al Sig. A… G…
9 – *Descrive brevemente il suo stato ne' Camerotti.*

Volete sapere quel che io faccia qua dentro? Venite a vederlo, e sì mi levarete la fatica di scriverlo. In compendio mangio, bevo e dormo quanto e quando mi piace. Non leggo, perché non ho libri, non iscrivo perché non ho carta, sto sempre in letto, perché non so dove andare; mi perdo qualche volta nella felicità de' pensieri Amorosi, e racconto e sento raccontar delle favole delle quali potrei ormai tesserne un intiero volume, se fossi a Saleto. Ora me ne vado a cena, e poi alla veglia a sentirne una bella che m'è stata promessa di persone non solamente vostre coetanee, ma paesane. Conservatemi in grazia vostra, e raccomandatemi a quel bell'Umore della Signora Perina.

Al Sig. Gio. Batt. Contarini
10 – *Il ringrazia, gli dà parte d'alcuni negozi, e gli manda alcuni versi.*

Poco prima che V. E. si compiacesse di venire ad onorarmi della sua presente, aveva spedito fuori un viglietto suplicandola dell'onore d'alcuni avvisi, ma perché non le pervenirà forse alle mani che al principio di quest'altra settimana, non ho voluto mancare di riverirla con un'altra occasione che mi si porge ringrazziandola, per quel poco che vaglio, della continuazion delle grazie che mi va facendo a giornata, non permettendomi la strettezza del luogo di farlo passar in voce i miei sentimenti.

ni plume, ni papier, ni encre, toutefois, par la faveur de quelque ami, je m'occupe à écrivailler quelque chose, et j'espère qu'un jour le monde verra quelque Œuvre de Brusoni pleine de diverses Bizarreries, signe du peu d'affliction que je conçois des outrages du sort[ao].

L'occasion de la fête prochaine des épousailles de la Mer m'a donné matière d'ébaucher un bref Panégyrique de la Sérénissime République[ap], et si j'avais du papier pour le transcrire à ma façon, peut-être que je vous le ferais montrer, mais on verra cela une autre fois, en attendant je fais la révérence à Madame Giovanna, et je reste, etc.

Au Seigneur A… G…
9 – *Il décrit brièvement son état dans les Camerotti*

Vous voulez savoir ce que je fais ici dedans ? Venez donc le voir et vous m'ôterez la peine de l'écrire. En résumé je mange, bois, et dors quand et tant qu'il me plaît. Je ne lis pas, parce que je n'ai pas de livre, je n'écris pas, parce que je n'ai pas de papier, je suis toujours au lit, parce que je ne sais où aller ; je me perds parfois dans la félicité de pensées Amoureuses, et je raconte et entends raconter des fables dont je pourrais désormais composer un volume entier, si j'étais à Saleto[aq]. Maintenant je m'en vais dîner, et puis à la veillée en entendre une de belle, qui m'a été promise par une personne qui non seulement a le même âge que vous, mais est du même pays. Conservez-moi en votre grâce et recommandez-moi au bel esprit de Madame Perina[ar].

Au Seigneur Giovanbattista Contarini
10 – *Il le remercie, lui fait part de quelques affaires et lui envoie quelques vers*

Peu avant que Votre Éminence daignât m'honorer de sa lettre, j'avais expédié au dehors un billet pour vous supplier de me favoriser de quelque conseil, mais comme il ne vous parviendra peut-être pas entre les mains avant le début de la semaine prochaine, je n'ai pas voulu manquer de m'incliner devant vous dans une nouvelle occasion qui se présente de vous remercier par ces quelques lignes de la poursuite des faveurs que vous me dispensez de jour en jour, l'étroitesse du lieu ne me permettant pas de vous communiquer mes sentiments par la parole.

Intendo però, con mia grandissima sodisfazione, che 'l mio plico sia pervenuto alle mani del Serenissimo Principe favorito dalla sua protezione, e sto con desiderio aspettando il ritorno dell'Illustrissimo signor Carlo, non tanto per l'indrizzo de' miei interessi principali, quanto per sottrarmi all'inclemenza della stagione che diventa ora insopportabile, per essermi toccato la sorte il più stretto, e in consequenza il più caldo Camerotto che sia in questo cerchio. Mando qui anessi a V. E. alcuni pochi versi scritti a compiacenza d'un amico, che trovandossi condannato in vita alle miserie di queste carceri sta in procinto di liberarsene in breve con una grazia; e glieli mando, non perché sian cosa meritevole di godere il favor della sua lezione, ma per essere un parto effimero nato a guisa della Pirausta per subito moririsi nelle fornaci di questi Camerotti, e perché veda che i Lauri Poetici non temono punto i fulmini della cattiva fortuna. Con che per fine resto ecc.

Al Sig. V. M.
11 – *Discorre intorno alla morte del Re Critianissimo Luigi Decimoterzo, e delle consequenze che tira seco per tutta l'Europa.*

La morte del Re Critianissimo accennatami da V. S. porterà seco certamente di grandi rivoluzioni in Europa. La Francia, che su l'ali della Fortuna d'un Re così valoroso sollevata alla gloria d'arbitra della Cristianità portava la guerra, e la pace, ovunque voleva, ora caduta nelle fievolezze d'un Re fanciullo, agitata delle pretensioni de' Principi del sangue, e percossa dalle occulte machinazioni de' suoi nemici, si troverà così bene impacciata in casa propria, che resterà libero il campo a gli altri Principi del sangue, e percossa dalle occulte machinazioni de' suoi nemici, si troverà così bene impacciata in casa propria che resterà libero il campo a gli altri Principi d'avvantaggiare co' suoi disturbi i proprii interessi. So che la robustezza della complessione di quella potentissima Monarchia digerirà facilmente i durissimi cibi di questi incontri sinistri della fanciullezza Reale, e delle fazioni de' Grandi, come in somiglianti occorrenze abbiamo sempre veduto, là dove la Spagna ed altri Principati sogliono altamente sconvolgersi, e smarrirsi per ogni leggiero disconcio, o di Principi fanciulli, o di sollevazioni di sudditi, ma non è però che in questo grande emergente Ella non sia per risentirsi gagliardamente, trovandosi ancora poderosissime le reliquie della fazione del Cardinal di

Je suis cependant très heureux d'apprendre que mon courrier est parvenu entre les mains du Prince Sérénissime grâce à votre protection, et j'attends avec impatience le retour du seigneur Carlo, non pas tant pour la satisfaction de mes intérêts principaux que pour me soustraire à l'inclémence de la saison qui devient maintenant insupportable, le sort m'ayant attribué le *Camerotto* le plus étroit, et donc le plus chaud qu'il y ait en ce cercle[as].

J'envoie ci joint à V. E. quelques vers écrits pour complaire à une ami qui, se trouvant condamné à vie aux misères de ces prisons est sur le point d'en être libéré par une grâce[at] ; je vous les envoie, non parce qu'ils seraient digne de votre lecture, mais comme un accouchement éphémère né comme le Pyrauste[au] pour aussitôt mourir dans les fours de ces *Camerotti* et afin que vous voyiez que les Lauriers Poétiques ne craignent point les foudres de la mauvaise fortune. Avec cela enfin, je reste, etc.

Au Seigneur V. M[av].
11 – *Il disserte sur la mort du Roi Très-Chrétien Louis XIII, et des conséquences qu'elle entraîne pour toute l'Europe*[aw]

La mort du *Roi Très-Chrétien* que V. S. m'a annoncée, s'accompagnera sans doute de grandes révolutions en Europe. La France qui, sur l'aile de la Fortune d'un Roi aussi valeureux, exhaussée à la gloire d'arbitre de la Chrétienté, portait la guerre et la paix partout où elle voulait, maintenant tombée dans les faiblesses d'un Roi enfant, agitée des prétentions des Princes du sang, et frappée par les occultes machinations de ses ennemis, se trouvera tellement occupée dans sa propre maison, que le champ sera libre pour les autres Princes de faire avancer leurs propres intérêts en semant le trouble. Je sais que la robustesse de la complexion de cette très puissante Monarchie digèrera aisément les aliments très rebutants de cette sinistre rencontre de l'enfance Royale et des factions des Grands, comme nous l'avons toujours observé en semblables conjonctures, là où l'Espagne et les autres Principautés ont coutume d'être entièrement bouleversées et de s'égarer à chaque légère dissonance, soit de Princes enfants, soit de soulèvements des sujets ; mais il n'en reste pas moins qu'en une aussi grande crise, Elle ne peut manquer de s'en ressentir gaillardement, les restes de la faction du Cardinal de

Richeleù, mentre quelle d'Orleans, di Lorena e d'altri Signori principalissimi pretenderanno con questa occasione di soverchiarle, e d'abbatterle. Insomma da questa morte ci verrà auttenticato l'assioma di Tacito, che *momento summa verti possunt.* Così l'Imperio Germanico respirando da quella parte potrà meglio incamminarsi alla diffesa delle sue Provincie desolate, e forse all'espulsione de' nemici da' suoi confini. La Spagna ridotta a gli ultimi termini della disperazione solleverà se medesima dal principizio, e dove sembrava quasi inabile alla propria diffesa, prenderà ardimento ella ancora di guerregiare i suoi Ribelli, e farà mestiere a Portogallo ed a Catalogna di star costanti nella confessione intrapresa per non ritornare al martirio del Dominio Castigliano. L'Olanda, che insospettita della fortuna Francese aveva allentato il corso delle sue armi, per non fomentare gli accrescimenti d'una potenza di cui sarebbe stata in continua gelosia, allargherà ora il freno de' suoi disegni per aggrandire i confini del suo Imperio divenuto ormai formidabile a tutto il Settentrione. Il Partito Reale d'Inghilterra sospirerà, benché emulo perpetuo del nome Gallico, la caduta di quel gran Principe per lo sollievo che poteva aspettare dalla sua assistenza. Il Duca di Lorena sta ormai librato sull'ali della speranza per volarsene al riacquisto de' suoi stati, la Savoia corre pericolo di qualche nuova divisione e turbolenza; e voglia il Cielo, che non si rinovino in Lombardia gli assedi tanto temuti di Casale. L'Italia finalmente liberata dal sospetto dell'armi Francesi attenderà con ardenza maggiore a nudrire le proprie discordie, che nate da leggieri cagioni minacciano di volerla ridurre in cenere. Direi d'avantaggio, se l'essere fuori del mondo non m'insegnasse il silenzio; perché, avendo peravventura in questi due mesi che mi trovo fuori del mondo cangiato faccia le controversie presenti, potrei cascar falcimente in qualche giudicio ridicolo non che temerario. Osservo solamente con leggiero trascorso le grandi catastrofi, che da un anno in qua si sono rappresentate nel funesto teatro della Corte di Francia. Dopo la morte della Regina Madre esule e ramminga in terra nemica, svaporate finalmente le mine delle fatali discordie de' Favoriti del Re, balzò sovra un palco nella piazza di Lione la testa del grande Scudiere, ch'era l'anima sua; venne imprigionato Buglione, condannato Orleans, e la stessa Regina Regnante nudrì qualche timore di se medesima. Indi,

Richelieu se trouvant encore extrêmement puissantes, celles des ducs d'Orléans[ax] et de Lorraine[ay], et d'autre grands Seigneurs chercheront à cette occasion à les opprimer et à les abattre.

En somme, par cette mort nous pourrons vérifier l'axiome de Tacite, selon lequel *momento summa verti possunt*[az]. Ainsi l'Empire Germanique soulagé de ce côté pourra-t-il mieux entreprendre de défendre ses Provinces désolées[ba], et peut-être d'expulser ses ennemis aux frontières. L'Espagne, réduite aux derniers termes du désespoir se hissera elle-même au-dessus du précipice, et alors qu'elle semblait quasiment incapable de se défendre elle-même, aura plus encore l'audace de faire la guerre à ses Rebelles, et obligera le Portugal et la Catalogne à rester constants dans l'engagement qu'ils ont pris de ne pas retourner au martyre de la Domination. La Hollande qui, se défiant de la fortune Française, avait ralenti le cours de ses entreprises guerrières pour ne pas fomenter l'accroissement d'une puissance qu'elle aurait continuellement jalousée, lâchera maintenant le frein de ses desseins pour étendre les frontières de son Empire, devenu désormais formidable dans le Septentrion. Le Parti Royal d'Angleterre, bien qu'émule perpétuel du nom Français, pleurera la chute de ce grand Prince pour le soulagement qu'il pouvait espérer de son assistance. Le Duc de Lorraine, est désormais juché sur les ailes de l'espérance pour s'envoler vers la reconquête de ses états, la Savoie court le danger de quelque nouvelle division et turbulence ; et veuille le Ciel que ne se renouvellent pas en Lombardie les assauts tant redoutés de Casale[bb]. L'Italie, finalement libérée du risque des armes Françaises, s'emploiera avec une ardeur majeure à nourrir ses propres discordes, qui nées de légères causes, menacent de la vouloir réduire en cendre.

J'en dirais d'avantage si le fait d'être hors du monde ne m'enseignait le silence, parce que si par aventure en ces deux derniers mois[bc], où je me trouve hors du monde, la face des présents conflits avait changé, je pourrais tomber facilement en quelque jugement ridicule, voire téméraire.

J'observe seulement, à la va-vite, les grandes catastrophes qui depuis un an ont été représentées sur le funeste théâtre de la Cour de France. Après la mort de la Reine Mère en exil, errante en terre ennemie, une fois éventées les mines des fatales discordes des Favoris du Roi, la tête du grand écuyer, qui était sa créature, tomba sur un échafaud dans la place de Lyon[bd] ; Bouillon fut emprisonné[be], Orléans condamné[bf], la Reine Régnante elle-même nourrit quelque crainte pour sa vie. Ainsi, ce Paris

a pochi mesi, quel Parigi che avea raccolto trionfante il Cardinale di Richeleù vide cangiarsi in un momento in faci funerali i lumi de' suoi trionfi, morendo quell'huomo fortunatissimo nello sforzo maggiore de' suoi vasti disegni, e fra le consolazioni della ruina de' suoi nemici. Ed ora, quando pareva che tutta l'Europa prostrata a' piedi di quell'invitto Monarca gli tributasse in ossequio con le Provincie soggiogate i cuori de' popoli innamorati del suo valore, ecco da repentino nembo di morte oscurati gli splendori delle sue glorie, travolto il corso delle sue imprese, tempestate le belle campagne de' suoi eserciti, e tutta la Francia allagata di lagrime, e si contenrebbe di vedersi tutta irrigata di sangue per ricomperare col prezzo di centomila vite quell'augustissima Vita. Tanto basta, che 'l pretendere d'esaggerare sopra questi grandi accidenti, e 'l voler penetrare ne' segreti della Providenza divina, è una vanità temeraria degna di scherno e di riso. La verità è che tutta Europa accompagnerà co' suoi lamenti, e con le sue lagrime, le esequie di quel grandissimo Monarca, non potendo rallegrarsi della sua morte fuor che i nemici del nome Cristiano, o gli usurpatori dell'altrui Corone. Non mancheranno altresì di Cigni di Parnaso d'immortalar se medesimi nel consacrare all'immortalità il nome, le fortune, le glorie, le virtù, le prodezze e i meriti di Luigi Terzodecimo Re di Francia e di Navarra, il Grande, il Pio, il Vittorioso, il Giusto, tra' quali grandemente mi spiace che la Fortuna non abbia voluto annoverarmi, perché potessi sodisfare almeno in qualche particella al merito della Virtù, e al debito della mia devozione. Chi sa? Forse Amore il padre delle maraviglie potrebbe far nascere dagli orrori di queste tombe mortifere una qualche picciola Face da perpetuarsi nel Tempio della sua Fama, in cui sovente sono meglio gradite le deboli scentille dell'affetto che i lumi vivacissimi dell'ingegno. Con che ringraziando cordialmente V. S. della cortese parte che l'è piacciuto darmi di questo dolorosissimo accidente, le baccio per fine affettuosamente le mani.

Al Sig. P… B….
12 – *Scherza con l'Amico intorno a varii propositi.*

Non si [ricorda] V. S. la sentenza della canzon Viniziana

qui avait accueillit le Cardinal de Richelieu triomphant à quelques mois de distance, vit-il changer en un moment les lumières de ses triomphes en flambeaux funèbres, avec la mort de cet homme tellement fortuné dans le plus grand effort de ses vastes desseins et la satisfaction de voir la ruine de ses ennemis.

Et aujourd'hui, alors qu'il semblait que toute l'Europe, prosternée aux pieds de ce Monarque invincible, lui offrait en tribut avec les Provinces conquises les cœurs des peuples remplis d'amour pour sa valeur, voici les splendeurs de sa gloire obscurcies par une soudain nuage de mort, le cours de ses entreprises foudroyé, les belles campagnes de ses armées ravagées, et toute la France noyée de larmes, et elle serait prête à se voir toute irriguée de sang pour racheter au prix de cent mille vies cette Vie très auguste.

Mais il suffit, car prétendre renchérir sur ces grands accidents et vouloir pénétrer les secrets de la Providence divine est une vanité téméraire digne de moquerie et de dérision. La vérité est que toute l'Europe accompagnera de ses lamentations et de ses larmes les funérailles de ce très grand Monarque, personne ne pouvant se réjouir de sa mort, excepté les ennemis du nom de Chrétien, ou les usurpateurs des Couronnes. Il ne manquera pas non plus de Cygnes du Parnasse pour s'immortaliser eux-mêmes en consacrant à l'immortalité le nom, les fortunes, gloires, vertus, prouesses et mérites de Louis XIII Roi de France et de Navarre, le Grand, le Pieux, le Victorieux, le Juste, parmi lesquels il me déplaît terriblement que la Fortune n'ait pas voulu me compter pour que je puisse satisfaire au moins par quelque miette au mérite de la Vertu et à la dette de ma dévotion. Qui sait ? Peut-être Amour, le père des merveilles, pourrait-il faire naître des horreurs de ces tombes mortifères quelque modeste flambeau pour brûler dans le Temple de sa Renommée ; où souvent sont mieux appréciées les faibles étincelles de l'affection, que les lumières éclatantes du talent.

Sur ce, remerciant cordialement V. S. de l'amabilité qu'il lui a plu de me faire en m'apprenant cet accident terriblement douloureux, je lui baise pour finir affectueusement les mains.

Au Seigneur P… B^{bg}….
12 – *Il plaisante avec son ami sur divers sujets*

V. S. ne connaît-elle pas la maxime de la chanson vénitienne :

Che la troppa cortesia
De le Donne è vanità?

Anche le muse, che son femmine, così bene come sieno le nostre Madonne hanno capriccio di voler esser pregate e ripregate, e di dar martello a' Foiani. Isomma per preghiere che io mi faccia, non mi vogliono aprir la porta di Parnaso, sì che mi dubito che, dal troppo stare allo scoperto, aspettando che venga loro questo umore in corpo, mi converrà svaporare inutilmente tutto il furore Poetico che mi sento bullicar nel capo. Picchierò ancora la quintadecima volta, e se mi varranno aprir almeno lo sportello della cucina del Bernia, farò una scorpacciata di fave fresche col cascio Parmigiano, rimettendo ad altro tempo il sorbire le minestrine per fermare il capogirlo. Intanto, in vece delle canzonette di Pindaro, d'Anacreonte, d'Orazio, del Petrarca e del Tasso, vado imparando la Cartina bella fatt'in qua, la Dolce e cara Lilla con somiglianti delizie de' balli Viniziani, che queste mie Camerate cantano con somma contentezza, e devento discepolo del Bordello dopo d'essere stato qualche tempo Cattedrante nell'Accademia. E non le pare che i nostri Camerotti possedano così bene i Privilegi d'addottorare i Malprattici come si facciano gli studi di Padova, di Bologna e di Parigi? Aspettisi pure di sentirmi fra pochi giorni in cattedra a far lizioni di filosofia, di Poetica Camerottesca, incacandone a quanti Aristoteli giammai pretesero di dar legge alla libertà degl'ingegni sesquipedali; in tanto mi conservi nella sua grazia. ecc.

Al Sig. P.... B....
13 – *Nel mandargli alcuni versi gli augura la libertà..*

Mando a V. S. alcuni pocchi versi per secondare il suo desiderio, non perché sian cosa degna d'esser veduta. Oltre a che è tanto tempo, che son bandito da i confini di Parnaso, l'incommodità, gli strepiti, e l'occorrenze del luogo mi mettono tutt'altro in testa, che pensieri poetici. Riceva a dunque questi pochi quaternarii per semplicie sodisfazione del mio debito in espressione del suo disiderio, che io per me sentirò gusto particolare, che fortificano nella sua persona il fine bramato, sì che possa

Que trop de politesse
Chez les femmes est vanité?

Même les muses, qui sont femmes elles aussi, comme le sont nos Dames, ont pour caprice de se faire prier et prier encore et de rendre fous les Libidineux. En somme quelles que soient les prières que j'y mets, elles ne me veulent point ouvrir la porte du Parnasse, tellement que je doute, que de trop rester dehors, à attendre qu'il ne leur vienne cette humeur au corps, il me faudra transpirer inutilement toute cette fureur Poétique que je sens bouillir dans ma tête. Je frapperai encore pour la quinzième fois, et si elles acceptent de m'ouvrir au moins le guichet de la cuisine du Berni, je ferai une ventrée de fèves fraîches avec le fromage Parmesan, remettant à plus tard de me cuisiner des bouillons clairs pour m'arrêter le tournoiement de tête[bh]. En attendant, au lieu des chansonnettes de Pindare, d'Anacréon, d'Horace et du Tasse, je m'occupe à apprendre la belle Partition[bi] faite ici, la *Douce*, et *Chère Lilla* et semblables délices des bals vénitiens, que mes compagnons chantent avec un plaisir indicible, et je deviens disciple du Bordel après avoir occupé quelque temps une Chaire à l'Académie[bj]. Et ne vous semble-t-il pas que nos prisonniers possèdent tout aussi bien les Privilèges de diplômer les Ignorants que les universités de Padoue, de Bologne et de Paris ? Que l'on se prépare donc à m'entendre bientôt donner en chaire des leçons de philosophie et de Poétique Camerottesque, conchiant tous ces Aristote qui ont jamais prétendu dicter la loi à la liberté des esprits d'envergure[bk], en attendant, conservez-moi dans vos faveurs, etc.

Au Seigneur P… B…
13 – *En lui envoyant certains vers, il lui augure la liberté*

J'envoie à V. S. ce peu de vers pour répondre à son désir, non parce qu'ils seraient dignes d'être vus. Outre le fait que je suis banni depuis longtemps du royaume de Parnasse, l'incommodité, le vacarme, et les occurrences du lieu me mettent tout autre chose en tête que les pensées poétiques. Recevez donc ces quelques quatrains[bl] comme la simple satisfaction de ma dette afin de répondre à votre désir ; quant à moi je serai enchanté s'ils pouvaient fortifier en votre personne la fin tant recherchée,

ritornar finalmente a rigoder le dolcezze della libertà sì lungamente invano da lei sospirate. E le bacio per fine affettuosamente le mani.

Al Sig. P..... B.....
14 – *Ha il soggetto dell'antecedente.*

Per servire a V. S. ho fatto un miracolo non ho scritto un componimento poetico. Egli è impossibile che tra i perpetui cicalicci di queste genti indisciplinate, e tra gli eterni strepiti di queste misere stanze, si possa raccoglier la mente per dar ricetto alle Muse amanti della placidezza della quiete e della solitudine. Stimerò d'aver fatto assai s'averò trovato il punto del suo disiderio, e senza più a V. S. bacio per fine affettuosamente le mani.

Al Sig. P..... B.....
15 – *Seguita nel soggetto delle antecedenti.*

Questi pochi versacci che mando a V. S. sono creatura del desiderio di servirla, non parti dell'ingegno, il quale, affissato nella considerazione delle turbolenze presenti, non ha talento di concepire, né forza da produrre concetti, che meritino altro titolo che d'aborti del Caso. Con miglior occasione farò qualche cosa di meglio, e questi serviranno per fare una sovracoperta all'ampolla dall'oglio per diffenderla dalli insidie degli Scaraffaggi. E le bacio per fine affettuosamente le mani.

Al sig. A.... G....
16 – *Mostra che trattone l'interesse dell'onore e della fede nessuno debbia di sua volontà imprigionarsi.*

A me piacque sempre il parer d'Alcibiade, che non che del giudicio della sua Patria, ma né pure di quel di sua Madre voleva fidarsi, dubitando ch'ella ancora avesse potuto mettere ignorantemente nel vaso la palla nera in vece della bianca. Si presentano i capponi, diceva un Siciliano quando gli si parlava di questo costume di presentarsi gli huomini

de sorte que vous puissiez retourner finalement jouir des douceurs de la liberté pour lesquelles vous avez si longtemps soupiré en vain.

Et pour finir, je vous baise affectueusement les mains.

Au Seigneur P… B…
14 – *Même sujet que la précédente*

Pour servir V. S. je n'ai pas écrit une composition poétique, j'ai fait un miracle. Car il est impossible, parmi les bavardages incessants de ces gens indisciplinés, parmi les vacarmes éternels de ces misérables demeures, de recueillir son esprit et y recevoir les Muses amantes de la paix, du repos et de la solitude. J'estimerai avoir beaucoup fait, si je parviens à répondre à votre désir, et sans plus attendre, je baise affectueusement les mains de V. S.

Au Seigneur P… B…
15 – *Suite sur le même sujet que les précédentes*

Ces quelques mauvais vers, que j'envoie à V. S. sont les enfants du désir que j'ai de la servir, et non des enfantements de l'esprit ; celui-ci, obsédé par la considération des tribulations présentes, n'a aucun talent pour concevoir, ni force pour produire des *concetti* méritant un autre titre que de fausses couches du Hasard[bm]. Dans une meilleure occasion, je ferai quelque chose de mieux, et ceux-ci serviront à faire une couverture pour l'ampoule d'huile, afin de la défendre contre les assauts des Punaises.

Et pour finir, je vous baise affectueusement les mains.

Au Seigneur A…. G….
16 – *Il montre que, hormis l'intérêt de l'honneur et de la foi donnée, personne ne doit aller en prison de sa propre volonté*

J'ai toujours aimé l'opinion d'Alcibiade, qui non seulement refusait de se fier au jugement de sa Patrie, mais à celui-là même de sa propre Mère, suspectant qu'elle aussi aurait pu mettre par ignorance dans l'urne la fève noire à la place de la blanche[bn]. Ce sont les lâches qui se livrent, disait un Sicilien quand on lui parlait de cette coutume que les

alla Giustizia per iscolparsi di qualche delitto. Trattone insomma l'interesse dell'onore e della fede, che mi portasse quaddentro, per nessun'altra cagione mi vi lascierei condur certamente; perché se ora che mi trovo qui innocente provo così crudeli gli sforzi della malignità, che sarebbe mentre vi fossi colpevole di qualche mancamento? Quando fu portata al medesimo Alcibiade la novella d'essere stato condannato alla morte in Atene, e noi mostriamo, disse, a gli Ateniesi, che Alcibiade è ancora vivo; e così trapassato in Isparta suscitò contro di loro la guerra Decelia. Testa e vogliamoci bene.

Al Sig. F... B...
17 – *Discorre modestamente di se medesimo essendo stato lodato dell'amico.*

Graziosa invero, e da me oltremodo stimata fu la lode che diede Platone ad Aristippo, che gli stasse così bene indosso la porpora come il sacco. Io però non ardirei d'usurparmi tanto quanto mi viene attibuito da V. S., come che fossi per riconoscermi straordinariamente obligato alla natura quando si fosse compiacciuta di concedermi questa grazia. Ma siasi quel che si vuole nella mia persona dell'abito del corpo; so bene che inquanto all'animo né la cattiva fortuna punto m'opprime, né la prospera mi sollieva; anzi quanto più mi veggo perseguitato tanto più mi confermo nelle mie imprese; ed allora, che veggio che mi lusinga con la faccia di qualche prosperità, abbasso gli occhi per non correre dietro a gli allettamenti fallaci della superbia nel precipizio di qualche confusione. E qui con ringraziare V. S. della cortese opinione che porta della mia debolezza, non passo più avanti in questo proposito; accioché qualcheduno non si prendesse briga di rinfacciarmi lo scherzo di quello Spartano, che trovato il Rossignolo ben forinto di piume, e mal in arnese di carne, gli disse che non era altro che voce; poiché ella sa bene che a' nostri giorni ancora si trovano molti discendenti di quel Muzio, che veduto da Publio Siro fuori di suo costume malinconico, gli diede occasione di pronunziare che bisognava che o fosse accaduto a lui qualche cosa di male, ovvero ad altri qualche cosa di bene. Et a V. S. bacio in fine affettuosamente le mani, e le raccommando il mio negozio col Sig. Contarini, perché io veda una volta qual piaga voglia prendere questa causa ormai rancida e ammuffatta.

hommes avaient de se livrer à la Justice pour se disculper de quelque délit. Hormis l'intérêt de l'honneur et de la foi, qui pourrait me porter ici dedans, je ne m'y laisserais certes conduire pour aucune autre raison, parce que si à l'heure qu'il est, alors que je suis innocent, je trouve aussi cruels les assauts de la malignité, qu'en serait-il si j'étais coupable de quelque faute ? Quand on apprit au même Alcibiade la nouvelle qu'il avait été condamné à mort à Athènes, « et moi, dit-il, je montre aux Athéniens qu'Alcibiade est toujours vivant », et c'est ainsi que, passé à Sparte, il déclencha contre eux la guerre de Décélie[bo].

Fin et restons bons amis.

Au Seigneur F… B…

17 – *Il disserte modestement de lui-même, pour avoir été loué par l'ami*

Je trouve vraiment élégante et j'estime fort la louange que Platon fit à Aristippe, lui disant qu'il portait le pourpre aussi bien que la toile à sac[bp]. Pour ce qui est de moi, je n'oserais m'arroger ce qui m'est attribué par V. S., disant que je devrais être infiniment reconnaissant à la nature d'avoir daigné me concéder cette grâce. Mais qu'il en soit comme on voudra dans ma personne de l'habit du corps ; je sais bien que, en ce qui concerne l'esprit, pas plus que la bonne fortune ne m'exalte, la mauvaise ne m'abat. Au contraire, plus je me vois persécuté, plus je montre de fermeté dans mes entreprises ; et lorsque je vois que la fortune me sourit par l'apparence de quelque prospérité, je baisse les yeux pour ne pas courir après les attraits fallacieux de l'orgueil dans le précipice de quelque confusion. Et ici, en remerciant V. S. pour la bonne opinion qu'elle nourrit de ma faiblesse, je ne m'engage pas plus avant dans ce discours, afin que personne ne me cherche querelle en me remontrant la plaisanterie de ce Spartiate qui, pour avoir trouvé le Rossignol bien fourni de plumes et mal mis pour la chair, lui dit qu'il n'était rien d'autre qu'une voix ; car vous savez bien que, de nos jours, il se trouve de nombreux descendants de Mutius, lequel ayant été aperçu par Publius Syrus[bq] hors de son habitude mélancolique, donna à celui-ci l'occasion de dire qu'il devait lui être arrivé quelque chose de mal, ou à d'autre quelque chose de bien.

Je baise enfin affectueusement les mains de V. S. et vous recommande mon affaire avec le Seigneur Contarini, pour que je puisse voir enfin quel tour veut bien prendre cette affaire désormais rance et moisie.

Alla Sig. D… B….
18 – *Che non si può risolvere nel principio degli accidenti.*

Signora, chi ama daddovero non conosce il suo bene né il suo male. Non so però che mi dire nel proposito accennatomi da V. S., e mi riserbo a prendere risoluzione allora che, diradatosi il fumo sollevato da' primi bollori di questo accidente, resterà alla ragione libera la conoscienza per discernere non solamente tra il male e il bene, ma tra 'l bene e 'l meglio. Intanto assicurisi V. S. che nel mio cuore non patiscono mai variazione alcuna gli affetti, come che gl'incontri della Fortuna sforzino a prendere talvolta de' partiti contrari alle mie sodisfazioni e al mio genio, ma non però mai diversi dall'osservanza della mia fede, e dal conoscimento del mio dovere. Con che per fine supllicandola a conservarmi nel possesso della sua grazia le bacio riverentemente le mani.

Alla Sig. D…. B….
19 – *Discorre amorosamente del suo stato.*

Brievemente, Signora, perché non si può scrivere molto. E vero, che tra i mortiferi orrori di questo oscuro sepolcro mi giaccio cadavere spirante privo del doppio Sole dei vostri begli occhi; poiché del Sole celeste poco mi curerei, mentre la mia perpetua notte venisse illustrata da' raggi beati del vostro leggiadrissimo volto. Ma non per questo mi vivo, come pensate, affatto infelice, mentre i sogni ed i pensieri mi rappresentano a gli occhi della mente la felicità della vostra soavissima presenza. Bellissima Signora, non mi fatte voi co' vostri pianti i funerali, che io non mi stimerò cadavere, benché sepolto, ma spirerò aure di vita infino a che vi compiacerete di conservare il mio cuore nel possesso del dolcissimo albergo del vostro bel seno, vivificato dal benigno splendore de' vostri serenissimo lumi. Mia Signora, ecc.

À Mad. D… B…
18 – *Qu'il n'est pas possible de trouver une solution au début des accidents*

Madame,

Qui aime vraiment ne connaît ni son bien, ni son mal. Je ne sais pourtant que penser de ce à quoi V. S. m'a fait allusion et je me réserve de prendre une résolution plus tard, lorsque une fois dissipées les vapeurs soulevées par les premiers bouillons de cet accident, la raison retrouvera sa libre faculté pour discerner non seulement entre le bien et le mal, mais aussi entre le bien et le meilleur.

En attendant que V. S. soit assurée que mon cœur ne souffre jamais d'aucune inconstance de sentiments, même si les rencontres de la Fortune m'obligent à prendre parfois des partis contraires à mes commodités et à mon génie ; mais jamais cependant incompatibles avec l'observation de ma parole et avec ce que me dicte le devoir.

Sur ce, tout en vous suppliant de me conserver l'octroi de votre faveur, je vous baise les mains avec révérence.

[159]
À Madame D… B…
19 – *Il disserte amoureusement de son état*

En peu de mots, Madame, parce qu'il est impossible de beaucoup écrire.

Il est vrai que parmi les horreurs mortifères de cet obscur sépulcre je gis cadavre animé privé du double Soleil de vos beaux yeux ; car du Soleil céleste je me soucierais bien peu, si ma nuit perpétuelle était illuminée des bienheureux rayons de votre merveilleux visage. Mais je ne vis pour autant, comme vous pensez, malheureux, alors que les songes et les pensées me représentent aux yeux de l'esprit la félicité de votre délicieuse présence. Ma très belle Dame, ne faites donc pas de vos pleurs mes funérailles, car je ne m'estimerai pas cadavre, bien qu'enseveli, mais je respirerai l'air de la vie tant que vous daignerez conserver mon cœur en la protection du très doux asile de votre beau sein, vivifié par la splendeur bénigne de vos très sereines lumières.

Madame, etc.

Alla Sig. D.... B....
20 – *Nel mandarli alcune composizioni discorre de' suoi affetti.*

Un graziosissimo Giovine essendo anche egli venuto a provare per alcuni giorni le delizie di queste felicissime stanze, e avendo penetrato non so che della mia inclinazione, s'è compiacciuto, per auttenticarmi nella sua gentillezza il suo affetto, di mandarmi un sonetto e un madrigaletto assai gentili, ne' quali ha veramente toccato il punto, né potrei scrivervi meglio io stesso di quello che egli abbia fatto per me. Ho pertanto voluto farvene parte con pregarvi a leggerli attentamente, perché s'è vero quello che altri v'attesta in mio nome che benché chiuso in fosco loco e cinto di freddi sassi

Sol nel pensare in voi godo, e contento
Arde il mio core.

E che in virtù delle mie purissime fiamme

Io vedo luce ov'ogni lume è spento

Così desidero che vi piaccia d'esaudire quella preghiera.

Ma serbate mia fede
Nel vostro vago sen sol per bearmi.

La carta mi manca, ma non la voglia di scrivervi, e però con un sospiro affettuosissimo vi bacio riverentemente le mani.

Al Sig. Gio. Battista......
21 – *Il ringrazia di favor ricevuto, e sé gli esibisce.*

Ringrazio V. S. del favore del Viglietto mandatomi insieme con le sue cortesissime offerte; e perché l'altrui gentilezza suol essere fomento d'impertinenza, vengo a porgerle per me stesso occasione di maggiormente obligarmi col recapito de' Viglietti qui anessi, lasciando alla sua disposizione il francarli conforme all'occorrenza che se le presenterà. Nel resto veda V. S. se in cosa alcuna possa essere abilitato all'onore de suoi comandi per non viverle servidore inutile, e si vaglia di me con altrettanta

À Madame D… B…
20 – *En lui envoyant quelques compositions il disserte de ses sentiments*

Un Jeune homme fort gracieux étant lui aussi venu goûter pour quelques jours les délices de ces bienheureux logements, et ayant perçu je ne sais quoi de mes inclinations, il lui a plu, pour me prouver gentiment son affection, de m'envoyer un sonnet et un petit madrigal fort élégants, où il a vraiment visé juste, et je ne saurais moi-même vous écrire mieux que lui ne l'a fait pour moi. J'ai donc voulu vous en faire part en vous priant de les lire attentivement, car s'il est vrai, comme d'autres vous l'attestent en mon nom, que tout en étant enfermé en un lieu sinistre et ceint de froides pierres

Il me suffit de penser à vous pour jouir, et content
Brûle mon cœur.

Et par la vertu de mes très pures flammes

Je vois la lumière là où toute clarté est morte.

Ainsi je désire, qu'il vous plaise d'exhausser cette prière.

Mais conservez ma foi
Dans votre beau sein, seulement pour me contenter.

Le papier me manque, mais non le désir de vous écrire, et c'est alors avec un soupir très affectueux, que je vous baise respectueusement les mains.

Au Seigneur Giovan Battista[br]……
21 – *Il le remercie pour la faveur reçue, et la lui représente*

Je remercie V. S. pour la faveur du Billet qu'elle m'a envoyé avec ses offres pleines de courtoisie ; et comme la gentillesse d'autrui est souvent source d'impertinence, je viens par la présente vous donner l'occasion de m'obliger plus encore par la réception des Billets ci-joints, laissant à votre discrétion de les transmettre suivant les opportunités qui se présenteront. Par ailleurs, que V. S. voie si je puis en quelque façon mériter l'honneur de ses commandements pour ne pas demeurer son inutile serviteur, et si elle voudra se valoir de moi avec une confiance

confidenza con quanta cortesia s'è compiacciuta di favorimi, mentre io per fine le bacio affettuosamente le mani.

Al Serenissimo Principe di Vinezia
22 – *Dedica a Sua Serenità le Glorie Maritime.*

Il rimbombo delle Artiglierie, che ier matina applaudeva al passaggio della Serenità Vostra, allo Sposalizio del Mare penetrato nel sepolcro di questo carcere mi risvegliò nell'animo con la memoria delle sue Maritime Glorie il desiderio d'accompagnarle con la vivacità dell'affetto; poiché dalla perpetua notte che mi circonda mi veniva tolto di seguitarle con l'allegrezza de gli occhi. Ho pertanto voluto auttenticar su le carte con l'ossequio della penna l'immensità di quella divozione verso la Serenità Vostra, che portai meco fin dalla nascita, e cresciuta col crescere degli anni pretende di non mancare che col fine della mia vita. Il Componimento è breve, debole e maltirato, poiché la strettezza del luogo, la carestia della carta e la privazione di tutte le cose necessarie al comporre non m'ha permesso di sciogliere il freno all'eloquenza per correre liberamente il campo delle sue Maritime Glorie, avendo potuto appena leggiermente toccarle. Io però mi confido che la Serenità Vostra, all'uso de' Principi Grandi, riguarderà nella picciolezza del discorso che vengo umilmente a presentarle la grandezza della mia fede, e si compiacerà di concedermi altretanto di grazia, quanto la sua celebrata umanità porge a tutti di confidenza per supplicarla. E qui per fine con profondissima riverenza, ecc.

Al Sig. Gio. Batt. Contarini.
23 – *Gli manda una scrittura, e tratta de' suo interesse e del suo stato.*

Scrissi a' giorni passati un Viglietto a V. E., ma non so se le sia ancora pervenuto; poiché si può bene scrivere facilmente, ma non così facilmente far arrivar le lettere dove bisognerebbe. Ma perché credo che in ogni maniera le sarà tardi o per tempo recapitato, non replicando altro intorno a' prudentissimi avvisi datimi da V. E., verrò semplicemente a supplicarla della grazia di leggere l'annesso Panegirico, in cui, applaudendosi allo Sposalizio del Mare della Serenissima Repubblica,

égale à la courtoisie dont elle s'est plu de me favoriser, alors que je lui baise enfin affectueusement les mains.

Au Sérénissime Prince de Venise[bs]
22 – *Il Dédie à Sa Sérénité les Gloires Maritimes*[bt]

Le retentissement des Canons, qui applaudissait hier matin les Épousailles de la Mer au passage de Votre Sérénité[bu], ayant pénétré jusque dans le sépulcre de cette prison a réveillé en mon esprit, avec la mémoire de vos Gloires Maritimes, le désir de les accompagner de toute la force de mon affection, puisque la nuit perpétuelle qui m'entoure m'interdisait de les suivre pour la plus grande joie de mes yeux.

J'ai pourtant voulu prouver sur le papier par l'obligeance de la plume l'immensité de la dévotion envers Votre Sérénité, que j'ai toujours eu en moi depuis la naissance et qui, n'ayant cessé de grandir avec les ans, nourrit la prétention de ne manquer qu'à la fin de ma vie. La Composition est brève, faible et malhabile, car l'étroitesse du lieu, la pénurie de papier et la privation de toutes les choses nécessaires à l'écriture ne m'ont pas permis de lâcher le frein à l'éloquence par courir librement le champ de vos Maritimes Gloires, n'ayant pu que les effleurer. Cependant, je me persuade que Votre Sérénité, comme le font les Grands Princes, verra dans la petitesse du discours que je viens humblement vous présenter, la grandeur de ma foi, et que vous daignerez me concéder une grâce égale à la confiance que votre fameuse humanité communique à tous de vous supplier.

Et ici enfin avec une très profonde révérence, etc.

Au Seigneur Giovanbattista Contarini
23 – *Il lui envoie un texte, et traite de ses préoccupations et de sa situation*[bv]

J'ai écrit ces jours passés un Billet à V. E., mais j'ignore s'il vous est déjà parvenu ou non ; parce que si l'on peut ici écrire facilement, il n'est pas aussi facile de faire arriver les lettres où il faudrait. Mais comme je pense qu'il est trop tard, ou que vous l'avez depuis longtemps reçu, sans rien répliquer au sujet des très prudents conseils que V. E. m'a donnés, je viendrai simplement vous supplier de me faire la faveur de lire le Panégyrique ci-joint, où en applaudissant aux Épousailles de la

si vengono a toccar leggiermente le ragioni del suo antico e legitimo Dominio su questo Golfo, ed insiem, se le parrà cosa a proposito, di presentarlo al Serenissimo Principe. La miseria e la stretezza del luogo non m'hanno permesso d'allungarmi d'avvantaggio, ed è anche miracolo che abbia potuto far tanto. E certo, che altra mortificazione non provo in questa sepoltura (avvezzo altro a ridermi di tutti gl'incontri della Fortuna, come impotenti a turbare la serenità d'un animo generoso) che il dover perdere inutilmente il tempo nell'increscevole compagnia d'huomini ignorantissimi, e indegni per ogni rispetto d'essere praticati; onde riceverei per favore singolarissimo da V. E. che si compiacesse di procurare, per sua gentilezza, che almeno fossi posto in luogo più condescente al mio stato e alle mie condizioni, nel quale potessi ancora agitare appresso chi può giudicarmi le mie ragioni, parendomi troppo strano che senza essere pur veduto né ascoltato, non che convinto di reità alcuna, debbia essere condannato in una fetida sepoltura, mentre pretendo che altri abbia contratto maggior colpa in mancarmi di parola e di fede, che non ho fatto io in procurare di sottrarmi alla tirannide di chi m'ha perseguitato. Ma di questo ad altro tempo, che quando anche tutto il mondo cadesse per mia ruina, non vorrei però spaventarmene, securo che la Providenza Divina saprà un giorno trar dalle nuvole della malignità la luce della mia innocenza, e rendere a ciascheduno il suo. Resti servita Vostra Eccellenza di condonarmi l'ardire, col quale vengo a supplicarla con altrettanta gentilezza con quanta prontezza s'è compiaciuta di favorirmi della sua grazia. E qui resto ecc.

Al Sig. G.….B…… S….
24 – *Mostra quanto sien rari i veri Amici, e discorre della sua vita, e delle sue presenti disgrazie.*

Perché so benissimo che le disavventure non trovano Amici, non mi spavento punto dal vedermi scordato da tutti quelli che già mi professavano parzialissimo affetto; anzi mi rallegro che mi sia intervenuto questo sinistro accidente, che quasi Pietra del Paragone m'ha fatto conoscere di qual lega fosse l'oro dell'Amicizie, che mi rendevano (sia detto senza superbia) invidiato da Persone che per ogni altro rispetto riconosceva maggiori

Sérénissime République avec la Mer, les raisons de son antique et légitime Pouvoir sur ce Golfe sont légèrement touchées, et tout à la fois, si cela vous paraît une chose à propos, de le présenter au Prince Sérénissime.

La misère et l'étroitesse du lieu ne m'ont pas permis de développer d'avantage, et il est même miraculeux que j'ai pu en faire autant. Et certes, quelle autre mortification je n'éprouve dans cette sépulture (par ailleurs coutumier de me rire de tous les événements de la Fortune, comme impuissants à troubler la sérénité d'un esprit généreux) que de devoir perdre inutilement le temps dans la compagnie déplaisante d'hommes tout à fait ignorants, et indignes à tous égards d'être fréquentés. Si vous daigniez faire en sorte par courtoisie que, au moins, je fusse placé en un lieu plus conforme à mon état et à ma condition, où je pusse aussi faire valoir mes raisons auprès de qui peut me juger, je le recevrai comme une faveur très singulière de V. E., me paraissant trop étrange, que sans même être vu ni entendu, ni convaincu d'aucun crime, il me faille être condamné à une fétide sépulture, alors que je soutiens qu'il en est un autre qui, en ne me tenant parole ni foi, a commis une faute plus grave que ne fut la mienne en tâchant de me soustraire à la tyrannie de qui m'a persécuté.

Mais de cela une autre fois, car même si tout le monde tombait pour m'écraser, je ne voudrais pourtant pas m'en effrayer, certain que la Providence Divine saura un jour tirer des nuages de la malignité la lumière de mon innocence, et rendre à chacun son dû. Que Votre Excellence soit remerciée de me pardonner l'audace de la présente supplique, usant pour part d'une civilité comparable à la célérité par laquelle vous vous être plu à me favoriser de votre grâce. Et je reste ici etc.

Au Seigneur G.....B...... S^{bw}....

24 – *Il lui montre combien rares sont les vrais Amis, et disserte de sa vie et de ses présentes disgrâces*

Comme je sais fort bien que dans les mauvais moments il ne se trouve point d'Amis, je ne m'inquiète pas du tout de me voir oublié de tous ceux qui me professaient autrefois une affection exclusive ; et même je me réjouis de ce que me soit arrivé ce sinistre accident qui, comme une Pierre de Touche, m'a fait connaître de quelle trempe était l'or de ces Amitiés, qui me rendaient (cela soit dit sans orgueil) un objet d'envie pour des gens que, sur tous les autres plans, je reconnaissais supérieurs

di me stesso. Ho conosciuto insomma che alcuni per la communicanza degli affetti giovanili, altri per la dolcezza della mia conversazione, diversi in riguardo delle mie dipendenze, tal'uno perche stimava sua gloria la mia osservanza, qualchedun'altro per quel poco di riputazione che poteva sperare della mia Penna, molti per nudrir pretensioni intorno alla mia Persona, assaissimi per interesse, ed infiniti per confacevolezza di genio, per opportunità d'occasione o per non poter far di manco, ma nessuno, o pochissimi, con sincerità d'affezione e con lealtà di fede mi si professavano Amici. Lodato il Cielo, che non m'è incontrato cosa che non abbia preveduta, ed ella può benissimo ricordarsi quante volte seco mi ridessi, anzi che mi lamentassi, della mia poca fortuna nelle Amicizie; poiché, dopo d'avere con le incontrastabili testimonianze di mille scorsi pericoli auttenticata altrui la mia costanza nell'amare, e la mia lealtà in servire, mi vedeva poi nel meglio delle occasioni abbandonato da quelli che da' miei precipizi riconoscevano la propria salute. Ella m'intende benissimo senza altre parole, ed io non ho cimentata la mia fedeltà in qualche Briccola, dove non avessi altri spettatori che alberi e sassi; ma nel gran teatro delle Corti e delle prime Città d'Italia, nelle quali vivono le migliaia di persone che m'hanno o praticato o conosciuto. Ma queste son ciancie, né dalle mie parole dipende il merito delle mie azioni, ma da gli eventi; e fortunato o sfortunato ch'io sia, abbia o non abbia Amici che si ricordino di me nelle disgrazie, poco m'importa. Se piacerà a Dio di concedermi ancora qualche anno di vita, non solamente uscirò di questo labirinto, per altrui confusione, scorto dal filo della mia innocenza per la strada incomprensibile della providenza Divina; ma supererò i mostri dell'altrui malignità col forte braccio della costanza. Spiacemi invero che altri mi necessiti a favellare con qualche tratto peravventura di soverchia confidenza di me stesso; ma pure mi prenderò licenza di parlare liberamente essendo securo di non allontanarmi punto dalla verità. Questa Signor mio, che agli occhi altrui sembra grandissima disgrazia, mi si cangia in una Corona di Gloria. Non si poteva venire in cognizione del merito della mia ingenuità senza i pregiudici di questo pessimo incontro. L'altrui tirannide, col rimanere senza mia industria oppressa da quelle arti medesimi

à moi. J'ai appris en somme, parmi ceux qui se déclaraient mes Amis, que certains le faisaient par effusion de sentiments juvéniles, d'autre pour la douceur de la conversation, d'autres encore du fait de ma dépendance, un tel parce qu'il jugeait que ma fréquentation était à sa gloire, tel autre pour ce peu de réputation qu'il pouvait espérer de ma Plume, beaucoup pour nourrir des prétentions au sujet de ma Personne, beaucoup plus encore par intérêt, et un nombre infini par conformité d'esprit, opportunité d'occasion ou pour ne pouvoir l'éviter, mais aucun, sinon de très rares, par sincérité d'affection et loyauté de parole. Loué soit le Ciel qu'il ne m'ait rien échu que je n'avais prévu, et vous pouvez très bien vous rappeler combien de fois je me suis plutôt moqué que lamenté devant vous de mon manque de fortune en Amitié ; puisque après avoir par d'irréfutables témoignages de mille dangers courus démontré à autrui la constance de mon amour et la loyauté de mon service, je me retrouvais ensuite, au plus beau des occasions qui se présentaient, abandonné de ceux qui voyaient en ma chute leur propre salut.

Vous me comprenez très bien sans autre parole, et moi je n'ai pas cimenté ma fidélité sur quelque mont, où je n'aurais eu d'autres spectateurs que les arbres et les rochers, mais sur le grand théâtre des Cours et des premières Villes d'Italie, où vivent des milliers de gens, qui m'ont fréquenté ou connu. Mais tout cela n'est que bavardage, et le mérite de mes actions ne repose pas sur mes paroles mais sur les actes ; que je sois chanceux ou malchanceux, que j'aie des Amis ou n'en aie pas, peu m'importe. S'il plaît à Dieu de me concéder encore quelques années de vie, non seulement je sortirai de ce labyrinthe pour confondre autrui guidé par le fil de mon innocence à l'aide de l'incompréhensible voie de la providence Divine, mais je vaincrai les monstres de la malignité d'autrui par le bras ferme de la constance.

À vrai dire, il me déplaît d'être obligé par autrui de m'exprimer en usant de quelques traits qui pourraient passer pour une confiance excessive en moi-même, mais je prendrai pourtant la licence de parler librement, étant certain de ne m'éloigner nullement de la vérité. Cette disgrâce, qui aux yeux d'autrui apparaît comme très grande, se transforme pour moi en une Couronne de Gloire. Il n'aurait pas été possible de venir à connaissance du mérite de mon ingénuité sans les préjudices de cette fort mauvaise rencontre. La tyrannie d'autrui, en se retrouvant opprimée, sans que mon industrie ne s'en mêle, par ses propres arts,

c'ha voluto adoprare per mia ruina, farà maggiormente risplendere i lumi delle mie ragioni, e nell'apparenza d'una risoluzione stimata troppo violenta, si leggeranno un giorno i placidissimi motivi della mia intenzione di sostrarmi semplicemente ad imminente pericolo con procurare il mio scampo senza offesa d'alcuno, mentre avrei potuto e vendicare altamente i miei torti, e castigare l'altrui insolenza e malignità; e conoscerà finalmente il mondo che, nel medesimo tempo che sono stato offeso, ho saputo conservar quell'onore a' miei nemici che eglino stessi hanno bestialmente prostituto, trattando meco con termini così villani e scandalosi. Ma per grazia passiamo ad altro, e se V. S. mi vuol bene, non mi sforzi mai più con le sue lettere ad entrare in somiglianti discorsi, detestando Io sempre con eguale abbominazione il parlare magnificamente di se stesso, e 'l propalare i mancamenti degli altri; e trattiamo più tosto di qualche gentilezza propria della dolcezza del mio genio e della tranquillità de' miei pensieri, che procurerò di darle compitissima sodisfazione, non essendo ora punto diverso da me medesimo, come che a parere di qualche Sciocco abbia cangiata fortuna. Riverisco il Sig. Cavalliere, e a V. S. bacio per fine affettuosamente le mani.

Alla Sig. D.... B....
25 – *Le dà parte amorosamente del suo stato, e della memoria che conserva di lei.*

Se credete che io sia vivo, credete ancora che mi ricordo di voi, e se mi pensaste anche morto, dovereste però imaginare che non sarebbe possibile che non venissi talvota a rompere i vostri sonni cangiato in ombra amorosa. Signora, suonano perpetuamente del vostro nome queste sepolture infelici; poiché non solamente tutti i miei ragionamenti cominciano e finiscono in voi in guisa tale, che tra le mie Camerate s'è levato un grazioso proverbio, che tutti i salmi de' nostri discorsi si terminano con le glorie di D...... ma tutti gli amici mattina e sera mandano attorno i brindisi a salutarmi in sanità della vostra persona e gloria del vostro bel nome; onde potete a ragione vantarvi che la fama della vostra bellezza voli non solamente per lo Cielo de' vivi, ma passi ancora riverita per le tombe de' morti, svegliando in loro gli spiriti della consolazione; perché tanto è il piacere che provano dal sentirvi appena ricordare, che assorti incontanente nella dolcezza del racconto de' vostri

qu'elle a voulu utiliser pour ma ruine, fera resplendir plus encore les lumières de mes raisons, et dans l'apparence d'une résolution jugée trop violente, se liront un jour les motifs très sereins de l'intention de me soustraire simplement à un péril imminent en m'enfuyant sans offenser qui que ce soit, alors que j'aurais pu venger hautement mes torts et châtier l'insolence et la malignité d'autrui ; et le monde connaîtra finalement que, au moment même où j'ai été offensé, j'ai su conserver leur honneur à mes amis, qu'eux-mêmes ont bestialement prostitué en me traitant avec des façons aussi viles et scandaleuses.

Mais de grâce, passons à autre chose, et si V. S. me veut du bien, qu'elle ne m'oblige plus jamais par ses lettres à entrer en de semblables discours, car je déteste avec une égale abomination que l'on parle de soi avec superbe et que l'on divulgue les manquements des autres, et traitons plutôt de quelque gentillesse propre à la douceur de mon génie et à la sérénité de mes pensées, et je ferai en sorte de vous donner une entière satisfaction, n'étant aujourd'hui en rien différent de moi-même, comme quelque Sot prétend, parce que ma fortune a changé.

Je m'incline devant le Seigneur Cavalier et pour finir baise très affectueusement les mains de V. S.

À Mad. D…. B….
25 – *Il lui fait part amoureusement de son état et du souvenir qu'il conserve d'elle*

Si vous croyez que je suis vivant, croyez encore que je me rappelle de vous, et même si vous me pensez mort, vous devriez pourtant imaginer qu'il me serait impossible de ne pas venir parfois rompre vos songes, changé en ombre amoureuse. Madame, elles résonnent de votre nom ces misérables sépultures ; non seulement parce que tous mes entretiens commencent et finissent par vous, à tel point qu'entre mes camarades est né un gracieux proverbe, qui veut que tous les psaumes de nos discours se terminent à la gloire de D^{bx}…, et plus encore tous les amis, matin et soir, lèvent leur verre à la santé de votre personne et à la gloire de votre beau nom ; ainsi pouvez-vous vous vanter que la renommée de votre beauté vole non seulement dans le Ciel des vivants, mais qu'elle est aussi vénérée dans les tombes des morts, éveillant en eux les esprits de la consolation, parce que le plaisir qu'ils éprouvent à seulement vous entendre évoquée est tel, qu'absorbés aussitôt par la douceur du récit

meriti, e del nostro Amore, passano le intiere notti vegliando senza apprensione delle propria miserie. Direi d'avvantaggio se la scarsezza della carta non mi togliesse la penna di mano; però con supplicarvi a credere che sempre mi ricordo di voi, vi raccomando la memoria d'un vostro sviscerатissimo servidore, e vi bacio le mani.

A F... B...
26 – *L'avvertisce della vita che dee tenere ne' Camerotti.*

Io vorrei, che aveste cervello, perché in queste caverne della disgrazia si vive in altra maniera, che non si fa nel mondo de' vivi. Il silenzio, il disprezzo e la pazienza sono le strade che ne conducono quietamente, e con salvezza della nostra riputazione, fuori di questi infami stanze del vituperio, nelle quali cascano ancora talvolta le persone onorate ed inocenti. Tacete a dunque per non provocare la mala ventura pur troppo sdegnata contro di voi; disprezzate gli altrui termini indiscreti per non isvegliare l'impertinenza della canaglia in luogo dove non può essere castigata; e soffrite costantemente gl'incommodi di questa misera abitazione per non dar campo alla malinconia soffocatrice dell'animo appassionato, che finalmente a dispetto della malignità della vostra nemica uscirete dalle angustie di queste tenebre, e tornerete a respirare nella libertà della luce. Al rimanente non occorrono meco né ringraziamenti, né cerimonie, e mi basta per ogni ricompensa la sodisfazione che provo in secondare il mio genio di servire a tutti, e massime a persone della vostra condizione. E quando pure la vostra gentilezza volesse farmivi debitrice di qualche obligazione da me non pretesa, una piccola parte della vostra affezione basterà per liberarvene senza ricercarne altra quitanza appresso il tibunale della gratitudine. Averò ben gusto, che quando ritornerete al mondo portiate con voi la memoria d'aver trovato nelle miserie un amico, dove gli altri lo trovano nelle felicità, e che in ogni fortuna sarò sempre disposto a servirvi con ogni sincerità d'affetto e prontezza d'operazioni, essendo lontanissimo dal poter nudrire altre pretensioni nel protegervi, e nell'aiutarvi, fuor che di sodisfare alla mia propria inclinazione e al vostro merito. Prosperità, Amore e Libertà.

de vos mérites et de notre amour, ils passent les nuits entières à veiller sans appréhension de leur propres misères.

J'en dirais d'avantage si le manque de papier ne m'ôtait la plume de la main ; ainsi, en vous suppliant de croire que je me souviens toujours de vous, je vous recommande la mémoire de votre plus fervent serviteur, et je vous baise les mains.

À F… B^by…
26 – *Il l'avertit de la vie qu'il doit tenir dans les Camerotti*

Je voudrais que vous ayez du jugement, parce que dans ces cavernes de la disgrâce on vit d'une autre manière qu'on ne le fait dans le monde des vivants. Le silence, le mépris et la patience sont les voies qui nous conduisent sereinement, et en préservant notre réputation, hors de ces infâmes logements de la vitupération, où se retrouvent parfois les personnes honorées et innocentes. Taisez-vous donc pour ne pas provoquer le mauvais sort qui s'acharne hélas contre vous ; ignorez les propos indiscrets d'autrui pour ne pas éveiller l'impertinence de la canaille dans un lieu où elle ne peut être punie, et souffrez avec constance les incommodités de cette misérable habitation pour ne donner prise à la mélancolie qui étouffe l'esprit passionné, car vous finirez bien, au mépris de la malignité de votre ennemie, par sortir des réduits de ces ténèbres, et retournerez respirer dans la liberté de la lumière.

Sinon, les remerciements et les cérémonies ne sont pas nécessaires avec moi, et il me suffit pour toute récompense la satisfaction que j'éprouve en cédant à mon génie qui est de rendre service à tous, et particulièrement aux personnes de votre condition. Et quand bien même votre courtoisie voudrait se faire débitrice de quelque obligation à laquelle je ne prétends pas, une petite part de votre affection suffira pour vous en acquitter sans en rechercher d'autre quittance auprès du tribunal de la gratitude. Je serais fort aise si, lorsque vous retournerez au monde, vous portiez avec vous la mémoire d'avoir trouvé dans les misères un ami, là où les autres le trouvent dans la félicité, et en toute occasion je serai toujours disposé à vous servir avec toute la sincérité de l'affection et la diligence des actions, étant très éloigné de pouvoir nourrir d'autre prétention en vous protégeant et en vous aidant que de satisfaire à ma propre inclination et à votre mérite. Prospérité, Amour et Liberté.

Al Sig. L.... N...
27 – *Scherza nel mandargli una composizione.*

La fortuna di V. S è diventata mia disgrazia. Pazienza. Ho però da buon Poeta incominciato a farne le mie vendette con un punto anche d'avvantaggio, cioè da Cortegiano; acciochè quel fraschettato d'Amore non si pensasse che per avermi assassinato avessi paura delle sue ladre saette. Eccone un saggio, poiché di quel che tramo anch'io da traditore non mi voglio confessar per ora, e basterà che ne gridi mia colpa l'ultimo giorno di Carnevale. Stia V. S. allegramente né si turbi per lo disconcio d'un giorno solo, che ben la sua Dama potrà fare senza di lei, voglio dire, che potrà aver pazienza. E senza più a V. S. bacio affettuosamente le mani.

Al Sig. M........ S............
28 – *Prega l'amico di visitarlo con le sue lettere, o con la presenza.*

Sì come non ho cosa che più mi consoli in queste miserie, della memoria degli amici, così non provo il maggior disgusto, che non sentir novella di loro. Vi prego per tanto, per lo merito della nostra amicizia, a dimenticarvi per poco delle vostre occupazioni, per ricordarvi un momento di me lasciandovi sentire in queste desolate parti del mondo, accioché possa conoscere che se ben vivo sepolto nelle tombe della dimenticanza non è però estinta la fede dell'amicizia. Venite per grazia, e raddoppiatemi il favor della visita col portarmi un volumetto delle mie lettere Amorose; e conservatevi sano e allegro in una bella tranquillità di pensieri, e di fortune.

Vostro in eterno.

Alla Sig. L...... L....
29 – *Si duole della sua partenza e racconta le infelicità del suo stato.*

Dopo la vostra partenza da questi miseri alberghi del pianto, posso dire securamente d'esser rimaso non solamente sepolto in una doppia notte per la privazione della luce del giorno, e del chiarissimo Sole de'

Au Seigneur L…. N…
27 – *Il plaisante en lui envoyant une composition*

La fortune de V. S. est devenue ma disgrâce. Patience. En bon poète, j'ai cependant commencé à m'en venger avec un point d'avantage, autrement dit en Courtisan, afin que cet espiègle d'Amour ne pense pour m'avoir assassiné que j'ai peur de ses flèches coquines[bz]. En voici un essai, parce que de ce que je trame moi aussi en traître, je ne veux vous le confesser pour l'heure, et il suffira que j'en confesse devant tous ma faute le dernier jour du Carnaval[ca].

Que V. S. se réjouisse, et ne se laisse pas affecter par le désagrément d'un seul jour, car votre Dame pourra bien faire sans vous, je veux dire qu'elle pourra patienter. Et sur ce, je baise affectueusement les mains de V. S.

Au Seigneur M…….. S[cb]…………
28 – *Il prie l'ami de venir le visiter par ses lettres ou par sa présence*

Comme je n'ai rien qui puisse me consoler en cette misère sinon le souvenir des amis, aussi j'éprouve le plus grand déplaisir de ne pas avoir de nouvelles d'eux. C'est pourquoi je vous prie, au nom de notre amitié, d'oublier un instant vos occupations pour vous rappeler un moment de moi, en vous faisant entendre en ces parties désolées du monde, afin que vous puissiez voir que, si je vis enseveli dans les tombes de l'oubli, la foi de l'amitié n'en est pas éteinte pour autant.

Venez de grâce, et redoublez la faveur de votre visite en me portant un petit volume de mes *Lettres Amoureuses*[cc] ; et conservez-vous en santé et joyeux, en une belle sérénité de pensée et de fortune.

Le vôtre, pour l'éternité.

À Madame L….. L….
29 – *Il se plaint de son départ et relate l'infélicité de son état*

Après votre départ de ces misérables auberges de la plainte, je peux dire sans hésiter que je suis resté non seulement enseveli en une double nuit par la privation de la lumière du jour et du très clair Soleil de vos

vostri begli occhi, ma affatto morto al mondo, mentre non viene più a risvegliarmi l'allegrezza nell'animo la soave armonia delle vostre dolci parole. Ma quando poi considero d'esser privato della veduta di quella candida strada di latte che serpeggia nel vostro dilicatissimo seno, allora sì che m'avveggio d'essere in tutto in odio alle stelle, cadendo fra l'ombre perpetue della tristezza e della disperazione.

Deh fatte almeno, dolcissima Anima mia, che venga a rompere tavolta il silenzio della mia dolorosissima notte il debile sussurro di qualche vostro saluto, il quale con accertarmi che sia nel vostro cuore ancora viva e spirante la memoria dalla vostra affezione, vaglia per richiarare alquanto le tenebre del mio rammarico con qualche picciola scintilla di consolazione. E qui, con l'inchinarmi a baciarvi riverentemente le mani, sollievo lo spirito innamorato a sospirare le vive nevi del vostro dolcissimo seno. Mia Signora, ecc.

Alla Sig. B..... C....
30 – *Le raccomanda gl'interessi d'una sua Amica.*

M'ha pregato Laura, che si trova qui mia vicina, di scrivere in suo nome a V. S. per raccommandarle la protezione de' suoi interessi; onde trattandosi di persona dipendente dalla sua Casa non ho potuto far di manco di non condescendere a passare con essolei questo officio, e V. S. farà certamente opera di molta pietà a procurare con ogni spirito la sua liberazione, non potendo ella star longamente in questo luogo fuor che malissimo per tutti i rispetti. Tanto crederò che mi debbia bastare d'aver accennato alla sua gentilezza della persona di Laura, che per conto mio l'avere da un anno in qua cangiato fortuna m'insegna il silenzio; ma qualunque mi sia, ed in qualsivoglia luogo o condizione, sarò sempre il medesimo servidore di V. S. che sempre stato le sono; né mancherò di ricordarmi del suo merito e dell'affezione che portai sempre alle sue graziosissime doti, delle quali fui e sarò in ogni tempo unico celebratore, e resto intanto mia Signora, ecc.

beaux yeux, mais véritablement mort au monde, puisque la suave harmonie de vos douces paroles ne vient plus éveiller la joie en mon esprit. Mais quand je m'aperçois ensuite que je suis privé de cette blanche voie de lait qui serpente dans votre sein si délicat, alors oui, je me rends bien compte que je suis haï à jamais des étoiles, précipité parmi les ombres perpétuelles de la tristesse et du désespoir.

Ah, faites au moins, mon Âme très douce, que vienne parfois briser le silence de ma si douloureuse nuit le faible murmure d'un salut de vous, qui, en me confirmant que la mémoire de votre affection est encore vive et animée en votre cœur, suffise à éclairer considérablement les ténèbres de mon regret par quelque petite étincelle de consolation.

Et c'est en m'inclinant pour vous baiser les mains avec révérence, que je relève mon esprit énamouré pour soupirer sur les vives neiges de votre très doux sein. Madame, etc.

À Mad. B….. C….
30 – *Il lui recommande l'intérêt de l'une de ses Amies*

Laura, qui se trouve ici non loin de moi, m'a demandé d'écrire en son nom à V. S. pour vous recommander la protection de ses intérêts ; comme il s'agit d'une personne dépendante de votre Maison, je n'ai pas pu faire moins que de condescendre à accepter de lui rendre ce service, et V. S. fera certainement une œuvre de grande piété en lui procurant par tous les efforts possibles une libération, car elle ne pourrait demeurer en ce lieu longuement qu'en s'y trouvant fort mal à tous points de vue. J'estimerai en tout cas suffisant d'avoir signalé la personne de Laura à votre bienveillance car, en ce qui me concerne, le fait d'avoir changé de fortune depuis un an m'enseigne le silence[cd] ; mais quel que soit mon sort, et en quelque lieu ou condition que je sois, je serai toujours le serviteur de V. S. comme je l'ai toujours été, et ne manquerai de me rappeler son mérite et l'affection que j'ai toujours conçue pour ses dons si charmants, dont je fus et serai toujours l'adorateur exclusif, et je demeure en attendant, Madame, etc.[ce]

Al Sig. Gio. Batt. Contarini.
31 – *Si congratula dell'elezione del Sig. Carlo suo fratello in Avogadore.*

L'esser rimaso Avogadore con tanta evidenza di merito l'illustrissimo Sig. Carlo, m'è riuscito d'altrettanta consolazione quanto era il desiderio che io aveva della sua esaltazione, nella quale concorre il gusto di tutta la sua Eccellentiss. Casa, alla quale mi riconosco eternamente obligato. Il rallegramente con V. E. sì come è debito della mia particolar divozione verso la sua persona, così bramerei che potesse prendere i motivi di maggiormente accreditarsi con qualche pubblico attestato della Fama negli applausi della mia penna a i meriti dell'Illustriss. Sig. Carlo, se l'essere ristretto fra le angustie di queste sepolture de' vivi non mi togliesse ogni altra funzione di vita fuor che quella del desiderare, come altresì la vivacità del mio spirito non mi lascia giammai uscire dalla memoria la conscienza del mio dovere. E qui, con supplicar dal Cielo a V. E. ed a tutta la sua Illustrissima Famiglia continuati accrescimenti di prosperità e di grandezza, resto con rassegnarmi di V. E., ecc.

Al Sig. Carlo Contarini.
32 – *Si rallegra della sua esaltazione all'Avogadorato.*

Sì come da che intesi il pensiero di V. S. Illustrissim. non ho lasciato di pregarle dalla divina Providenza il prospero fine del suo desiderio, così ora, che con tanta sua gloria è pervenuta al conseguimento di cotesta nobilissima carica d'Avogadore, ho provato in me stesso uno straordinario sentimento di consolazione, che non potendo rimaner sepolto fra le stretezze del mio petto, non meno che di questi alberghi del pianto, esce a rappresentarle nel brevissimo giro di questa carta con i termini della mia osservanza i motivi della mia allegrezza; e bramerebbe d'uscire con le voci della Fama nell'aperta luce del mondo, se non per testimonianza della grandezza de' suoi meriti, per indicio almeno dell'infinità delle obligazioni che professo alla persona di V. S. Illustriss. ed a tutta la sua Eccellentiss. Casa, se l'eterno corso de' Fati mi permettesse altrettanto di libertà alla penna, quanta ampiezza di desiderio mi sommistra la divozione del mio spirito, e la ricordanza del debito mio.

Au Seigneur Giovanbattista Contarini.
31 – *Il se félicite de l'élection du Seigneur Carlo son frère à la charge de Procurateur de la République*[cf]

Le fait que l'Illustrissime Seigneur Carlo ait été élu avec une telle évidence de mérite, a suscité de ma part autant de satisfaction que j'avais de désir de son élévation, où concourt la joie de toute sa Très excellente Maison, à laquelle je me reconnais éternellement obligé. Comme c'est une dette de ma particulière dévotion envers sa personne que de me réjouir avec V. E., je souhaiterais ardemment qu'elle se puisse accréditer plus encore par quelque témoignage public de la Renommée qu'apporteraient les applaudissements de ma plume aux mérites de l'Illustrissime Seigneur Carlo, si le fait d'être enfermé dans les réduits de ces sépultures des vivants ne m'ôtait toute fonction de vie hormis celle de désirer, car la vivacité de mon esprit ne laissa jamais échapper de ma mémoire la conscience de mon devoir.

Et c'est en priant le Ciel de continuels accroissements de prospérité et de grandeur pour V. E. et toute son Illustrissime Famille, que je laisse, en me résignant, V. E., etc.

Au Seigneur Carlo Contarini.
32 – *Il se réjouit de son élévation à la fonction de Procurateur de la République*[cg]

Comme depuis que j'ai su l'intention de V. S. Illustrissime je n'ai pas cessé de prier la divine Providence pour qu'elle parvienne à la fin désirée ; ainsi maintenant, qu'à votre plus grande gloire vous êtes entré en possession de cette très noble charge de Procurateur, j'ai éprouvé en moi-même un extraordinaire sentiment de consolation qui, ne pouvant demeurer enseveli dans l'étroit réduit de mon cœur pas plus qu'en celui de ces auberges de la plainte, sort pour vous représenter dans la très brève étendue de cette feuille avec les termes de ma soumission les motifs de mon allégresse ; et il aurait un désir ardent de sortir par les voix de la Renommée dans le monde à la lumière du jour si ce n'est en témoignage de l'immensité de ses mérites, du moins comme signe de l'infinité des obligations que je professe à la personne de V. S. Illustrissime et à toute sa Très excellente Maison, si l'éternel cours du Destin me permettait une liberté d'écriture aussi grande que le désir suscité par la dévotion de mon esprit et le souvenir de ma dette.

Con che per fine nell'augurarle dal Cielo felicissima continuazione di prosperi avvenimenti resto di V. S. Illustrissima.

ecc.

Al Sig. A..... E.

33 – *Discore lungamente delle condizioni d'un suo camerata inteso sotto nome di ser Ciapelletto.*

Poiché la mia benigna Fortuna m'ha, per sua grazia, condotto alla felicità di spirare all'aure pestifere d'un Camerotto aliti di tranquillissima vita, fra gli altri benefici c'ho da lei ricevuti, si è stato quello d'havermi proveduto per Camerata del più fino Caballista che mai conoscessi a' miei giorni, avendo imparato più cose da lui in una settimana, che non ne appresi in tanti anni che ho pratticato quasi tutte le nazioni d'Europa. S'avessi maggior commodità di carta, mi verrebbe capriccio di scrivervi tutta la sua vita per rappresentarvi al vivo un novello ritratto de Ser Ciapelletto; ma la carestia grandissima che regna in questo Paese mi svelle appena germinanti quei pensieri che mi van pullulando nell'animo per ispendere qualche hora del giorno, o per dire meglio, della nostra perpetua notte, per mio trattenimento e per altrui diletto. Farò per tanto come i Disegnatori che restringono in breve spazio tratti grandissimi di Provincie e di Regni, e con poche parole vi porgerò materia di pensar molto intorno all'industria degli huomini di sapersi approvecchiare a spese altrui. E perché pretendo di passarmi per poco l'umore scherzando non di motteggiar sul grave, tralasciando tutto quello che mi viene raccontato appartenente alla malignità di costui da me sopra la morte abborrita, tocherò solamente alcune cosette che degenerano in ischerzo, non pregiudicando che alla borsa o alle sodisfazioni del compagno. E certo, che nel mirar solamente la graziosissima presenza di quest'huomo dabbene mi salta alla volte così gran voglia di ridere, che per non parer un pazzo che para la bocca alla ventura metto in campagna con l'altre mie Camerate qualche novità ridicolosa, o passo parola con qualcuno de' Camerotti vicini, ne' quali trovo pur anche persone che per grazia loro mi vogliono bene, e mi fanno ogni favore possibile in tanta stretezza di luogo ed inumanità di Custodi.

C'est enfin en lui augurant du Ciel la plus heureuse continuation d'évènements prospères, que je demeure à V. S. Illustrissime.

Etc.

Au Seigneur A..... E.

33 – *Il disserte longuement des caractéristiques de l'un de ses compagnons envisagé sous le nom de Sieur Ciapelletto*[ch]

Comme ma bonne Fortune m'a fait la grâce de m'accorder la félicité de respirer dans l'atmosphère pestiférée d'un *Camerotto* l'air d'une vie de la plus grande tranquillité, parmi les autres bienfaits que j'ai reçus d'elle, il y a celui de m'avoir donné pour compagnon de cellule le plus fin Cabaliste que j'ai jamais rencontré en ma vie, ayant appris plus de choses de lui en une semaine, que je ne l'ai fait en tant d'années où j'ai fréquenté presque toutes les nations d'Europe.

Si j'avais du papier à volonté, j'aurais fantaisie d'y écrire toute sa vie pour vous représenter sur le vif un nouveau portrait de Sieur Ciapelletto ; mais la terrible pénurie qui règne en ce Pays m'arrache ces pensées, qui germent et se multiplient dans mon esprit pour consacrer quelques heures de la journée, ou pour mieux dire de notre nuit perpétuelle, à mon divertissement et au plaisir d'autrui. C'est pourquoi je ferai comme les Dessinateurs, qui ramassent en un espace réduit les immenses contours des Provinces et des Royaumes ; et en peu de mots je vous donnerai matière à beaucoup méditer sur l'industrie que les hommes mettent à s'enrichir aux dépens d'autrui. Comme mon intention est de me dégourdir l'humeur en plaisantant et non par de graves sentences morales, omettant de mentionner tout ce que l'on me raconte qui relève de la malignité – que j'exècre plus que la mort – de cet homme là, j'évoquerai seulement de petites choses, qui finissent en plaisanterie et ne portent atteinte qu'à la bourse et à la satisfaction du prochain.

Et certes, qu'en contemplant seulement la très gracieuse présence de cet homme de bien, il me vient parfois une si grande envie de rire que, pour ne pas paraître un fou qui ouvre la bouche pour raconter n'importe quoi, je fais circuler parmi les autres prisonniers quelque nouvelle comique, ou fais passer message à l'un ou l'autre des compagnons de mon voisinage, où je trouve même des personnes qui me veulent du bien, et me rendent toutes les faveurs possibles malgré l'étroitesse du lieu et l'inhumanité des Gardiens.

Egli è dunque il nostro Ser Ciapelletto una Personcina grande di statura, ma sgarbato in estremo, onde quando si move sembra la Mula del Piovano Arlotto che vada trinciando le pietre. Porta la testa assai grossa, e materiale sempre pendente alla spalla destra stralunando talvolta gli occhi, che togliono il vanto a quelli delle Civette, i quali però non apre che a certi punti di Luna quando va in colera con la prebenda cottidiana, o fa qualche meraviglia coglionesca in raccontar cose da nulla. Al suo vestito direste che fosse Liombruno che andasse involta facendo la Beffana la notte dell'Epiffania per ispavento dei Putti. La Fortuna conoscendo il suo Genio Cabalistico, accioché le genti non restassero ingannate dal suo ghigno salvatico, non sapendo egli che cosa sia ridere da galandhuomo, con una patente su 'l volto auttenticata *datum Venetiis* con la bolla d'un gagliardissimo pistolese, gli ha fatto il guarda e passa a caratteri d'un brutissimo taglio, che per miracolo non gli ha portato via l'occhio destro, avendogli deformata tutta quella parte. E perché conosceva altresì ch'egli doveva riuscire eccellentissimo nel maneggiar la penna, tentò di stropiargli con un'archibugiata la mano destra acciochè non potesse machinar rigiri a danno del prossimo, ma con infelice successo, poiché egli adopera così bene e con tanta prestezza la mancina, che certo è una maraviglia il vederlo starsi lungo e disteso sul pavimento a scrivere le tre o quattr'hore correnti senza stancarsi punto. Non seppe egli però lavorar così netto al tempo che Berta filava per lui, che finalmente non balzasse in un Camerotto, dove sono ormai sett'anni che trattiene con molta flemma, sperando che il tempo debbia annullare le presonzioni delle sue trufferie, e che il dire a' Giudici che dopo sett'anni di Camerotto con pane e acqua non si ricorda di nulla debbia farlo andare assoluto. Non lascia intanto fuggire il tempo ozioso, ma s'ingegna di vivere su quel d'altri a scrocco e a dispetto di quante regole di creanza giammai pubblicasse Monsignor dalla Casa; e benché egli abbia qualche cosa del suo, gli piace nondimeno che resti a casa in pace per far qui una vita da poltrone, non vergogandosi con tutta la onorevolezza ch'ei vanta della sua Famiglia d'appoggiar l'asta adosso anche a quei poveretti che sovente non hanno pure un soldo da comperarsi un pane. Vi potrei raccontare a questo proposita alcune burlette che m'intervennero ne'

Notre Sieur Ciapelletto est donc une petite Personne grande de stature, mais dégingandée à l'extrême ; tellement que, lorsqu'il se déplace, on dirait la Mule du Curé Arlotto qui écrase les pierres sur son passage[ci]. Il arbore une tête fort grosse, matière toujours pendante sur l'épaule droite, révulsant parfois comme un lunatique des yeux qui dament le pion à ceux des Chouettes et qu'il n'ouvre qu'à certaines pointes de Lune, lorsqu'il se met en colère contre la ration quotidienne, ou quand il fait quelque prodige de couillonnades en racontant des vétilles. À sa façon de s'habiller, vous diriez Liombruno[cj] déguisé en sorcière la nuit de l'Épiphanie[ck] pour faire peur aux petits enfants. Connaissant son Génie Cabaliste, pour que les gens ne soient pas trompés par son rictus sauvage, ignorant ce que c'est de rire comme un galant homme, la Fortune l'a gratifié d'une empreinte sur le visage *Datum Venetiis*[cl] par le sceau d'un bon gros pistolet, et qui passe ensuite au chiffre d'une balafre fort vilaine, qui par miracle ne lui a pas emporté l'œil droit, lui ayant déformée toute cette partie. Et comme elle savait tout autant qu'il devait devenir admirable dans le maniement de la plume, elle tenta de lui estropier la main droite d'un coup d'arquebuse, enfin qu'il ne puisse tendre des pièges aux dépens de son prochain ; mais elle n'y est pas hélas parvenue, car il se sert de la gauche tellement bien et avec tant d'habileté, que c'est vraiment une merveille que de le voir allongé et étendu sur le plancher à écrire trois ou quatre heures d'affilée sans aucune fatigue. Il ne sut cependant, quand Berthe filait pour lui[cm], s'adonner à une activité suffisamment nette pour ne pas finir par se retrouver en une *Camerotto*, où il réside désormais depuis sept ans et qu'il endure avec grand flegme, espérant que le temps finira par annuler les présomptions de ses escroqueries, et que de dire aux Juges, qu'après sept années au pain et à l'eau il ne se rappelle de rien, devrait suffire à le faire relâcher.

En attendant, il ne reste pas désœuvré, mais s'ingénie à vivre en volant les autres, et au mépris de toutes les règles de conduite que Monseigneur Della Casa a jamais publiées[cn]. Et alors qu'il possède quelque bien propre, il préfère le garder en paix chez lui pour mener ici une vie de pleutre, n'ayant aucune honte, malgré toute l'honorabilité dont il vante sa Famille, de vivre aux crochets de ces pauvres compagnons, qui souvent n'ont pas même un sou pour s'acheter du pain. Je pourrais raconter à ce propos quelques petites niches qu'il me fit dans les

primi giorni della mia ritenzione, quando facendo anch'io il corrivo con essolui, benché subito il conocessi all'oddore quale e quanto sia, mi prendeva trastullo di fargli credere che io lo stimassi huomo di bontà singolare; ma perché il mio genio, come sapete, non solamente m'inclina a servire a' galanthuomini e a compartire co' bisognosi quello che mi concede la mia poca Fortuna, ma con quelli ancora (e dica Seneca quel che gli piace) che nol meritano punto, lascierò il parlar di me stesso, e passerò alla santità di quest'huomo innocentissimo, il quale con la corona in mano mastica continuamente Pater nostri alla Spagnuola, infilzando minaccie, ingiurie, bestemmie e maledizioni insieme con le Ave Marie quando qualche cabala non gli riesce a quadro.

Ma veramente ella è una gentilissima cosa il vederlo talvolta inginocchiato al buco del Camerotto sputar pater noster ascoltando i raggionamenti de' Vicini per formar qualche rigiro o, quel che è meglio, qualche giudicio temerario sopra l'altrui intenzione, che egli poi accompagna con un riso infingevole ed amaro, facendosi conoscere macchiato di quella pece che mostra di conoscere in altri. A queste virtù singolari di Ser Ciapelletto vanno congiunti alcuni vizietti inventati per suo passatempo, come sarebbe a dire il fare del Rodomonte con chi nol sente, del Religioso con chi nol conosce, del liberale di quello degli altri, dell'onesto con chi non può giungere e del galant'huomo con chi non può giuntare, con altre simili galanterie a quindici per dozina. Egli è poi così vario d'umore, così fantastico di genio, così presontuoso nell'ingerirsi ne' fatti altrui, così impertinente nel trattare, così sconcio nel procedere, così mordace nel discorere, così sconcertato nelle sue azioni e così bestia in ogni cosa, che chiama i pugni, i pugnali e i rasoi mille miglia da lontano. Ma discendiamo per grazia nel campo della trufferia per vedere le maravigliose prodezze del nostro Ser Ciapelletto operate da lui con alcuni poveri Formigotti, che capitati in questi buchi furono fatti dalla disgrazia suoi Camerate; né mi state a dire che doverei vergognarmi d'impiegar la mia Penna a scrivervi queste frascherie, perché essendo in un Camerotto bisogna che m'accommodi al genio del Paese, e non mancherà tempo di mettersi la zamarra e di sputar tondo come faremo

premiers jours de ma détention, alors que j'agissais avec lui trop inconsidérément, même si je subodorai tout de suite quel il était et de quoi il était capable, je m'amusais à lui faire croire que je le jugeais homme de singulière bonté. Cependant, comme mon génie, vous le savez, non seulement m'incline à servir les galants hommes et à partager avec les nécessiteux ce que me concède ma maigre Fortune, mais aussi (et que Sénèque dise ce qu'il lui plaît[co]) avec ceux qui ne le méritent point, je cesserai de parler de moi-même et passerai à la sainteté de cet homme d'une innocence consommée qui, le chapelet à la main, remâche en permanence des *Notre Père* à l'Espagnole, égrenant menaces, injures, blasphèmes et malédictions à la suite des *Ave Maria*, lorsque quelque cabale ne réussit pas comme il veut.

Mais c'est vraiment une merveilleuse chose que de le voir parfois au trou du *Camerotto* postillonner des *pater noster* tout en écoutant les discours des Voisins pour tramer quelque ruse ou, ce qui est mieux encore, pour faire quelque jugement téméraire sur les intentions d'autrui, qu'il accompagne d'un rire faux et amer, se montrant ainsi souillé de cette poix qu'il trouve chez les autres. À ces vertus singulières de Sieur Ciapelletto il faut ajouter quelques petits vices qu'il a inventés pour se divertir, comme de faire le Rodomont avec ceux qui ne voient pas à qui ils ont affaire, le Religieux avec ceux qui ne le connaissent pas, le libéral avec ce qui appartient à autrui, l'honnête avec ceux qu'il ne peut abuser et le galant homme avec ceux qu'il ne peut arnaquer, et autres semblables gentillesses à treize la douzaine. Il est en outre d'humeur tellement changeante, de caractère tellement fantasque, il s'ingère dans les affaires d'autrui avec tant de présomption, il se montre tellement impertinent en tout négoce, tellement inconvenant dans ses façons, tellement mordant dans ses propos, tellement déconcertant en ses actions et tellement rude en toute chose, qu'il attire les poings, les poignards et les rasoirs de mille lieues à la ronde.

Mais entrons s'il vous plaît dans le champ de l'escroquerie pour voir un peu quelques merveilleuses prouesses que notre Sieur Ciapelletto a accomplies sur de pauvres diables égarés en ce trou, qui ont par malchance été enfermé avec lui ; et ne venez pas me dire que je devrais avoir honte d'utiliser ma Plume pour vous écrire ces inepties, car étant dans un *Camerotto*, il faut que je m'accommode au génie du Pays, il sera bien temps de se mettre l'habit d'apparat[cp] et de rivaliser d'éloquence, comme

fuori di questi boschi da cimici e da pidocchi, e non credo per altro che vi debbia riuscir punto inutile il sentire queste bravure, potendo approfittarvene per quel tempo che verrete voi ancora (che non può esser dimanco se siete galanthuomo) a baciar queste Pietre per acquistar l'Indulgenza Plenaria concessa dalla Malaventura ad istanza de' miseri Trappolati per salute delle borse degli Sbirri, de' Guardiani e de' Notari.

Trovandosi dunque una volta Ser Ciapelletto in compagnia di certo Valenthuomo, il quale per aver fatto troppo bene il suo mestiere di tinger le lane, era balzato in gabbia, veddendo che egli era altrettanto mal in ordine di cervello, quanto bene stante di contanti, una mattina che gli venne occasione di scrivere in suo nome un Viglietto a' suoi Parenti, perché il buon huomo non sapeva leggere, v'aggiunse per cortesia che per contrasegno della ricevuta gli mandasse un Finocchio cardato con sette Zecchini dentro. Obbedirono i Parenti, onde corso ser Ciapelletto, che stava alla guardia della cabala a prendere da' Guardiani il desinare del Camerata, vedutovi il Finocchio bramato, se 'l nascose gentilmente nella scarsella, senza che il Timore s'avvedesse punto del tratto, essendogli solamente stata scoperta la fraude quando, calato in Prigione più larga alla luce, fu richiesto da' Parenti s'egli era rimaso ben servito del Finocchio. Or che ne dite? Io per me se da un Finocchio cardato si fanno tramandare con tanta facilità i zecchini ne' Camerotti, ne incaco alla Cagnolina d'Adonio, che appresso l'Ariosto.

Facea nascer le dobble a dieci, a dieci
Filze di perle, e gemme d'ogni sorte.

Un'altra volta trovavasi con ser Ciapelletto il Servidore d'un Gentilhuomo che veniva da lui onoratamente spesato, ma perché il Poverello sapeva meglio adoperare i remi che le penne, egli il serviva di Scrivano ne' suoi bisogni; onde perché ser Ciapelletto pativa di certo male di gola al quale faceva un ottimo fomento la testa di Vitello, in ogni occorrenza di mandar fuori qualche viglietto a' suoi di Casa, vi soggiugneva per gentilezza che gli rimandassero per contrasegno una testa di Vitello; e così ser Ciapelletto faceva gionda acquistando cervello a spese del servidore. Finalmente uscito questo alla luce fu richiesto da' Parenti che diavolo facesse di tante teste in prigione essendo così ben trattato dal suo Padrone; quinci il buon' huomo accortosi della beffa se la passò con una risata porgendo altresì occasione a tutti i Camerotti di ridere per molti giorni.

nous le ferons une fois sorti de ces forêts à punaises et à poux, et du reste je ne pense pas qu'il vous soit tout à fait inutile d'entendre tous ces hauts faits lorsque vous aussi (ce qui ne peut manquer d'arriver si vous êtes galant homme) viendrez baiser ces Pierres pour acquérir l'Indulgence Plénière concédée par la Malchance aux prières des misérables Encagés pour le salut des bourses des Sbires, des Gardiens et des Notaires.

Sieur Ciapelletto se trouvant donc un jour en compagnie d'un certain Honnête homme qui, pour avoir trop bien fait son travail de teindre les laines, s'était retrouvé en cage, voyant que celui-ci était aussi dépourvu de cervelle qu'il était bien pourvu d'argent comptant, il saisit l'occasion d'écrire en son nom un Billet à ses Parents, car le bonhomme ne savait pas écrire, et y ajouta par courtoisie qu'à réception du message ils lui envoient un Fenouil farci de sept ducats. Les parents obéirent et Sieur Ciapelletto, qui se tenait aux aguets de son forfait, accourut prendre des Gardiens le déjeuner du Prisonnier et ayant vu le Fenouil désiré, se le cacha gentiment dans l'escarcelle sans que le destinataire ne s'aperçoive de rien, la fraude lui ayant été découverte seulement lorsque, descendu en prison plus large à la lumière du jour, ses Parents lui demandèrent s'il avait été satisfait du Fenouil. Qu'en dites-vous donc ? Pour ma part, si avec un Fenouil farci on introduit aussi facilement les ducats dans les *Camerotti*, je conchie la Petite chienne d'Adonio qui, selon l'Arioste,

> *Faisait naître les écus par dizaines*
> *Des rangs de perles et des gemmes de toute sorte*[cq].

Une autre fois, alors que le serviteur d'un Gentilhomme, que son maître avait honorablement rétribué, se trouvait en sa compagnie, Sieur Ciapelletto lui servait d'Écrivain lorsqu'il en avait nécessité, car le Pauvre savait mieux utiliser la rame que la plume ; or comme Sieur Ciapelletto souffrait d'un mal de gorge pour lequel la tête de veau est un excellent remède, à chaque occasion d'envoyer au dehors quelque message à sa famille, il ajoutait par courtoisie, qu'ils lui envoient en échange une tête de Veau ; et ainsi faisait-il acquisition de cervelle aux dépens du serviteur. À la fin, celui-ci ayant été rendu à la lumière, ses parents lui demandèrent que diable faisait-il de tant de têtes en prison alors qu'il était si bien traité par son Patron ; ainsi le compère s'étant aperçu de l'embrouille se contenta d'en rire, offrant par là même à tous les prisonniers l'occasion de s'en divertir longtemps.

Ma perché l'industria di Ser Ciapelletto non ha né fin né fondo, trovandosi in altra occorrenza con un altro Babbuino della buona fede, se non inquanto egli ancora per non saper dipingere a chiaro e scuro aveva bisogno di chi gli colorisce i disegni de' suoi interessi, avvedutosi ser Ciapelletto che questo era terreno da' ferri suoi, nello scrivere per lui un viglietto, richiese in fine che per indicio del buon recapito gli mandassero una torta sotto la quale invece di polvere di Zucchero mettessero una mezzadozzina di scudi d'argento; accioché i Guardiani, i quali mal volentieri lasciano entrar denari a' prigioni, vedendogli, non procurassero di mettergli in salvo nelle proprie scarselle. Così comparsa la torta ser Ciapelletto galante con l'arte Magica delle sue cabale fece travedere il cattivello, e mise gli scudi a conto della sua mellonaggine nel proprio borsetto.

Passata un'altra volta nella Doana di Ser Ciapelletto una buona Balla, egli s'avvide incontinente al marchio che doveva contenere molte cose di prezzo, tra le quali essendo finalmente venuto in cognizione che si ritrovava una cinturetta con ventiquattro anelli, gli venne in pensiero di farle pagare il dazio in ogni maniera; accioché uscendo dalla sua giuridizione senza il debito contrasegno del Camerotto non venisse querelata appreso il Tribunale de' sovradazi per contrabando. Così una notte, mentre il Camerata dormiva, Ser Ciapelletto, come quello che è tutto divoto, tanto s'adoperò con le mani e co' piedi, che trovata la scarsella e la cinturetta si tolse per carità un anello che aveva l'impronto di San Carlo, e con molta divozione se 'l pose al collo, lasciando in quel cambio nella scarsella un poco di Formaggio. Svegliatosi il Camerata, e guardato a caso la cinturetta, trovò mancarvi il San Carlo. Che debbo dirvi? Bisognò che il poverhuomo s'inghiotisse una bevanda cabalistica distillata da Ser Ciapelletto per lo stomaco de' malprattici, e credere che un sorce tirato dall'odore del Formaggio se l'avesse portato via, non già (credo io) per mangiarselo, ma per metterselo al collo, acciochè il diffendesse dall'ugne de' Gatti, o pure per comparire alla mostra di tutta la milizia de' Sorci come benemerito della Reppubblica con l'anello alla zampa, e farsi in questa guisa la strada per arrivare al Generalato de' buchi de' Camerotti.

Potrei allungarmi assaissimo in questa materia, e mostrar come ser Ciapelletto avvia cucchati tutti quei poveri mal'arrivati, che sono in tanti anni capitati all'officio della sua Trufferia, buscando mezo scudo

Mais comme l'industrie de Sieur Ciapelletto n'a ni commencement ni fin, se trouvant une autre fois avec un autre Couillon de bonne foi, sinon que, ne sachant peindre en clair ni en obscur, il avait besoin que quelqu'un lui colorie les dessins de ses intérêts, Sieur Ciapelletto, s'étant avisé qu'il y avait là ouvrage à sa mesure, en lui écrivant une lettre, il demanda pour finir, qu'en signe de bonne réception, il lui fut envoyée une tarte dans laquelle, au lieu de Sucre en poudre, on lui mit une demi-douzaine d'écus d'argent, afin que les gardiens, qui ne laissent pas volontiers entrer d'argent aux prisonniers, en les trouvant, ne s'arrangent pour les remiser en lieu sûr dans leurs propres escarcelles. Ainsi, à l'arrivée de la tarte, Sieur Ciapelletto en toute galanterie, par l'art Magique de ses cabales, fit entrevoir sa vilénie, et mit les écus dans sa propre bourse, au compte de la stupidité d'autrui.

Une autre fois, un bon colis ayant passé par la douane de Sieur Ciapelletto, celui-ci s'aperçut aussitôt au scellé, qu'il devait contenir bien des choses de prix, parmi lesquelles il finit par savoir que se trouvait une petite ceinture de vingt-quatre anneaux. Il lui vint à l'idée de lui faire payer une taxe à tout prix, afin qu'en sortant de sa juridiction sans le contre-sceau du *Camerotto* il ne soit poursuivi auprès du Tribunal des douanes pour contrebande. Ainsi, une nuit, alors que son compagnon de cellule dormait, Sieur Ciapelletto, en grand dévot qu'il est, œuvra si bien avec les mains et avec les pieds que la cassette et la ceinture une fois trouvées, il en enleva par charité un anneau, qui avait la marque de saint Charles, et avec grande dévotion se le mit au cou, laissant en échange dans la cassette un peu de Fromage. En se réveillant, le compagnon, rencontrant par hasard la ceinture, vit qu'il manquait le Saint Charles. Que vous dirai-je ? Il fallut que le pauvre homme avalât une liqueur cabalistique distillée par Sieur Ciapelletto pour l'estomac des mal avertis et croire qu'une souris attirée par l'odeur du Fromage l'avait emportée, non certes, comme je crois, pour se le manger, mais pour se le mettre au cou, pour le défendre des griffes des chats, ou bien pour apparaître au rassemblement de toute la milice des Souris décoré par la République avec l'anneau à la patte, et se ménager la voie, par ce subterfuge, pour parvenir au poste de Général des trous des *Camerotti*.

Je pourrais allonger de beaucoup cette matière, et montrer comment Sieur Ciapelletto avait grugé tous ces pauvres malchanceux qui au cours de tant d'années sont passés par le bureau de son Escroquerie, empruntant

a questo uno scudo a quell'altro, a chi una camicia, a chi un par di lenzuola, e somiglianti cosette a centinaia con titolo di Camerlengo e di Scrivano, e di dar poste a Guardiani e a gli Spazzacamini che portano l'urne fuori de' Camerotti con altre gentilezze di questa sorte, ma perché mi sento stanca la mano per lo scrivere con tanta incommodità, finirò per ora questa diceria Camerotesca, rimettendo ad un altra sessione il racconto di quelle Cabale che gli hanno assai meglio di queste ladrariolette recato da far guazzabuglio, con esortarvi caramente in Domino, se mai la vostra buona Fortuna vi portasse in queste parti, di procurare l'Amicizia del valorissimo ser Ciapelletto, e di confidare a lui solo tutti i vostri interessi, pensieri e disegni, assecurandovi in parola d'amico che se per qualche leggerezza balzaste quaddentro, entrareste subito per sua industria ne' criminali, e se occorresse che i Giudici pensassero di confinarvi un anno in prigione, potreste certamente col suo aiuto restarvi tutto il tempo di vostra vita. E qui raccommandovi alla buona Fortuna vi bacio affettuosamente le mani.

un demi-écu à celui-ci, un écu à cet autre, à l'un une chemise, à l'autre une paire de draps, et semblables petites choses avec le titre de Trésorier et d'Écrivain, en aidant les Gardiens et les Éboueurs qui emportent les urnes hors des *Camerotti* avec d'autres gentillesses de cette espèce. Mais comme je sens ma main qui fatigue à écrire par tant d'incommodité, je finirai pour l'heure ce discours Camerotesque, remettant à une autre séance le récit de ses Cabales qui, mieux que ces peccadilles, l'ont conduit à vous faire un embrouillamini en vous exhortant chaleureusement, au nom de Dieu, si jamais votre bonne Fortune vous amène jusqu'en ces contrées, d'accepter l'Amitié de Sieur Ciapelletto, et de lui confier tous vos intérêts, pensées et desseins, vous donnant ma parole d'ami que si pour quelque vétille vous vous retrouviez ici dedans, vous entreriez tout de suite par son industrie dans les cachots réservés aux criminels, et si les Juges venaient à décider de vous confiner un an en prison, vous pourriez certainement avec son aide y rester tout le restant de votre vie.

Et ici, je vous recommande à la bonne Fortune et vous baise affectueusement les mains.

NOTES

IL CAMERONE

a Don Matteo di Capua, Principe di Conca, grand Amiral de Naples, dont Marino était le secrétaire.

b Les trois rois des enfers.

c Tout le passage est inspiré par Burchiello :
« *Dice Bernardo a Cristo : E' ci è arrivato, / Signor mio caro, un peccator cotale, / arsa egli ha chiese, e rubato spedale, / uomo micidïale è sempre stato : // e tutto il tempo suo t'ha bestemmiato ; / sforzò la madre, ed ha fatto ogni male, / uccise un prete il giorno di Natale : / potrebbesi punir questo peccato ?* » (« Bernard dit au Christ : Il nous est arrivé, mon cher Seigneur, un terrible pécheur, il a brûlé des églises et volé des hôpitaux, il a toujours été un criminel : toute sa vie il t'a blasphémé, il a violé sa mère et fait tous les maux, il a tué un prêtre le jour de noël : peut-on punit pareil péché ? »), *Sonetti*, *op. cit.*, p. 215. Pour purger ses péchés extraodinaires, cet horrible pécheur est alors condamné par le Christ à prendre femme… Voir aussi la liste des péchés commis par le demi-géant Margutte, dans le *Morgante* de Luigi Pulci, chant XVIII.

d Autrement dit, « si je m'étais fait circoncire chez les musulmans ».

e Marco Sciarra était un redoutable bandit qui battait la campagne : en 1590 il défit avec ses hommes la troupe envoyée contre lui par le vice-roi. Le colonnel en question n'était autre que Carlo Spinelli, celui-là même qui mâtera en 1599 la rébellion calabraise ourdie par Campanella et ses amis.

f Henri IV, fort mal considéré par les Italiens du fait de son passé huguenot.

g Marrane est souvent un synonyme péjoratif pour Espagnol dans la littérature de l'époque (voir par exemple Berni, *Capitolo di papa Adriano*, v. 3), mais l'événement historique auquel il est fait allusion reste obscur. Il pourrait éventuellement s'agir du sac de Rome par les lansquenets de Charles Quint en 1527, mais rien n'est moins sûr.

h Mais sculacciare désigne aussi (et ici d'abord) l'acte sodomite. Voir Jean Toscan, *Le Carnaval du langage. Le lexique érotique des poètes de l'équivoque de Burchiello à Marino (XVe-XVIIe siècles)*, Lille, Presses Universitaires de Lille, 1981, 4 tomes, p. 218.

i Allusion à deux célèbres pièces burlesques de Berni : le *Capitolo de l'Anguille* (éloge équivoque du sexe masculin et des pratiques sodomitiques) et le *Capitolo du prêtre de Povigliano*, dont on peut dire que toute la description de la cellule est ici une sorte d'adaptation. Berni s'appuyait lui-même sur le thème ancien, attesté par la poésie goliarde, de la mauvaise demeure et de la mauvaise nuit, exploité ensuite par Burchiello et Matteo Franco, puis, entre Bruni et Marino, par de nombreux bernesques. Voir Toscan, *op. cit.* chap. 2 et Giovanni Angeli, « Saint-Amant e i prototipi berneschi », in *Le prove e i testi. Letture francesi*, Pisa, Pacini, 1975, p. 25-60, aux p. 54-55.

j Dans ces vers, ainsi que dans les suivants, Marino semble décrire à mots couverts les latrines de la cellule. Le passage fait du reste penser aux vers de Berni dans le *Capitolo du prêtre de Povigliano* : « *Eravi un destro, senza riverenza, / un camerotto da cesso ordinario, / dove il messer faceva la credenza ; / la credenza faceva il necessario...* », v. 96-99.

k Renvoi à la métaphore biblique de la lumière qui s'éteint. Voir par exemple, Isaïe, V, 30.

l Gian Maria ou Giovan Maria, prénom déjà antipathique à Giovanni Mauro : « mi dispiace / Più che s'avesse nome Gian Maria », *Capitolo delle donne di montagna*, v. 116-117.

m Allusion probable aux vues sexuelles du gardien sur son prisonnier.

n Ce type de formule blasphématoire est dérivé des compositions de Berni, où il apparaît fréquemment.

o Giuli : monnaie frappée à l'initiative du pape Jules II.

p Des œufs couvés contenant donc des foetus de poussin.

q *Mondo* et *mappamondo*, dans le vocabulaire bernesque, signifie la « partie inférieure du corps englobant la zone sexuelle et la région postérieure », Toscan, *op. cit.*, p. 53.

r Autrement dit : fieffé péteur. Vers emprunté à Burchiello : sonnet *Raggiunsi andando al Bagno un Fra minore.*

s La *brogna* est un instrument à vent populaire, construit à partir d'une grande coquille.

t tabarel : manteau court de soldat ou de moine.

u En français, une saye ou saie est un pourpoint.

v *Balandrano* : variante de *palandrano*, vêtement long et large, comparable au *saio*. Marino semble vouloir signifier que le manteau par l'usure du temps n'a cessé de se raccourcir. Le thème du manteau en loques date de la poésie goliarde, comme le rappelle Toscan, *op. cit.*, p. 67. Voir également Berni, *Canzon d'un saio*, et les remarques de Toscan, *op. cit.*, p. 28.

w Le passage est directement inspiré par la description de la couverture de porc qui échoie au narrateur dans le *Capitolo du prêtre de Povigliano* de Berni (« *volgion certi dottor dir ch'ella fusse / coperta già d'un qualche barbaresco ; / poi fu mantello almanco di tre usse, / poi fu schiavina e forse anche spalliera, / fin che tappeto al fin pur si ridusse* », v. 74-78)

x Il faut tenir compte du fait que la Calabria (parfois écrit Culabria ou Culavria), dans le vocabulaire bernesque est le pays mythique des sodomites. Voir Toscan, *op. cit.*, p. 687. Voir aussi ce passage très éclairant du Journal de Jean-Jacques Bouchard : « En général l'on peut dire que les Napolitains haïssent et méprisent communément toutes les autres nations d'Italie, mais [...] particulièrement : les Calabrais, qu'ils tiennent pour gens infames, aussi disent ils communément un *Calabrese con riverenza* ; pour gens sans foi, et adonnés à toutes sortes de vilaines lascivetés : un *calabrese buggerone*, un *Calabrese fotti giumenti*, disent ils ; pour taquains et pour grossiers et si fort lourdaus que l'on ne fait point de bonne comedie où il n'y ait tousjours un Calabrois qui fait le sort de farce... », éd. E. Kanceff, 2 vol, Turin, Giappichelli, 1976 et 1977, p. 258.

y Allusion à la pédérastie supposée des maîtres d'école.

z Toute cette séquence est directement inspirée d'un sonnet de Berni : *Sonetto contra la moglie*, *Rime*, éd. Romei, Mursia, Milano, 1985, p. 31.

aa Voir les deux vers attribués par Annibal Caro à Burchiello :
O foss'io Papa per un mese appunto
Per saziarmi un tratto del Pan unto.
Commentaire de la Figheide, éd. citée, p. 130.

ab Le peintre napolitain Gian Bernardo Lama (1506-1598).

ac *Bassà*, veut sans aucun doute dire « pacha », comme l'atteste *La Nasea* d'Annibal Caro : « *a questi tempi era capitato in mano d'Abraim Bassà* », éd. Milano, 1863 (reprint, Arnaldo Forni, Bologna, 1974), p. 173.

ad Allusion à *La Fabrica del mondo* de Francesco Alunno (1546).

ae Lucio Giovanni Scoppa, Grammairien et rhéteur napolitain mort vers 1543, auteur du *Specilegium* (1548) cité ici par Marino.

af La description de l'ustensile et du vin est fortement influencée par Berni, *Capitolo du prêtre de Povigliano*, v. 112-120.

ag C'est-à-dire largement coupé d'eau. Voir le même motif explicité dans *La prison…*, *infra*, p. 109.

ah Tarquinio, Tarquin, nom des rois de Rome chassés par Brutus, mais aussi d'un vin réputé de la zone de Tarquinia.

ai Divers types de vins prisés. La *raspata* est un Vin auquel on a ajouté de la râpe hachée, pour donner un goût piquant.

aj Lembicocco, jeu sur Libicocco, nom d'un démon dantesque, et sans doute l'*albicocco*, l'abricot, exploité ici pour sa consonnance sexuelle. Malebranche est aussi, très probablement, une équivoque sexuelle (Malebranche signifie littéralement « mauvaises griffes » mais le mot *branche* peut aussi signifier, comme en français, branches). Malebranche désigne un groupe de démons dans l'*Enfer* de Dante, chant XXII auquel appartiennent justement Libicocco et Draghinazzo, dont il est question au vers suivant. Le dispositif syntaxique du vers permet de faire de Lembicocco et de Malebranche aussi bien les sujets que les objets du verbe.

ak Allusion au même passage de Dante, *Enfer*, chant XXII, v. 73-74.

al *Cf.* Burchiello : « *… dormir non posso per li sorghi / che fanno maggior gridi che porcetti.* », Sonnet, CXCII, v. 11-12.

am Cacchino (sans doute pour Facchino) et quintana : jeu d'adresse pour les cavaliers auquel on jouait à Naples aux temps de carnaval. *Cf.* Battista del Tufo, *Ritratto o modello delle grandezze, delle letizie e meraviglie della nobilissima città di Napoli*, Naples, 1562.

an Exercices et danses de ballets de cour. *Cf.* le *Morgante* de Luigi Pulci : « *Per Siragozza si facevan balli / e giochi e personaggi e fuochi e tresche, / e chi correva dinanzi a' cavalli, / buffoni e scoccobrin fanno moresche* ». Mais l'image est déjà chez Burchiello : « *La gatta è fuori e' topi vanno a tresca* », sonnet CXCIV, v. 8.

ao Allusion probable au fameux *calcio fiorentino*, jeu de balle toujours pratiqué à Florence.

ap *salta martin* et *tresche* : danses (*cf.* supra citation de Luigi Pulci).

aq L'arche de Noé.

ar Pétrarque, Sonnet 136.

as La Parque Atropos.

at Allusion à un concurrent, que nous n'avons pu identifier, du prince de Conca pour l'obtention du titre de la toison d'or.

au Astrée, déesse de la justice qui régna sur la terre pendant l'âge d'or, et la quitta quand apparut le crime, pour devenir la constellation de la Vierge dans le zodiaque.

PRIGIONIA DEL CAVALIER MARINO IN TORINO

a Ludovico San Martino marchese di Aglie (1578-1646). Issu d'une grande famille, Ludovico était attaché au cardinal Maurizio di Savoia, et en était le principal collaborateur. C'était aussi un homme de lettres qui composa abondamment en vers (sa poésie était dit-on fort

appréciée du duc Charles-Emmanuel) et pour le théâtre. Il est également l'auteur d'écrits politiques au service du Duc de Savoie. La pièce est donc dédiée à un homme très proche de la famille ducale.

b Psaume 129.

c Navire de parade qui servait à Venise à la célébration du mariage symbolique du doge avec la mer.

d « Et si celui qui me haïssait avait parlé de moi avec mépris et avec hauteur, peut-être que je me serai caché de lui », Psaume 54, 13 ; « Celui qui mangeait mon pain a fait éclater sa trahison contre moi », Psaume 40, 10.

e « Vous au moins mes amis, ayez pitié de moi, ayez pitié de moi » ; « parce que la main du Seigneur m'a touché », Job, 19, 21.

f « Il est horrible de tomber dans les mains du Dieu vivant », Paul, *Épître aux Hébreux*, 10, 31.

g « Les liens se sont rompus, et nous sommes sortis libres », Psaume 123, 7.

h « Hélas ! Car mon séjour s'est prolongé », Psaume 119, 5.

i Le faux muet déguisé en jardinier qui, dans le *Décaméron* (III, 1), débauche tout un monastère de religieuses.

j Voir le même argument développé dans le *Camerone*, v.

k « *Stuppino* », équivalent de « *stoppino* », étoupe. Fra Stoppino est un personnage littéraire, qui apparaît dans la *Ficheide* d'Annibal Caro, et dont Agnolo di Cosimo (le peintre Bronzino) exploite le nom dans sa défense de Caro contre Castelvetro, *I Salterelli dell'Abbrucia sopra i Mattaccini di Ser Fedocco ; con l'Aggiunta di Fra Stoppino*. À noter que le *stoppino* est, dans la langue toscane, selon Toscan, « un substitut populaire du 'membre viril' », *op. cit.*, p. 612.

l « La vertu s'affermit dans les adversités », Paul, 2 Corinthiens, 12, 9.

m « Je corrige et châtie ceux que j'aime », Apocalypse, 3, 19.

n Cheval de petite taille.

o « Quelle joie pourrai-je avoir, si je reste assis dans les ténèbres et ne vois pas la lumière du ciel ? », Tobie, 5, 12.

p « Et pendant qu'il dormait, il tomba d'un nid d'hirondelle de la fiente chaude sur ses yeux, qui le rendit aveugle », Tobie, 2, 11. Voir aussi 6, 6 et 9.

q Probablement Marino veut-il dire que son destin est aussi lourd à porter que celui des paysans qui peinent en chargeant et en poussant leurs ânes ; il n'est cependant pas exclu que la comparaison ne renvoit à un épisode tiré d'une œuvre littéraire.

r « Tu as renversé sur moi tous tes flots », Psaume 87, 8.

s Allusion possible au Malebranche dantesque. Voir *supra*, p. 201, n. aj et *infra*, p. 203, n. am.

t « Qu'ils descendent vivants dans l'enfer », Psaume 54, 16.

u La peine du dam est la privation de la vue de Dieu ; la peine du sens est la douleur des supplices.

v Évocation des peines infernales respectives de Sisyphe, Ixion et Prométhée.

w Référence évidente au « Toi qui entre ici abandonne toute espérance » de la *Divine Comédie* de Dante.

x « Pour les siècles des siècles »

y Tout le passage qui précède se retrouve mot à mot dans une lettre à un ami, peut-être au Conte Andrea Barbazza, exactement de la même période (puisqu'il affirme qu'il est en prison depuis neuf mois) : « *Mi trovo nell'inferno, titolo che ragionevolmente do alla caverna, dove me ne sto condannato ; e molto a ragione, perciocchè vi è la pena del danno e la pena del senso. La perdita della grazia del padrone e di quanto bene io mi aveva nel mondo da una parte ; e dall'altra il cumulo di tutti i mali. Lascio la compagnia diabolica de' malfattori,*

gli orrori palpabili di una caligine perpetua, l'impressione nell'anima d'una passione continua, fiamme e ghiacci di rabbie e di paure. Questi flagelli son altro (s'io non m'inganno) che ruote, e sassi, ed avvoltoi. Così vedessi io punita la malvagità di chi m'ha insidiato a torto, come la mia penna fu sempre innocente dalle punture satiriche, e massime di quelle che trafiggono i Grandi. Nell'Inferno nulla vagliono i soffragi ed a chiunque vi entra bisogna lasciare ogni speranza, sì come escluso dalla misericordia, e incapace di perdono. », *Lettere*, éd. M. Guglielminetti, *op. cit.*, p. 117.

z Marino avait été gratifié par Charles-Emmanuel de la croix des saints Maurice et Lazare.

aa Allusion à la célèbre nouvelle de Boccace, *Décaméron*, II, 9.

ab Marino se réfère très probablement à une très savoureuse anecdote romaine, qui se trouve dans une lettre du vénitien Marc Antonio Michiel datée du 17 avril 1519. Alors que l'on exorcisait à Saint-Pierre une femme possédée, le démon par sa bouche avait déclaré qu'il ne sortirait que si on lui trouvait un lieu où se loger et un fou, qui se trouvait là aurait déclaré : « *mandatimelo nel culo* », ce que l'esprit maléfique déclara vouloir faire. Pris de panique, le fou se serait précipité pour s'asseoir dans le bénitier afin de se protéger de l'intrusion. La lettre se trouve dans Marino Sanuto, *I Diarii*, chap. 27.

ac « du début jusqu'à la fin ».

ad « par le visage, la parole et les œuvres ».

ae « et d'autres genres ».

af Anton Francesco Doni, *Mondi celesti, terrestri et infernali… composti dal Doni, mondo piccolo grande, misto, risibile…, inferno degli scolari, de malmaritati…*, Vinegia, G. Giolito de Ferrari, 1562.

ag L'Etna.

ah Quatre des îles volcaniques Éoliennes, près de la Sicile.

ai Arioste, *Roland Furieux*, chant 33, 28.

aj *Ibid.*, chant. 34, 9.

ak Jeu de mot sur « *ingrata* » (ingrate) et « *in grata* » (en grille).

al Virgile, qui accompagne Dante dans la *Divine Comédie.*

am Barbariccia et Farfarello sont des démons des troupes infernales (Malebranche). Évocation assez peu fidèle d'un passage grotesque de l'*Enfer* de Dante, chant 21. Le vers « *ed elli avea del cul fatto trombetta* » (« et il avait de son cul fait trompette ») est fort célèbre, mais « l'action » dans le poème est attribuée à Barbariccia.

an Cullasone, mot dérivé de *colascione*, qui désigne une espèce de luth. Il est évident que le mot est exploité pour sa consonnance avec *culo*, et toute la série de ces instruments, ainsi que l'expression même de smusicare (= *suonare*) renvoient du reste à l'acte sexuel en général et à la sodomie en particulier (Voir J. Toscan, sur la *piva*, comme métaphore du phallus, et sur *suonare* au sens de copuler). Il existe du reste un capitolo équivoque sodomite attribuable à Marino intitulé *La Guittara* (entendu par là le phallus).

ao Nom traditionnel de démon.

ap Le Sonnet « à queue » est une variante de la forme classique du sonnet, qui s'est développée au XIVe siècle : le sonnet est suivi d'une « queue » généralement constituée d'un septénaire en rimant avec le dernier vers du sonnet, et un distique d'endécasyllabes à rimes « embrassées ». Cette queue n'avait pas de longueur précise et pouvait aller de trois à plusieurs dizaines (schéma : ABBA ABBA CDC DCD DEE EFF FGG (etc.). Il s'est surtout affirmé dans les styles parodiques et farcesques. Mais l'allusion sexuelle est ici évidente, comme pour l'expression précédente (*in sentir una tirata d'archetto* : mot à mot : « sentir une tirée d'archet »), et la suivante. Voir le dialogue imaginé entre Burchiello et Petrarque par Annibal Caro : « *E quanto allo stile, interrogandoli qual di lor due dovessi imitare : – Me – rispose il Burchiello. – Dice il vero – seguitò il Petrarca, – perché il suo stile è*

per ridere, e col mio, per la più parte, si piange. – Consigliandomi poi sopra questo particolare, se io gli dovea far con la coda come il Burchiello, o senza, come il Petrarca : – Con la coda ! Con la coda ! – s'accordarono a dir l'uno e l'altro in un tratto. Ed io, rivolto pur al Petrarca, gli domandai la ragione perché più con essa che senza, e perché i suoi non l'avevano. – La ragione è – diss'egli – perché la coda ha questa proprietà, di far ridere e di dar piacere alla gente ; e però si suol mettere a' matti, a' buffoni ed a certe persone piacevoli. Ti potrei dir la ragione anco di questo, ma saria fuor di proposito. Basta ch'avendo tu da trattar di cose ridicole », *Apologia*, 1558, in *Idem*, *Opere*, éd. Stefano Jacomuzzi, Torino, Utet, 1974, p. 255-256.

aq « Un tel, (qui) en un autre temps s'habillait de pourpre et de lin, (maintenant) est enseveli en enfer » ; « l'extrêmité de son doigt, et rafraichisse ma langue, parce que je suis tourmenté en cette fournaise », Luc, 16, 19 et 24.

ar « Détachez-le et laissez-le aller », Jean, 11, 44.

as « fermé par sept sceaux ».

at C'est-à-dire des représentations phalliques : l'épervier (et les oiseaux en général) et les grelots ou clochettes, sont des motifs équivoques classiques de la littérature bernesque. *Cf.* J. Toscan, *op. cit.*, index.

au Nous n'avons pas pu identifier ce médecin, probablement turinois.

av Jeu de mot entre *corrivo* (indulgent) et *corre* (il court).

aw Filène est le nom poétique que se donne Marino (voir *Adone*, chant 9).

ax « Viens Seigneur sans tarder », verset de la neuvaine de Noël.

ay Lucien de Samosate (125-85 av. J.-C.), évoqué ici pour ses *Dialogues des morts*.

az Virgile, *Énéide*, V, v. 124-155.

ba C'est-à-dire qui ne soit couvé. Voir *Camerone*, v. 138.

bb Titre d'une composition poétique du Comte d'Aglie.

bc « L'amour est fort comme la mort », Cantique des cantiques, 8, 6.

bd Allusion clairement sexuelle.

be Les frères Luca et Luigi Pulci, poètes de l'entourage de Laurent le Magnifique (Luigi est l'auteur du *Morgante*, long poème héroïco-comique que Marino semble bien connaître).

bf « *Il marchese* » désigne les menstrues. Berni, dans le *Capitolo du prêtre de Povigilano*, décrivait aussi des draps particulièrement sales, qui « *parevan cotti in broda di fagiuoli* » (« paraissaient cuits dans le bouillons de haricots », v. 135).

bg Œuvre de logique et de rhétorique d'Aristote, présentant sa théories des lieux (*topos* signie lieu en grec) ou rubriques dont sont tirées les prémisses de l'argumentation. Mais il s'agit d'un jeu de mot : *topo* en italien signifie souris ou rat. Ce jeu de mots se trouve déjà chez Cesare Caporali : « *Si posero a studiar benché con guai, / la Topica materia ultimamente, / nei lunghi assedi anch'essa utile assai ; / e beato era detto fra la gente / chi temperar sapeva più trapelle, / e avea pù luoghi topici a la mente* », *Vita di Mecenate*, VIIe partie, v. 148-150. *Cf.* Marziano Guglielminetti, *Tecnica e invenzione nell' opera di Giambattista Marino*, Messina-Firenze, G. D'Anna, 1964, p. 64.

bh Deux géants de la mythologie.

bi Allusion à la gigantomachie : le soulèvement des Géants (comme Encelade et Typhon) contre Zeus.

bj Les boutargues, met très prisé, se présentent sous la forme de deux poches accolées contenant les œufs du mulet.

bk On trouve le même jeu dans la lettre burlesque de *La Pupola al Pupolo*, toute fondée sur des équivoques sexuelles à partir des noms de personnages célèbres : « *Se vi da fastidio l'Erizzo, perché non leggete Meandro e Menalippo ; se volete mortificar Carneade e mollificar Durante, consignatelo al Manuzio e diverra Calepino* », *Lettere*, éd. Borzelli, t. II, p. 95.

bl Référence aux parodies burlesques de lettres amoureuses composées par Marino : *Il Pupolo alla Pupola et La Pupola al Pupolo* (voir note précente).

bm « Le patron est devenu cruel à mon égard », Job, 30, 21, mais le texte biblique dit en fait : « *Mutatus es mihi in crudelem* » : « Tu es devenu cruel à mon égard ».

bn On ne sait trop qui est ce personnage, qui apparaît dans une autre lettre à Lorenzo Scotto de 1623. Pour M. Gulielminetti, il pourrait s'agir d'Emanuele Tesauro, le célèbre auteur du *Cannocchiale aristotelico*, les relations de Marino avec Lodovico, le frère d'Emanuele, étant attestées, *Lettere*, *op. cit.*, p. 233. Voir aussi Pierantonio Frare, « Marino al cannocchiale », *Aprosiana : rivista annuale di studi di Barocchi*, 2001, n° 9, p. 97-108.

bo « Ce peuple m'honore par la parole, mais son cœur est loin de moi », Mathieu 15, 8.

bp Allusion à la pièce intitulée *Il Ritratto del serenissimo duca Carlo Emanuello* (*Portrait du sérénissime duc Charles-Emmanuel*), Torino, 1608.

bq « Je suis arrivé en pleine mer, et la tempête du ciel m'a submergé », Psaumes, 68, 3.

br « Le Damascène raconte, en un de ses sermons, que saint Grégoire, priant pour l'âme de Trajan, entendit une voix du ciel lui parlant ainsi : "J'ai entendu ta voix et je donne grâce à Trajan." De ce fait, ajoute-t-il au même endroit, tout l'orient et tout l'occident sont témoins. "Sur cela, quelques-uns ont dit que Trajan a été rappelé à la vie, et qu'ayant acquis des grâces, il mérita son pardon et obtint ainsi la gloire, et qu'il n'avait pas été finalement mis en enfer, ni condamné par une sentence définitive." D'autres ont prétendu que l'âme de Trajan ne fut pas simplement délivrée de la peine éternelle qu'il avait méritée, mais que cette peine fut suspendue pour un temps, savoir jusqu'au jour du jugement. D'autres soutiennent que sa peine, quant au lieu et quant au mode de tourment, lui fut infligée sous condition, c'est-à-dire, jusqu'à ce que par les prières de saint Grégoire, avec la grâce de Jésus-Christ, il y eût changement quant au lieu ou quant au mode. D'autres, comme Jean, diacre, qui a compilé cette légende, disent qu'on ne lit pas qu'il a prié, mais qu'il a pleuré : que le Seigneur accorde fréquemment dans sa miséricorde ce que l'homme n'ose lui demander, tout, désireux qu'il soit d'obtenir, et que l'âme de Trajan ne fut pas délivrée de l'enfer et placée au paradis, mais qu'elle est simplement délivrée des peines de l'enfer. "Il peut en effet se faire, dit-il, qu'une âme soit en enfer, et que, par la miséricorde de Dieu, elle n'en ressente pas les tourments." D'autres avancent que la peine éternelle consiste en deux choses, qui sont la peine du sens et la peine du dam qui est la privation de la vue de Dieu. Or la peine éternelle lui est remise quant à la peine du sens, mais quant à la peine du dam, elle lui est restée », Jacques de Voragine, *Légende Dorée*, traduction J.-B. M. Roze, Paris, 1802, t. I, p. 338-339 (saint Grégoire).

bs « Et toi Seigneur, jusqu'à quand ? », Psaume 6, 4.

bt « Où est donc ta miséricorde d'autrefois, Seigneur ? »

bu Pietro Bembo, *Rime*, LXXII, p. 4-9 e 16-20.

bv Marino se plaint de la confiscation de ses œuvres à paraître. Voir surtout la lettre à Gasparo Salviani composée après sa libération : « *La maggior disgrazia che io abbia sentita in questo mio infortunio è stata la perdita delle scritture ; poichè tutte quelle misere fatiche, che io aveva in molti anni accumulate e che io tenevo già in procinto di pubblicare in breve alle stampe per corrispondere a quella aspettazione, che si potesse aver di me, mi sono state occupate* » (« La plus grande disgrâce que j'ai éprouvée en mon infortune présente fut la perte de mes écrits ; parce que tous ces malheureux travaux, que j'avais accumulés en tant d'années et que je m'apprêtais à publier en les donnant rapidement à imprimer pour satisfaire à l'attente qu'on pouvait avoir de ma part, m'ont été confisquées »), *Lettere*, éd. Borzelli, t. I, p. 107.

bw Allusion à la réclusion du Tasse à l'hôpital Sant'Anna de Ferrare entre 1579 et 1585 pour s'être emporté dans un accès de colère contre la cour ducale au moment des noces d'Aphonse d'Este.

bx « Je nie la conséquence ». *Entrar in guardia*, *servire*, *porta di ferro* sont des termes d'escrime.

by Arioste, *Roland Furieux*, chant XXIX.

bz Le poète assume le rôle du bouffon maniant la satire. La *canariglia* est une forme de danse. *Giannetto*, sans doute le cheval du même nom, voir supra n. 14.

ca Terme d'organiste, du latin « *Sex qui altera* » : jeu de deux tuyaux formant une sixte.

cb Le sens de cette dernière phrase s'éclaire lorsqu'on la compare à ce que l'on peut lire dans une autre des lettres de Marino : « *Ora mi maraviglio come la carta non sia capitata ; onde bisogna dire [...] che il mio servitore quando la portò alla posta se n'abbia nettato il culo* » (« Je m'étonne cependant que la lettre ne vous soit pas parvenue ; d'où l'on peut en déduire [...] que mon serviteur, lorsqu'il la porta à la poste s'en est nettoyé le cul »), Lettere, éd. M. Guglielminetti, *op. cit.*, p. 207. Je dois cet éclaicissement à Luigi Matt, *Teoria e prassi dell'epistolografia italiana tra Cinquecento e primo Seicento : ricerche linguistiche e retoriche : (con particolare riguardo alle lettere di Giambattista Marino)*, Roma, Bonacci, 2005, p. 377.

cc Il faut en effet corriger le mot *Senato* (Sénat) présent dans toutes les éditions par *Serrato*. Voir C. Caruso, « Retrospettiva mariniana », *Rassegna Europea di Letteratura Italiana*, 8, 1996, p. 9.

IL CAMEROTTO

a Vettor Contarini, né en 1621, prince de l'académie des Incogniti au moment de l'incarcération de Brusoni. Voir ses *Primitie academiche*, in Venetia, appresso li Guerigli, 1644. Cette dignité à l'académie acquise à un si jeune âge ne saurait être séparée de son nom. Il fera du reste une brillante carrière sénatoriale et sera en particulier nommé Capitaine de Padoue en 1666.

b Jeu de mots sur « *vittoria* » (victoire) et « *Vettor* » (Victor), le prénom du dédicataire.

c Carlo Contarini (1580-1656) : *avogadore di Comun* (procurateur de la République), et « avocat des prisonniers » dans les années d'incarcération de Brusoni.
Giovanbattista (1587-1671), frère du précédent, membre des Incogniti et lecteur en philosophie. Il poursuivit un carrière sénatoriale, F. Gino Benzoni, « Contarini, Giovanbattista » in *Dizionario biografico degli italiani*, vol. 28, Roma, Treccani, 1983, p. 196-200.
Les deux frères n'ont pas de relations parentales directes avec Vettore Contarini, qui appartient à une autre branche de la famille, mais leur proximité, dans l'espace étroit de l'univers patricien de Venise, et le nom les font sans doute percevoir par Brusoni comme membres de la même famille.

d L'amante de Brusoni, qu'il désigne par ces initiales dans le *Camerotto* et dans les précédentes *Lettere Amorose*. On n'a pu hélas encore établir son identité, mais tout laisse penser à sa réelle existence. Dans ses autres ouvrages composés durant la même période, Brusoni lui donne divers pseudonymes : Doremia, dans *Orestilla* où elle apparaît comme l'amante de Filiterno, alter ego de Brusoni, Dora et enfin Deanora dans les *Complimenti Amorosi*, qu'il lui dédie par ces mots : « *All'immortalità del nome di Deanora, donzella riguardevole per la bellezza del viso, ammirabile per la vivacità dell'ingegno, adorabile per la soavità de' costumi, questi Complimenti Amorosi, semplici tratti di candidissima penna, per espressione di purissimo affetto umilmente consacra Girolamo Filiterno Brusoni.* » (« À l'immortel nom de Deanora,

jeune fille remarquable par la beauté de son visage, admirable pour la vivacité de son esprit, adorable pour la douceur de ses mœurs, Girolamo Filiterno Brusoni, pour exprimer humblement sa très pure affection, dédie ces *Compliments Amoureux*, simples traits d'une plume tout à fait ingénue »). À la lecture des *Lettere Amorose*, comme le remarque Liliana Grassi, elle est présentée comme une amie de Giovanna Deodati, femme de Giovan Battista di Settimo, « Una nuova interpretazione autobiografica dell'Orestilla di Girolamo Brusoni », *Studi Seicenteschi*, LI, 2010, p. 37-106. Il pourrait éventuellement s'agir de la comtesse Ginevra De Bour, dont Brusoni donne le nom dans ses *Sogni di Parnaso* (1655).

e Brusoni n'évoque les raisons de son incarcération que de manière fort évasive. Voir les lettres 2, 5, 6, 10, 23, 24. Voir l'article de Liliana Grassi et l'introduction au présent ouvrage.

f Le nocher des enfers.

g Allusion probable à son ouvrage intitulé *Gli dell'Occasione* (*Les fausses-couches de l'occasion*), mélanges de textes divers (discours académiques, lettres, etc.), publié en 1641.

h Le château où sont enfermés Tancrède et d'autres héros chrétiens par les sortilèges de la magicienne Armide dans la *Jérusalem délivrée* du Tasse (chant VI).

i Référence à un personnage de *Il Coralbo* (1638) de Gian Francesco Biondi. Au Livre III, le mari de Liarta, auquel on avait fait croire que sa femme était morte, rend visite au cimetière où il croit que celle-ci est enterrée ; il y est accueilli par un esprit qui, en réalité, n'est autre que Liarta elle-même, avec laquelle il peut ainsi se réunir.

j La partie la plus ténébreuse des enfers.

k Le Styx, le Cocyte et le Phlégéthon sont des fleuves des enfers.

l Les cellules des Plombs étant aménagées sous les toitures de plombs du palais des Doges (d'où l'appellation de *Piombi*). En été, la chaleur y était terrible.

m Agostino Fusconi, né en1601, chanoine du Latran, secrétaire de l'académie des Incogniti, a publié divers ouvrages (poésies, discours académiques, nouvelles amoureuse, voir *Le Glorie degli Incogniti*, Venetia, Valavasense, 1647, p. 7 *sq.*). L'identification est rendue certaine par l'allusion au long emprisonnement souffert dans les prisons génoises, également évoqué dans *Le Glorie*. Il est aussi évoqué au début du *Camerotto*, dans la lettre au Conte di Fuinimonte (non paginée), que nous ne publions pas ici.

n Allusion à sa nouvelle, l'une de ses premières œuvres (Brusoni l'aurait composée à l'âge de 15 ans), *Lo Scherzo di Fortuna*, In Venetia, per G. Corradici, 1641.

o Allusion à la représentation commune d'Héraclite en pleurs, généralement associée à celle de Démocrite riant.

p Dans l'Iconologie de Cesare Ripa, l'Inconstance est représentée comme une « femme qui marche sur un grand Crabe, fait comme celui que l'on peint dans le zodiaque ; qu'elle soit vêtue de couleur bleue et tienne la lune dans la main. Le crabe est un animal qui marche tout aussi bien en avant qu'en arrière, comme font ceux qui sont irrésolus, et louent tantôt la contemplation, tantôt l'action, tantôt la guerre, tantôt la paix… La Lune, de même, est très changeante, pour autant que nos yeux peuvent en juger ; pourtant on dit que le sot change comme la lune, qui ne reste jamais une heure de la même façon… » (je traduis à partir du texte de l'édition de 1593, Roma, Heredi di Gigliotti, p. 140). Brusoni utilise la même expression à propos de son défunt ami Ferrante Pallavicino : « *Io ti diceva, caro Ferrante, o lascia in pace la penna, o scrivi di materie erudite e non toccar' i Principi e i loro segreti ; perché oltre al pericolo in cui ti metti, pigli de' grossissimi granchi a luna scema* » (« Je te disais bien, cher Ferrante, de laisser la plume en paix ou d'écrire sur des matières érudites sans toucher les Princes et leurs secrets, parce que, outre le péril dans lequel tu te jettes, tu prends

de très gros crabes à lune descendante »), *Sogni di Parnaso*, s. l. n. d., 1650 [mais en fait postérieure à 1655, car les *Novelle amorose* et les *Sogni* y sont indiqués comme en cours d'impression], p. 87.

q « *Questo si farà, tenendo il fioco dove si vorrà dare, alto alla statura d'un huomo, o più, o meno, al piacere d'ogn'uno, stando con la schiena volta al Fiocco, poi inarborando alquanto il sinistro, e ad un tempo medesimo levando il piè destro, si voltarà con tutta la persona alla sinistra, alzandosi quanto più potrà, e cavalcandola la gamba destra alla sinistra, alzarà la punta del detto piede tanto che con essa dia nel Fiocco ; lasciandosi cader in terra al luogo dove haverà cominciato à farlo, con l'istesso piè destro* » (« Cela se fera en tenant le ruban où on voudra le prendre, à la hauteur d'un homme, ou plus haut, ou moins, comme chacun veut, en se tenant le dos tourné au ruban, puis se dressant autant qu'il est possible sur la jambe gauche et en même temps levant le pied droit, on se retournera entièrement sur la gauche, en sautant autant que l'on peut et chevauchant la jambe droite par dessus la gauche, on lèvera la pointe du pied en question jusqu'à atteindre le ruban, se laissant ensuite tomber à l'endroit où l'on avait commencé le mouvement, avec le même pied droit »), Fabrizio Caroso, *Il Ballarino*, *Regola XXXV : Del Salto del Fiocco*, éd. 1600, Venetia, presso il Muschio, p. 45.

r Palazzo Bò, siège de l'université de Padoue.

s Jeu de carte sur lequel Berni a composé une pièce fameuse toute tissée d'équivoques sexuelles. Une allusion de ce type n'est ici pas exclue.

t Il s'agit sans doute de Donna Giovanna (Deodati), femme de Giovan Battista Settimo (voir *supra*, n. d).

u Peut-être Anna Renzi, chanteuse virtuose soutenue par l'Académie des Incogniti et célébrée par Brusoni dans ses *Poesie*. Un recueil poétique venait d'ailleurs de lui être entièrement consacré : *Le Glorie della Signora Anna Renzi Romana*, Venezia, G. B. Surian, 1644. Voir Thomas Walker et Jonathan Glixon, *The New Grove Dictionary of Music and Musicians*, 2nd edition (2001), vol. 21, entrée « Renzi, Anna », p. 192-193 et Jean-François Lattarico, *Venise Incognita, essai sur l'académie libertine au* XVIIe *siècle*, Honoré Champion, Paris, 2012, p. 185-187.

v Très certainement des cantatrices qui, comme Anna Renzi, chantaient les compositions des poètes.

w *Le Glorie degli Incogniti* évoquent « le très dur emprisonnement » souffert par Fusconi, *op. cit.*, p. 8.

x Au début de l'ouvrage se trouve la liste des compositions qui lui ont été enlevées au moment de son arrestation.

y Caterina Sforza (1463-1509), femme de Girolamo Riario, duc de Forli et Immola. Une anecdote raconte qu'au moment où, à Forli, en 1488, alors que son mari venait d'être tué par les conjurés de la famille Orsi, et ses enfants pris en otages, Caterina aurait déclaré à ceux qui menaçaient de tuer ses enfants si elle ne se rendait pas : « Faites-le, si vous voulez » et, soulevant les jupes aurait ajouté en montrant son sexe : « J'ai avec moi le moule pour en faire d'autres ».

z Vettor Marini, l'un de ses amis dont il dresse la liste dans la lettre au Conte di Fuinemonte qui se trouve en tête de l'ouvrage.

aa Voir *supra* n. 6.

ab Allusions respectives à la cure de la syphilis puis de la mélancolie par sudation.

ac Peut-être une allusion à Er le Pamphilien, dont parle Platon au Xe livre de *La République*, tué dans une bataille et revenu d'entre les morts après dix jours.

ad Un aristocrate incarcéré lui aussi, dans un autre secteur des Piombi, auquel Brusoni envoie deux autres missives (*cf.* infra, lettres 12-15) et pour lequel il compose plusieurs

poèmes reproduits dans la troisième partie du livre, qui nous permettent de connaître son prénom : *Voto alla libertà*, voir *infra* ; *S'applaude all'eloquenza del Signor Tomaso Frangini Avvocato celeberrimo ad instanza del Signor Pietro B.* ; *Al Signor Pietro B.* C'est sans doute lui qu'il évoque dans sa lettre 10 à Giovanbattista Contarini, comme un condamné à perpétuité, sur le point d'être libéré par une grâce spéciale.

ae Mambrino, dans les romans de chevalerie, est un roi maure qui possédait un casque le rendant invincible. Renault, dans le *Roland furieux* de l'Arioste le tue et s'empare de son casque.

af « Plus intrépide par la suite »

ag Pietro Michiele, membre de l'académie des Incogniti, auteur de nombreux ouvrages en vers et en prose.

ah Aurelio Boccalini (1607-1652), servite, fils du fameux Trajano Boccalini, dont il monnaya chèrement le manuscrit des *Observations sur Tacite.* Sur ce personnage interlope, mi-espion mi-diplomate, dont Brusoni parle dans l'*Orestilla* sous le nom de Portunio, voir Liliana Grassi, qui cite et commente au même endroit la présente lettre, art. cité.

ai Littéralement « corps de l'antéchrist ». Saint Augustin nomme ainsi la troupe de ceux qui préparent la venue de l'Antéchrist.

aj Allusion obscure, peut-être s'agit-il d'un simple wellérisme.

ak À partir des allusions contenues dans l'*Orestilla* où ce personnage apparaît quasiment sous son vrai nom (Settimio), Liliana Grassi a établi que ce membre des Incogniti, dédicataire des *Lettere amorose* de Brusoni (1642), serait probablement le faux ami dont la trahison l'aurait précipité en prison. Du moins est-ce la conviction exprimée par Brusoni dans l'*Orestilla*, mais le roman, même à clé, reste bien sûr une fiction. Cette lettre dès lors serait ironique. Voir l'article cité de Liliana Grassi et notre introduction.

al La femme de Settimo, Giovanna Deodati.

am Allusion possible à *Il Corbaccio o Laberinto d'Amore* de Boccace où il est traité des amours mensongères et trompeuses.

an Peut-être Regina Donà, l'amie et consœur d'Arcangela Tarabotti, qui était en liaison avec divers membres des Incogniti.

ao Il désigne par là soit les textes qui constitueront le *Camerotto*, soit peut-être *I Sogni del Parnaso*, qui paraîtra plus tard (1650), mais anonymement, et que certains affirment avoir été écrit en prison (*cf.* Angelico Aprosio, cité par Giammaria Mazzuchelli, *Gli scrittori d'Italia cioè Notizie storiche, e critiche intorno alle vite, e agli scritti dei letterati italiani*, Brescia, Giambatista Bossini, 1753-1763).

ap Ce panégyrique figure en effet dans la première partie de l'ouvrage.

aq Saleto ou Saletto est un toponyme de la Vénétie ; plusieurs villages portent ce nom. On ne sait lequel a pu être un lieu de villégiature pour Brusoni.

ar Destinataire de diverses *lettere giocose* présentes dans les *Lettere amorose.*

as Allusion aux cercles de l'enfer dantesque. Sur la chaleur insupportable des cellules des Plombs durant l'été, voir *supra*, n. l. La lettre peut ainsi être datée de l'été 1643.

at Peut-être s'agit-il de la pièce intitulée *Voto alla libertà* (*Vœu à la liberté*), publié dans la troisième partie de l'ouvrage (voir *infra*, n. bl).

au Petit animal fabuleux, oiseau ou insecte, réputé vivre dans les flammes des fours. « On dit que l'on voit s'envoler des fours où l'on traite le cuivre à Chypre un pyrauste engendré dans le feu. Mais personne ne saurait croire à la véracité d'un tel fait, sinon sur le mode allégorique », Michael Maier, *Atalanta Fugiens*, discours 19.

av Vettor Marini (*cf. supra*, n. z).

aw Louis XIII est mort le 14 mai 1643. Cette lettre n'est donc probablement pas postérieure à la deuxième quinzaine du même mois.

ax Gaston d'Orléans, frère de Louis XIII.

ay Charles IV de Lorraine (1604-1675).

az « En un instant, les chefs peuvent être renversés »

ba Allusion à la guerre de Trente Ans, qui ne s'achèvera qu'en 1648.

bb Allusion au siège de Casale en Piémont par Charles-Emmanuel, duc de Savoie, de 1628 à 1629.

bc Brusoni a donc été arrêté, selon toute probabilité, au mois de mars 1643.

bd Le marquis de Cinq-Mars, exécuté le 12 septembre 1642, pour avoir ourdi un complot contre Richelieu et en faveur de l'Espagne.

be Frédéric-Maurice de La Tour-d'Auvergne, second duc de Bouillon (Sedan, 1605-1652), impliqué dans le complot de Cinq-Mars.

bf Gaston d'Orléans qui, contrairement à ce que semble dire Brusoni, une fois le complot découvert, ne fut pas condamné, ni inquiété véritablement, moyennant la trahison de ses complices.

bg Voir *supra*, n° 22.

bh On trouve à la fin de la troisième partie une pièce *giocosa* adressée au même P... B... qui pourrait bien être le poème bernesque dont il a ici le projet : « *Signor Pietro voi siete un bell'umore...* », *Camerotto*, *op. cit.*, p. 233-234.

bi Cartina : « *pezzo a solo nella musica di chiesa, così detta perché la parte non viene d'ordinario inserita nel quaderno del ripieno o coro, ma scritta su una cartella separata* » (« Morceau solo dans la musique d'église, ainsi appelé parce que la partie n'est pas d'ordinaire insérée dans le cahier du chœur, mais écrit sur une page séparée »), Tommaseo, *Dizionario.*

bj La formulation – et surtout la phrase suivante – donne à penser à un enseignement universitaire, et non simplement à ses prestations à l'Académie des Incogniti.

bk « *sesquipedali* », littéralement : d'un pied et demi, c'est-à-dire d'une longueur démesurée.

bl Il s'agit sans doute du poème publié dans la troisième partie : *Voto alla libertà / scritto à compiacenza d'Amico*, p. 221-223.

bm Voir *supra*, n. g.

bn Plutarque, vie d'Alcibiade.

bo *Ibid.*

bp Diogène Laërce, *Vie d'Aristippe*, in *Vies, doctrines et sentences des philosophes illustres.*

bq Le poète Publius Syrus (85-43 av. J. C.) est l'auteur des fameuses *Sentences.*

br Un personnage important, étant donné l'offre de service que contient le message, mais qui n'est pas Giovanbattista Contarini, s'il est vrai que les deux lettres suivantes, qui sont probablement celles dont il accompagne la présente, sont précisément adressées respectivement au doge Francesco Erizzo et à Giovanbattista Contarini. Mais surtout, on remarque que le titre dont il honore Contarini est différent et marque une autorité supérieure (*Sua Excellenza* et non *Vostra Signoria*).

bs Le doge Francesco Erizzo.

bt Ce texte encomiastique est publié dans la première partie du volume.

bu La fête ayant lieu le jour de l'Ascension, la lettre a dû être écrite le 15 mai 1643.

bv Écrite sans doute le même jour que la précédente, puisque dans cette lettre, Brusoni demande à son correspondant de présenter son panégyrique au doge, et donc la missive qui l'accompagne.

bw Sans doute Giovan Battista di Settimo, l'ami qui l'aurait trahi (voir *supra*, n. ak).

bx Un proverbe toscan dit en effet : « *Tutti i salmi finiscono* in *gloria* » : « Tous les psaumes se terminent en gloire ».

by À noter, l'absence de titre de révérence.

bz Allusion probable à la pièce *In persona d'Amante bandito per Donna in suo dispetto altrui maritata* (*Au nom d'un amant chassé par sa Dame, à son dépit mariée à un autre*), publiée dans la première partie du recueil.

ca Peut-être annonce-t-il la pièce carnavalesque *L'Eccellenza delle corna* (*L'Excellence des cornes*) publiée dans la première partie du recueil, p. 89-98.

cb Sans doute Marino Statileo (mentionné dans la lettre au Comte de Fuinemonte au début de l'ouvrage), ou Marin Statilić, dont le nom s'est imposé dans le monde lettré après sa découverte à Trau en Dalmatie d'un fragment du *Satyricon* de Pétrone en 1653.

cc *Delle Lettere amorose di Girolamo Brusoni*, libri quattro, Venetia, G. Oddoni, 1642.

cd Cette lettre est ainsi datable du mois de mars 1644.

ce Cette allusion aux « dons » célébrés de la correspondante laisse penser que celle-ci pourrait être l'une de ces chanteuses lyriques qu'il a déjà mentionnées (Cecilia Barbaro dont les initiales auraient été inversées ?), mais ce n'est là qu'une fragile supposition.

cf Cette lettre est ainsi datable du mois de décembre 1643. Voir Liliana Grassi, art. cité.

cg Même datation que la précédente.

ch Allusion à la première nouvelle du *Décameron* de Boccace qui décrit sous le nom très parlant de Ser Cepperello (il *ceppo* désigne les fers utilisés pour contraindre et punir les malfaiteurs) de la ville de Prato, un notaire corrompu ne reculant devant aucun crime, surtout entièrement impénitent et imperméable à un quelconque remord de conscience, dont le dernier méfait consiste, au moment de mourir, à se faire passer pour un saint homme en un pays (la Bourgogne) où sa nature n'était pas connue, sous le nom de Ser Ciapelletto (qui fait entendre ironiquement le mot de chapelet ; d'ailleurs le personnage de Brusoni en a toujours lui-même un entre les mains).

ci Arlotto Mainardi, florentin, connu sous le nom du « piovano Arlotto », « le curé Arlotto », prêtre de San Cresci di Mociuoli, de l'entourage de Laurent le Magnifique. Ses mots d'esprit furent recueillis et publiés avec grand succès.

cj Liombruno, personnage appartenant au folklore traditionnel, qui a donné lieu à un texte médiéval célèbre en Italie, connu sous le titre de *Storia di Liombruno*, qui raconte les tribulations d'un jeune homme, fils d'un pauvre pêcheur, et de ses amours avec une fée (Aquilina).

ck La Beffana, vieille femme qui apporte des cadeaux aux enfants la nuit de l'Épiphanie.

cl Donné à Venise. Parodie d'une formule que l'on pourrait traduire par « *made in Venice* ».

cm L'expression consacrée « Berthe filait » contient ici sans doute une allusion au proxénétisme.

cn Allusion au *Galatée*, célébrissime traité de civilité de Giovanni Della Casa.

co Allusion probable à la *Vie heureuse* (*De Vita Beata*), 2e partie, mais la leçon de Sénèque tend plutôt à montrer que la nature commande au sage de se rendre utile aux hommes, quelle que soit leur condition.

cp La *zamarra*, ou *zimarra* est un long habit d'apparat richement orné. Sans doute le portait-on à l'occasion des séances académiques ?

cq *Orlando Furioso*, chap. 43, oct. 114.

BIBLIOGRAPHIE

MANUSCRITS ET ÉDITIONS

BRUSONI, Girolamo, *Il Camerotto*, Vinetia, per F. Valvasense, 1645.

MARINO, Giambattista, *Il Camerone*, Firenze, Biblioteca Nazionale, Magliabechi, Cl. VII, nº 911, fol. 36-46.

MARINO, Giambattista, *Il Camerone*, Paris, Bibliothèque Nationale, ms. 754, cc. 1-9.

MARINO, Giambattista, *Il Camerone*, Napoli, Biblioteca della Società Napoletana di Storia Patria, ms. XXVI, D, 4, p. 2-10.

MARINO, Giambattista, *Il Padre Naso, del cavalier Marino... – Il Camerone, prigione horridissima in Napoli, ove fu carcerato il cavalier Marino. – Prigionia del cavalier Marino in Torino...*, In Parigi, appresso gli eredi di A. Pacardo, 1626.

MARINO, Giambattista, *Il Camerone, Eglogbe Boschereccie del Cav. Marino, cioè Tirsi Aminta Dafne Siringa Pan Eclippo I Sospiri di Ergasto, con cinque canzoni cioè Fede Speranza e Carità, une delle Stelle e l'altra de' sospiri, con l'Amante convalescente, un sonetto sopra il Tebro, e il Camerone dell'Istesso*, in Milano, per Gio. Battista Cerri, appresso gli eredi di Giacomo Lantoni, 1627, p. 133-144.

AUTRES SOURCES

APROSIO, Angelico, *Biblioteca aprosiana*, Bologne, 1657.

BAIACCA, Giovan Battista, *Vita del cavalier Marino*, descritta dal sig., ... (pubblicata da Gasparo Bonifaccio), Milano, appresso G. B. Bidelli, 1626.

BOÈCE, *La Consolation de la Philosophie*, Jean-Yves Guillaumin, Paris, Les Belles Lettres, 2002.

BURCHIELLO, *Burchiello e burleschi*, a cura di Raffaele Nigro, Roma, Istituto poligrafico e Zecca dello Stato, 2002.

BRUSONI, Girolamo, *La Fuggitiva, 2a impressione…*, Venetia, G. Sarzina, 1640.

BRUSONI, Girolamo, *Lo Scherzo di Fortuna*, di Girolamo Brusoni, con altri componimenti del medesimo, Venetia, G. Corradici, 1641.

BRUSONI, Girolamo, *Ragguagli di Parnaso*, di Girolamo Brusoni, In Venetia, G. Corradini, 1641.

BRUSONI, Girolamo, *L'Ambizione calpestata*, Venetia, G. Corradici, 1641.

BRUSONI, Girolamo, *Delle lettere amorose di Girolamo Brusoni libri quattro*, Venezia, Guglielmo Oddoni 1642.

BRUSONI, Girolamo, *I sogni di Parnaso*, s. l. n. d., [1650]

BRUSONI, Girolamo, *Vita di Ferrante Pallavicino*, Venezia, Turrini, 1654.

BRUSONI, Girolamo, *Trascorsi academici. Libri sei*, Venetia, Guerigli, 1656.

BRUSONI, Girolamo, *La Gondola a tre remi, passatempo carnevalesco*, Venetia, Storti, 1657.

BRUSONI, Girolamo, *Dell' Historie universali d'Europa, compendiate da Girolamo Brusoni*, Venetia, F. Storti, 1657.

BRUSONI, Girolamo, *Nuova Scelta di sentenze, motti e burle d'huomini illustri*, Venetia, F. Garbezza, 1657.

BRUSONI, Girolamo, *Le turbolenze delle vestali* [paru sous le titre :] *Degli Amori tragici istoria esemplare descritta da Gerolamo Brusoni. Libri Quattro*, sans indication de date ni de tipographe [Venise, 1658] ; sous ce même titre, éd. Emanuela Bufacchi, Roma, ed. Salerno, 2009.

BRUSONI, Girolamo, *De' concetti politici, e morali. Raccolti e illustrati con varie osservazioni storiche*, Cesena, Neri, 1661.

BRUSONI, Girolamo, *Dell' Historia d'Italia, di Girolamo Brusoni, dall' anno 1625 sino al 1668*, libri ventiotto, Venetia, F. Storti, 1661.

CAMPANELLA, Tommaso, *Poesie*, edizione completa a. c. di F. Giancotti, Torino, Einaudi, 1998.

CARO, Annibal, *Lettere familiari*, ed. critica con introduzione e note d'Aulo Greco, Istituto nazionale di studi sul Rinascimento, Firenze, Le Monnier, 1961.

CYRANO DE BERGERAC, *États et empires du soleil*, éd. M. Alcover, Paris, Champion, 2004.

FERRARI, Francesco, *Vita del cavalier Giambattista Marino*, in Marino, *La Strage degl'innocenti*, Macerata, 1637.

GARASSE, François, *La Doctrine curieuse des beaux esprits de ce temps ou prétendus tels*, Paris, S. Chappelet, 1623.

LANDO, Ortensio, *Paradossi cioe, sententie fuori del comun parere*, Lione, per Giovanni Pullon da Trino, 1543.

LOREDANO, Gian Francesco, *Vita del cavalier Marino…*, in Giambattista Marino, *La Lira, Rime…*, Francesco Babba, Venetia, 1653, n. p.

MARINO, Giambattista, *La Lira*, Première partie, éd. de Venise, 1614.

MARINO, Giambattista, *Il settimo canto della Gerusalemme distrutta Poema eroico del sign. cavalier gio. battista marino. Aggiuntovi alcune altre composizioni del medesimo…*, Venezia, Girolamo Piuti, 1626.

MARINO, Giambattista, *Epistolario, seguito da lettere di altri scrittori del seicento.* A cura di Angelo Borzelli e Fausto Nicolini, Bari, G. Laterza e figli, 1911-1912. 2 vol.

MARINO, Giambattista, *Lettere*, éd. M. Guglielminetti, Torino, Einaudi, 1966.

MURTOLA, Gasparo, *Marineide*, Risata III, *Rime*, Lanciano, 1916.

ÉTUDES ET TRAVAUX CONSULTÉS

ADORNI, Sergio, MANCINI, Albert N., « Stampa e censura ecclesiastica a Venezia nel primo Seicento : il caso del *Corriero svaligiato* », *Esperienze letterarie*, X, 1985-4, p. 3-36.

AMABILE, Luigi, *Fra' Tommaso Campanella ne' castelli di Napoli, in Roma e in Parigi*, 2 vol., Naples, A. Morano, 1887.

BENZONI, Gino, « Aurelio Boccalini », *Dizionario biografico degli italiani*, vol. 11, Roma, Treccani, 1969, p. 4-6.

BESOMI, Ottavio, *Ricerche intorno alla Lira di G. B. Marino*, Padova 1969.

BORZELLI, Angelo, *Il Cavalier Giovan Battista Marino (1569-1625)*, Napoli, G. M. Priore, 1898.

BUFACCHI, Emanuela (éd.), *Degli Amori tragici. Istoria esemplare*, Roma, ed. Salerno, 2009.

CAPELLI, Roberta, « Obros et rimos di Bellaud de la Bellaudière : i "passatempi" poetici di un soldato in prigione », in *« Le loro prigioni », op. cit.*, p. 213-238.

CARMINATI, Clizia, *Giovan Battista Marino tra inquisizione e censura*, Roma-Padova, editrice Antenor, 2008.

CAVAILLÉ, Jean-Pierre, « Écrire de la prison et sur la prison sous l'Ancien Régime », in J. Bessière et J. Maár (dir.), « L'Écriture emprisonnée », *Cahiers de la Nouvelle Europe. Collection du Centre Interuniversitaire d'Études Hongroises* n° 7, Paris, L'Harmattan, 2007, p. 53-60.

CAVAILLÉ, Jean-Pierre, « Les écritures carcérales de Tommaso Campanella et Giambattista Marino », « Écriture et prison au début de l'âge moderne », *Cahiers du CRH*, n° 39, 2007, p. 39-93.

COCI, Laura, « Ferrante a Venezia : Nuovi documenti d'archivio », I, *Studi Secenteschi*, XXVII, 1986, p. 317-324 ; II, *Studi Secenteschi*, XXVIII, 1987, p. 295-314 ; XXIX, 1988, p. 235-263.

COLOMBO, Carmela, *Cultura e tradizione nell'Adone di Giovan Battista Marino*, Padova 1967.

CHERCHI, Paolo, « Marino and the "Meraviglia" », in Massimo Ciavolella, Patrick Coleman : *Culture and Authority in the Baroque*, a cura di Toronto 2005, p. 63-72.

CORTINI, Maria Antonietta, *Girolamo Brusoni e il romanzo della retorica*, Roma, Bulzoni, 1988.

DEL CORNO, Carlo « Appunti per l'epistolario di G. B. Marino », *Studi secenteschi*, 4, 1963, p. 83-108.

DI GIOVANNA, Maria, *La trilogia mondana di Girolamo Brusoni*, Palermo, Palumbo, 1996.

ERNST, Germana, *Il carcere, il politico, il profeta. Saggi su Tommaso Campanella*, Pisa-Roma, Istituti Editoriali e Poligrafici Internazionali, 2002.

GRASSI, Liliana, « Una nuova interpretazione autobiografica dell'*Orestilla* di Girolamo Brusoni », *Studi Seicenteschi*, LI, 2010, p. 37-106.

GRAZIANI, Françoise, « Le Tasse dans la prison des fous ou le songe du mélancolique », *La Poétique des passions à la Renaissance*, Champion, 2001.

GUARDIANI, Francesco, *La meravigliosa retorica dell'Adone di G. B. Marino*, Firenze, 1989.

GUARDIANI, Francesco (éd), *The Sense of Marino : Literature, fine Arts, and Music of the Italian Baroque*, New York 1994.

GUGLIELMINETTI, Marziano, *Tecnica e invenzione nell' opera di Giambattista Marino*, Messina-Firenze, G. D'Anna, 1 964.

LATTARICO, Jean-François, « L'*Invettiva contra il vitio nefando.* Marino et la question de la transgression », Actes du colloque international : *L'Invective. Histoire, formes, stratégies*, Saint-Étienne, 24-25 novembre 2005, Saint-Étienne, Publications de l'Université de Saint-Étienne, 2006, p. 157-178.

LONGHI, Silvia, *Lusus. Il capitolo burlesco nel Cinquecento*, Padova, Antenore, 1983, chap. 2 : La cucina di Parnaso.

MANCINI, Albert N., *Romanzi e romanzieri del Seicento*, Napoli, Società editrice napoletana, 1981.

MAZZUCHELLI, Giammaria, *Gli Scrittori d'Italia, cioè Notizie storiche e critiche intorno alle vite e agli scritti dei letterati italiani*, Brescia, G. B. Bossini, 1753-1763, 2 tomes en 6 vol., entrée « Brusoni ».

MENEGHETTI, Maria Luisa, « Il 'mito' dello scrittore imprigionato. Qualche riflessione su scrittori e scritture carerarie dal Medioevo alla fine dell'ancien Régime », in *« Le loro prigioni » : scritture dal carcere*, A. M. Babbi et T. Zanon eds, Verona, Fiorni, 2007, p. 19-34.

MIATO, Monica, *L'accademia degli incogniti di Gian Francesco Loredan, Venezia (1630-1661)*, Firenze, Olshki, 1998.

MOTHU, Alain, « Des cloches et des reliques : la religion de Cyrano », *La Lettre Clandestine*, n° 15, 2007, p. 245-268.

PIERI, Marzio, *Marino e i Marinisti, a Napoli di nuovo*, Napoli, Guida, 1990.

PINKERNELL, Gert, « l'Épître à ses amis et le Débat du cœur et du corps de Villon : deux ballades de "la dure prison de Meung" (1461) de François Villon », *Romanische Zeitschrift für Literaturgeschichte*, 1987, 11, p. 292-319.

PORCELLI, Bruno, *Le misure della fabbrica. Studi sull'Adone del Marino e sulla Fiera del Buonarotti*, Milano 1980.

RUA, G., « La intercessione del card. Aldobrandini presso Carlo Emanuele I per la scarcerazione del Cav. Marino (1611) », *Giornale storico della letteratura italiana*, XXII, 1893, p. 422-426.

RUSSO, Emilio, *Studi su Tasso e Marino*, Padova, Antenore, 2005.

RUSSO, Emilio, *Marino*, Roma, Salerno editrice, 2008.

SCARPA, Emanuela, « Un "poeta" in "getti". I sonetti dal carcere di Machiavelli a Giuliano de' Medici », in *« Le loro prigioni »*, *op. cit.*, p. 181-200.

SPINI, Giorgio, *Ricerca dei libertini. La teoria dell'impostura delle religioni nel seicento italiano*, Firenze, La Nuova Italia, 1950 ; nouvelle édition revue et augmentée, 1983.

SUMMERS, Joanna, *Late-medieval prison writing and the politics of autobiography*, Oxford, Clarendon Press, 2004.

TOSCAN, Jean, *Le Carnaval du langage. Le lexique érotique des poètes de l'équivoque de Burchiello à Marino (XVe-XVIIe siècles)*, Lille, Presses Universitaires de Lille, 1981, 4 tomes.

TRISTAN, Marie-France, *La Scène de l'écriture : essai sur la poésie philosophique du Cavalier Marin, (1569-1625)*, Préf. Yves Hersant, Paris, Champion, 2002.

TRISTAN, Marie-France, « *La Poésie scientifique du Cavalier Marin* », in Luigi De Poli et Yves Lehmann, éd., *La Naissance de la science dans l'Italie antique et moderne*, Actes du Colloque de Mulhouse (1er et 2 décembre 2000), Peter Lang, 2004, p. 229-250.

URBINATI, Raffaello, *Ferrante Pallavicino, il flagello dei Barberini*, Roma, Salerno editrice, 2004.

VINCENSINI, Jean-Jacques, « Prisons de Villon. Espaces et pathétique », in « *Le loro prigioni* », *op. cit.*, p. 149-179.

ZACCARELLO, Michelangelo, « Burchiello sulla "ferrea graticola" : sonetti e documenti dal carcere (con inediti e rari sulla prigionia senese) », in « *Le loro prigioni* », *op. cit.*, p. 117-148.

ZANON, Tobia, « Torquato Tasso fra ragione e preghiera : le lettere da Sant' Anna », in « *Le loro prigioni* », *op. cit.*, p. 239-256.

INDEX NOMINUM

TABLE DES MATIÈRES

Achevé d'imprimer par Corlet Numéric,
Z.A. Charles Tellier, Condé-en-Normandie (Calvados), en avril 2020
N° d'impression : 165414 - dépôt légal : avril 2020
Imprimé en France